Heinz Zielinski

Kommunale Selbstverwaltung im modernen Staat

Heinz Zielinski

Kommunale Selbstverwaltung im modernen Staat

Bedeutung der lokalen Politikebene im Wohlfahrtsstaat

Springer Fachmedien Wiesbaden GmbH

http://www.westdeutschervlg.de

Höchste inhaltliche und technische Qualität unserer Produkte ist unser Ziel. Bei der Produktion und Verbreitung unserer Bücher wollen wir die Umwelt schonen: Dieses Buch ist auf säurefreiem und chlorfrei gebleichtem Papier gedruckt. Die Einschweißfolie besteht aus Polyäthylen und damit aus organischen Grundstoffen, die weder bei der Herstellung noch bei der Verbrennung Schadstoffe freisetzen.

Umschlaggestaltung: Horst Dieter Bürkle, Darmstadt

ISBN 978-3-531-13157-3   ISBN 978-3-322-89092-4 (eBook)
DOI 10.1007/978-3-322-89092-4

INHALT

Vorwort

Das praktische und wissenschaftliche Verständnis zur kommunalen Selbstverwaltung als staatlichem und gesellschaftlichem Ordnungsprinzip sind geprägt von einschneidenden Wandlungsprozessen des 19. Jhs., wie die der Interdependenzen zwischen Gemeinden und sozio-ökonomischem Umfeld, der Einbindung der Kommunen in das System übergeordneter Gebietskörperschaften oder des Verhältnisses zwischen Stadt und Land. Ihre normative Funktionalität hat sich allerdings entscheidend verändert: wurde der Selbstverwaltungsidee als politischem Leitbild im 19. Jh. das Streben der Gemeinden nach Unabhängigkeit von Zentralgewalten nachgesagt, so wird sie gegenwärtig in normativer und faktischer Hinsicht überwiegend als integraler Bestandteil des vertikal gegliederten Staatswesens definiert. Ursachen für derartig veränderte Einschätzungen liegen wesentlich in den gewandelten materiellen Grundlagen kommunalpolitischen Handelns.

Die Entwicklung der realen Kommunalpolitik in der Bundesrepublik Deutschland ist von einer starken Tendenz zur Verstaatlichung charakterisiert, die sich insbesondere nach Mitte der sechziger Jahre des 20. Jhs. beschleunigte, als der zentrale Staat angesichts eigener Regulierungsschwächen gegenüber gesellschaftlichen Problemen mit erhöhtem Druck im Gefüge der vertikalen Politikverflechtung reagierte. Der wesentliche Unterschied zur aktuellen Situation, in der wir eine Form staatlicher Politik der Deregulierung feststellen, liegt darin, daß insbesondere der zentrale Staat das Durchreichen des gesellschaftlichen Problemdruckes nach unten mit einem eigenen Rückzug aus öffentlicher Verantwortung kombiniert. In dieser Hinsicht deutet sich ein grundlegender Wandel im Verhältnis des Ganzen (Staat) zu seinen Teilen (Gemeinden) und im Verhältnis von Staat und Gesellschaft an, der Wissenschaft und Praxis gleichermaßen erfaßt hat. Der mehr als über ein Jahrhundert andauernde Prozeß einer engeren Verflechtung zwischen Gebietskörperschaften und Gesellschaft, der trotz aller ökonomischen, sozialen und politischen Veränderungen kontinuierlich verlief, ist gegenwärtig beendet. Dabei bleibt offen, ob es sich bei dem historischen Prozeß um eine Verstaatlichung der Kommunen (hat die Staatsqualität der Kommunen zugenommen?) oder um einen Prozeß der Kommunalisierung des Staates handelte.

In den vertikal gegliederten Fachgebieten der Kommunalwissenschaften wurde mit der realen Verstaatlichungstendenz im innergebietskörperschaftlichen Verhältnis nach 1945 auch die These von der kommunalen Verwaltung als reinem Teil der Staatsverwaltung aufgegeben, zunächst ein Paradoxon gegenüber der von der Wissen-

schaft ebenso konstatierten immer weniger autonomen Kommunalpolitik. Erste Ansätze für die These einer als selbständig anzusehenden kommunalen Verwaltungsebene bildeten sich aber bereits seit Ende des 19. Jhs. heraus, wie im vorliegenden Band gezeigt wird.

Ebenso wie die Frage nach einer - über den administrativen Aspekt hinausreichen-
den - autonomen kommunalen Identität hat auch das Problem der Einheit oder
Vielheit in den Kommunalwissenschaften das einschlägige Schrifttum seit Beginn des
19. Jhs. durchzogen. "Nach frühen eher theoretischen Würdigungen lokaler Selbstverwaltung etwa durch die französischen Physiokraten waren es insbesondere die
konkreten Schritte zur Entwicklung des modernen Staates, die Anfang des 19. Jhs.
auch in Deutschland das wissenschaftliche Interesse auf die kommunale Selbstverwaltung lenkten. Dabei stand zunächst deren verfassungsrechtliche Stellung im Vordergrund des Interesses; hinzu traten erste Ansätze einer systematischen Erfassung und
Darstellung gemeindlicher Aufgaben, die - etwa bei **Lorenz von Stein** - zu einem
umfassenden, bis heute unzureichend gewürdigten Erklärungsansatz aufgebaut wurden. Entwicklungsgeschichtlich bemerkenswert in diesem Zusammenhang, daß lokale
Problemstellungen und schließlich die Praxis der Selbstverwaltung ihrer wissenschaftlichen Aufarbeitung und Durchdringung beträchtlich voranschritten."[1]
Normativer und faktischer Wandel der Selbstverwaltung im Staat seit beginnendem
19. Jh. sind - vermittelt über Veränderungen in der Aufgabenwahrnehmung und ihrer
Finanzierung - eng mit dem sozialstrukturellen Wandel in der Gesellschaft verknüpft
und den daraus resultierenden gesellschaftlichen Auseinandersetzungen um politische Macht. Das Ringen um die Vor-Herrschaft in Staat und Gesellschaft zwischen
dem Adel (mit dem Versuch zur Beibehaltung einer ständisch-parlamentarischen
Monarchie) und dem Bürgertum (mit dem Versuch zur Errichtung einer liberal-par-
lamentarischen Demokratie) sowie die Auseinandersetzung zwischen Bürgertum und
Proletariat (mit dem Versuch zum Aufbau einer auch wirtschaftlichen und sozialen
Demokratie); aber auch die Kämpfe zwischen Adel und Bürgertum auf der einen und
der Industrie- sowie Landarbeiterschaft auf der anderen Seite bildeten den
Hintergrund für die Spannungen zwischen dem Reich, den Staaten und Gemeinden
sowie den Funktionsverteilungen zwischen den verschiedenen Ebenen unter
Zugrundelegung einer säkularen Betrachtungsweise.

---

[1] Joachim J. Hesse, Kommunalwissenschaften in der Bundesrepublik Deutschland -
    eine Einführung, in: Ders. (Hrsg.), Kommunalwissenschaften in der
    Bundesrepublik Deutschland, Baden-Baden 1989, S. 12.

Der vorgelegte Band verfolgt hauptsächlich den Zweck, den modernen Leistungsstaat aus der im Verlauf des 19. Jhs. entstehenden kommunalen Gebietskörperschaft zu erklären, das allmählich sich abzeichnende Allgemeine auf staatlicher durch die Entwicklung des Besonderen auf gemeindlicher Ebene zu begründen. Das Hauptaugenmerk ist hierbei auf den Bereich der öffentlichen Aufgaben und ihre Finanzierung gelegt, den output und input öffentlich bereitgestellter Güter. Selbst wenn die Formen staatlich-kommunaler Arbeitsteilung nicht immer deutlich voneinander zu trennen sind, bleibt es auch für eine historische Betrachtungsweise vernünftig, "von einer möglichen Aufgabenteilung zwischen zentraler und örtlicher Politik auszugehen".[2] Damit ist impliziert, daß mit den Reformversuchen für eine Neuordnung von Staat und Gesellschaft zu Beginn des 19. Jhs. auch die Anfänge moderner Kommunal**politik**, die Frage nach der Durchsetzung gesellschaftlicher Interessen zu sehen ist und damit von einer lange Zeit dominanten Position in der Politikwissenschaft abgehoben wird, die das Element des Politischen in der Kommunalpolitik erst für die Entwicklung nach 1945 oder nach 1965 lokalisiert. Ein längerer Zeitvergleich der sich entfaltenden kommunalen Selbstverwaltung belegt bei Beachtung aller Schwankungen in der Entwicklung ein hohes Maß an struktureller Kontinuität sowie eine stetige Verstaatlichungstendenz im gebietskörperschaftlichen System spätestens seit 1871. Mehr als fraglich erscheint im Rahmen dieser Veränderungstendenz, daß "das Besondere das Allgemeine verdrängen konnte".[3] Die Tendenz der Zentralisierung wird erst - wie bereits angedeutet - in allerjüngster Zeit durch eine neue Form der Dezentralisierung abgelöst. Interessant dabei ist auch, daß die neuerlich in Vordergrund gerückten strukturellen Trends der Globalisierung bereits mit der Industrialisierung in Deutschland begonnen haben, sieht man einmal von der seit einigen Jahrzehnten stärkeren Komponente der Internationalisierung und der neuerlichen Grenzüberschreitung nach Osten und Südosten ab.

Weiterhin soll mit dem vorliegenden Band die Entwicklung zur demokratischen Gemeinde realitätsnah und gedankenöffnend eingeordnet werden, die Lücke zwischen Anspruch und Wirklichkeit einer Theorie der Gemeindeentwicklung zu einem kleinen Teil geschlossen werden. Die vorgelegte Kontinuitätsthese in der Entwicklung der kommunalen Selbstverwaltung spricht auch gegen neuere Theorieansätze, die den Entwicklungsprozeß seit beginnendem 19. Jh. durch scharfe Markierungen cha-

---

[2]   Thomas Ellwein, Das Allgemeine und das Besondere. Über Veränderungen der Politik, in: Carl Böhret/Göttrik Wewer (Hrsg.), Regieren im 21. Jahrhundert - zwischen Globalisierung und Regionalisierung, Opladen 1993, S. 210.

[3]   Ebenda, S. 224.

rakterisiert sehen, also Brüche wie in 1848/49, 1870/71, 1890, 1900 oder 1914.[4]
Theorie und Empirie der Gemeindeentwicklung seit Mitte des vorigen Jhs. relativieren diese Markierungspunkte im Sinne von grundlegenden Richtungsänderungen
stark. Allein mit der Weimarer Republik haben sich nach 1918 gravierende Veränderungen auf kommunalpolitischer Ebene entwickelt.

Der Anspruch nach empirischer Fundierung "der" Gemeindeentwicklung zwingt zu
etlichen Einschränkungen in bezug auf die Reichweite der Untersuchung, wovon eine
der wichtigsten in folgender Hinsicht besteht. Die große Verschiedenartigkeit der
Gemeinden macht generalisierende Aussagen sehr schwierig, insbesondere wenn wir
an die differierende Stadt-Land-Entwicklung denken. Es ist (fast) nicht zulässig, von
der Gemeinde zu sprechen. Allein unter Zugrundelegung einiger struktureller Faktoren können die kommunalen Einzelerscheinungen aufgelöst werden und somit ab-
strakte Aussagen überhaupt erst sinnvoll machen. Dies gilt schon für
zeitgeschichtliche und aktuelle Entwicklungen; um so mehr ist die Schwierigkeit
verallgemeinerbarer Thesen für historische Prozesse kennzeichnend. Denn die
ökonomischen oder rechtlichen Unterschiede im zwischenstaatlichen Vergleich oder
zwischen den Territorien waren gravierend, wobei die Herrschaft der absoluten
Fürstenstaaten sowohl für Divergenzen als auch für Trends zur Vereinheitlichung
eine große Rolle spielte. Hinzu kommt, daß die Quellenlage über einzelgemeindliche
Entwicklungen im 19. Jh. ohnehin defizitär ist.

Die vorliegende Schrift verklammert aktuelle und historische Tendenzen kommunalpolitischer Entwicklungen, um somit eine demokratiegeschichtliche Vergegenwärti-
gung zu erreichen. Daher beschäftigt sich die Einleitung mit der Identitätsfindung der
Kommunalwissenschaften und ihren Verschränkungen mit der Realpolitik (1. Kap.);
daran anschließend werden allgemeine Entwicklungsaspekte der kommunalpoliti-
schen Ebene erörtert (2. Kap.). Den mehr theoretisch geprägten Erörterungen folgt
eine empirisch fundierte Einschätzung der Selbstverwaltung unter wirtschaftlichem
Aspekt (3. Kap.), sozialpolitischem (4. Kap.) und finanzpolitischem Aspekt (5. Kap.).
Die Analyse konzentriert sich auf den Zeitraum von etwa 1850 bis zum Beginn des
Ersten Weltkrieges. Die Steinsche Städteordnung bildet den Ausgangspunkt der
Analyse, da sie Kernelemente auch einer politischen Bestimmung der kommunalen
Selbstverwaltung enthält, auf der anderen Seite wird die Entwicklung in der Weima-
rer Republik zumindest ansatzweise in die Untersuchung einbezogen. Die Charakte-

---

[4]   Vgl. dazu insbesondere vielzählige Beiträge in: Günter Püttner (Hrsg.),
       Handbuch der kommunalen Wissenschaft und Praxis, Bd. 1-6 (2. Aufl.),
       Berlin/Göttingen/Heidelberg 1981 ff.

risierung politischer Elemente der kommunalen Selbstverwaltung (6. Kap.) ist dann Grundlage für zusammenfassende Thesen und Perspektiven der kommunalen Selbstverwaltung als Strukturkomponente des politischen Systems (7. Kap.).

Für die Verklammerung von kommunaler Selbstverwaltung und modernem Staat im 19. Jh. war wesentlich, "daß die kommunale Selbstverwaltung dort, wo sie selbständig wurde, zu einer gut funktionierenden Arbeitsteilung zwischen Zentrale und örtlicher Ebene führte; das entlastete angesichts der Aufgabenentwicklung den Staat und machte die Vorstellung vom Gesetz als abstrakter und genereller Regelung ebenso erst möglich wie die von der spezifischen Ordnungspolitik".[5] Die gegenwärtige Situation gebietskörperschaftlicher Arbeitsteilung und ihr offenkundiger Wandel macht den Blick auf den Anfang des modernen Sozialstaats in Form der kommunalen Gebietskörperschaft sinnvoll.

---

[5] Thomas Ellwein, Staatlichkeit im Wandel. Das Staatsmodell des 19. Jahrhunderts als Verständnisbarriere, in: Beate Kohler-Koch (Hrsg.), Staat und Demokratie in Europa, Opladen 1992, S. 79.

1. Einleitung: Identitätsprobleme der Kommunalwissenschaften

1.1 Im Schatten der Restitution

Die Kommunalwissenschaft als Teildisziplin der Politikwissenschaft war in der Wiederentstehungsphase des Faches nach 1945 - unter dem Eindruck der Weimarer Republik und der faschistischen Diktatur - zunächst sehr gering geschätzt. Die unmittelbar nach dem II. Weltkrieg einsetzenden Bestrebungen, Politikwissenschaft in andere Fächerangebote - insbesondere der Erziehungswissenschaften - zu integrieren, waren gegen das unpolitische, oder gar antipolitische bürgerliche Bildungsideal gerichtet, "das den Nationalsozialismus nicht nur nicht verhindert, sondern sogar gefördert hatte".[6] Insofern ist es weniger unter fachlichen Gesichtspunkten gerechtfertigt, das Jahr 1945 als "Stunde Null" der Politischen Wissenschaft zu identifizieren; ein wirklicher Neuanfang ist zutreffender unter institutionellem Aspekt gemacht worden.

Tatsächlich bestand bei Neueröffnung der Universitäten nicht ein einziger Lehrstuhl für das Fach Politikwissenschaft. Die mit der Entwicklung einer eigenständigen Disziplin im Zusammenhang stehenden Probleme sind exemplarisch anhand der ersten Tagung der Deutschen Vereinigung für Politische Wissenschaft im Jahr 1952 klar ablesbar.[7] Erst allmählich, wenn auch von besonderem Interesse getragen, konstituierten sich eigene, wissenschaftlich fundierte Forschungsfelder. Dies lag ursächlich auch an Schwierigkeiten zur Einrichtung des Faches als Lehr-Disziplin. Denn trotz der im Grundsatz anerkannten Notwendigkeit, die politische Erziehung faktisch breit zu etablieren, wurde die Institutionalisierung des Faches Politikwissenschaft in den Universitäten mit Argwohn beäugt. Bedenken wurden vor allem gegenüber einer dann möglichen Politisierung der Universitäten allgemein und der Wissenschaften im besonderen geäußert. Entscheidend dadurch mitbedingt sind Lehrstühle für Politikwissenschaft in nennenswertem Umfang erst zu Anfang der sechziger Jahre eingerichtet worden.

Auch im Verlauf der mit den sechziger Jahren einsetzenden Vitalisierungsphase des Faches hatte es die politikwissenschaftliche Disziplin, die sich in starkem Maße als zusehends kritisch gegenüber etablierten Strukturen und Prozessen in Staat und Gesellschaft profilierte, weiterhin sehr schwer, in Praxis und Wissenschaft generell ak-

---

[6] Ulrich von Alemann, Grundlagen der Politikwissesnchaft, Opladen 1994, S. 34.

[7] Vgl. dazu ausführlich: Hans-Joachim Arndt, Die Besiegten von 1945. Versuch einer Politologie für Deutsche samt Würdigung der Politikwissenschaft in der Bundesrepublik Deutschland, Berlin 1978.

zeptiert zu werden. Vorbehalte aus Wissenschaftskreisen kamen vor allem aus positivistisch orientierten Fachdisziplinen wie den Rechts- und Wirtschaftswissenschaften. Nachwirkungen dieser auch mit wissenschaftlichen Ressentiments verbundenen Grundhaltung ergeben sich insofern bis heute, als die demokatisierende Wirkung der Politikwissenschaft weder für die Theorie noch die politische Praxis der Bundesrepublik Deutschland, insbesondere für die sechziger und siebziger Jahre adäquat eingeschätzt wird.

Die wegen der erwarteten Politisierung begründete Zurückhaltung etablierter Wissenschaften gegenüber den "Politischen Wissenschaften" traf das Selbstverständnis der Politikwissenschaft im Kern. Denn im dezidierten Gegensatz zum Nationalsozialismus und in Abgrenzung zur Weimarer Republik verstand sich Politikwissenschaft als Demokratie-Wissenschaft und somit auch als Trägerin der jungen Nachkriegsdemokratie in der Bundesrepublik Deutschland. Mit diesem Selbstverständnis ging eine besondere Rolle beim Aufbau von Staat und Gesellschaft einher.

Im Verlauf der Restitutionsphase der Politikwissenschaft bildete sich eine Binnen-Differenzierung des Faches verständlicherweise nur zögerlich heraus, die kommunalpolitische Disziplin spielte eine völlig untergeordnete Rolle.[8] Das Schattendasein der Kommunalwissenschaft als irrelevante Teildisziplin stand im Gegensatz zu den praktischen Anforderungen an die deutsche Demokratie, die nach 1945 von 'unten' nach 'oben' aufgebaut werden sollte und auch im Kontrast zur politischen Realität selbst, die in den fünfziger Jahren wesentlich von starken Gemeinden geprägt war. Zwar war die Restituierung allgemeiner Rahmenbedingung insbesondere durch den zentralen Staat wichtige Voraussetzung für den wirtschaftlichen und sozialen Wiederaufbau, doch das durch die Gebietskörperschaften geprägte Allgemeinwohl entwickelte sich aus dem Besonderen heraus, aus den vom breiten bürgerschaftlichen Engagement geprägten kommunalen Leistungen.

Die anfänglich starke und längere Zeit prägende Ausrichtung der Politikwissenschaft auf das institutionelle Gefüge des politischen und insbesondere staatlichen Systems wurde erst Mitte der sechziger Jahre allmählich erschüttert. Der Prozeß der Etablierung des Faches innerhalb der Universitäten war eng verknüpft mit wachsender Kritik am bestehenden politischen System, insbesondere an der parlamentarischen Demokratie, die den Anforderungen auf breite politische Mitwirkung der Wahlbevölke-

---

[8] Zu einigen wenigen Highlights der fünfziger Jahre vgl. Hans Peters (Hrsg.), Handbuch der Kommunalen Wissenschaft und Praxis, Berlin/Göttingen/ Heidelberg 1956 ff., Bd. 1 bis Bd. 3.

rung nicht gerecht werde. Zum Fokus der Wissenschaftskritik geriet der nur formal allgemeinwohlorientierte, faktisch jedoch spezifischen gesellschaftlichen Interessen folgende Staat. Die von der Politikwissenschaft ohnehin unterstellte, normativ für erforderlich gehaltene Kluft zwischen Wissenschaft und Praxis in der Politik vergrößert sich in der Realität zusehends. Eine für die Politikwissenschaft charakteristische Linie spitzte die Kritik am bundesrepublikanischen Staat auf den Punkt zu, daß dieser faktisch ein Instrument der großen Kapitaleigner sei, dessen soziales Kleid nur dazu diene, die wirklichen privaten Verwertungsinteressen zu kaschieren.[9]

In diesem Kontext entwickelten sich heftige wissenschaftliche Kontroversen über die Frage, ob und wie dieser Staat zu einer Einrichtung der Allgemeinheit verändert werden könnte, wobei ein überwiegender Teil der kritischen Politikwissenschaft den Hebel für Demokratisierungsprozesse in Staat und Gesellschaft außerhalb etablierter Organe und Institutionen ansetzte, ohne allerdings die kommunalpolitische Ebene nennenswert zu thematisieren. Politikwissenschaft erfaßte das politisch-administrative System weitgehend undifferenziert, Bund, Länder und Gemeinden wurden als monolithischer Block verstanden - sieht man einmal von der Bildungspolitik als Länderaufgabe ab. Die Wissenschaftskritik richtete sich schon zu diesem Zeitpunkt (Mitte der sechziger Jahre) gegen ein allein von 'oben', vor allem zentralstaatlich formuliertes und praktiziertes Gemeinwohl. Vereinzelte, alternative Politik- und Lebensformen erregten zwar gesellschaftliches Aufsehen, fanden aber nahezu keine wissenschaftliche Resonanz.

Begründet ist die Konzentration der Politikwissenschaft auf staatliche Ebenen durch die praktische Virulenz der dem Wissenschaftsinteresse zugrundeliegenden Fachpolitiken: denn es waren die Bereiche der Wirtschafts-, Sozial- und Bildungspolitik, an denen wesentlich die Grenzen und Möglichkeiten gesamtstaatlicher Politik analysiert wurden. Insbesondere die parlamentarischen Repräsentativorgane gerieten mit dem Ende des "CDU-Staates" immer mehr unter Druck, wachsende Diskrepanzen zwischen Norm und Realität in einer zunehmend aufgeklärten Gesellschaft ließen auf umfangreiche Legitimationsdefizite schließen. Kritische Analyseansätze in der

---

[9]   Aus der Fülle an Literatur: Jörg Huffschmid, Die Politik des Kapitals, Frankfurt/M. 1969; Friedrich Hitzer/Reinhard Opitz (Hrsg.), Alternativen der Opposition, Köln 1970; Frank Deppe/ Hellmuth Lange/Lothar Peter (Hrsg.), Die neue Arbeiterklasse, Frankfurt/M. 1970; etwas später: Bernhard Blanke/Ulrich Jürgens/Hans Kastendiek, Kritik der politischen Wissenschaft, 2 Bde., Frankfurt/M. 1975; Claus Offe, Strukturprobleme des kapitalistischen Staates, Frankfurt/M. 1969; Joachim Hirsch, Staatsapparat und Reproduktion des Kapitals, Frankfurt/M. 1974.

Politikwissenschaft vermehrten sich in dem Maße, in dem sich der zentrale Staat anschickte, neue Aufgaben zur Steuerung wirtschaftlicher, sozialer, kultureller und planerischer Aufgaben Ende der sechziger Jahre zu übernehmen, wobei die "wichtigste Aufgabe des Staates in den spätkapitalistischen Wirtschaftssystemen die Regulierung der Gesamtnachfrage"[10] sei, zu dessen Wahrnehmung der Staatsapparat "die kompliziertesten Praktiken technokratischer Administration" entfalte.[11]

Im Verlauf der "kritischen Phase"[12] der deutschen Politikwissenschaft seit Mitte der sechziger Jahre und im Kontext des theoretisch ebenso wie praktisch interessanten Interventions- und Planungsstaates geriet auch die Struktur der politischen Ebenen zunehmend in die Kritik. Gerade die zentralistisch orientierten Konzepte der Globalsteuerung oder das Instrument der Gemeinschaftsaufgaben erzeugten in der politischen Wirklichkeit Reibungsverluste zwischen verschiedenen Politikebenen. Es begann zu Ende der sechziger/Beginn der siebziger Jahre die Phase einer Identifizierung von Bund, Ländern und Gemeinden in Wissenschaft und Praxis, als deren Folge sich die kommunalwissenschaftliche Teildisziplin in der Politikwissenschaft zu konstituieren begann. Beschleunigt wurde diese Konstituierungsphase auf wissenschaftlicher Ebene durch immer deutlicher hervortretende Diskrepanzen zwischen Theorie und Praxis innerhalb staatstheoretischer Analysen. Politökonomische Ableitungsversuche zur Identifizierung des Staates im Kapitalismus als Staat des Kapitals waren nicht zuletzt von Ermüdungserscheinungen gekennzeichnet, weil sich die Wirklichkeit staatlicher Politik seit Beginn der siebziger Jahre im Sinne eines stärkeren sozialen und liberalen Grundverständnisses veränderte. Innerhalb der Politikwissenschaft ging damit eine Schwerpunktsetzung zu anwendungsorientierten und handlungstheoretischen Analysen einher.

Die wissenschaftliche Konzentration auf praxisrelevante Steuerungsdefizite des Staates führte insbesondere auf staatlich-institutioneller Ebene zu einer Fülle von Innovationen und zu Erweiterungen sowie Intensivierungen der Tätigkeitsfelder, in der Wissenschaft selbst aber auch zu einer Überbetonung der anwendungsorientierten Linie.[13] Die kommunale Politikebene bildete im Rahmen anwendungsorientierter

---

[10]   Joachim Hirsch, Zur politischen Ökonomie des politischen Systems, in: Gisela Kress/Dieter Senghaas (Hrsg.), Politikwissenschaft. Eine Einführung in ihre Probleme, Frankfurt/M. 1969, S. 203.

[11]   Claus Offe, Politische Herrschaft und Klassenstrukturen. Zur Analyse spätkapitalistischer Gesellschaftssysteme, in: Ebenda, S. 182.

[12]   Ulrich von Alemann, Grundlagen der Politikwissenschaft, a.a.O., S. 37.

[13]   Die Staatsausgaben im früheren Bundesgebiet erhöhten sich zwischen 1970 und 1980 von 196 Mrd. DM auf 742 Mrd. DM, in DM je Einwohner von 3.194 auf

Politikwissenschaft zwar noch eine Randerscheinung, doch ihre Thematisierung war bereits ein wichtiger Schritt für eine weitergehende Differenzierung der Systemebenen. Exemplarisch für die Interdependenz von Wissenschaft und Politik und die inhaltliche Ausrichtung der Politikwissenschaft sowie ihre enorm wachsende Ausdifferenzierung stehen die Gutachten der - von der Bundesregierung berufenen - Kommission für wirtschaftlichen und sozialen Wandel.[14]

Die im Zusammenhang mit der wissenschaftlichen Politikberatung beschleunigte Aufgabenmehrung des zentralen Staates und seiner staatlichen Untergliederungen machte aber auch die Grundsatzfrage nach dessen Regulierungskompetenz und Legitimationsfähigkeit immer dringlicher. Im Unterschied zu den institutionenbezogenen, stark anwendungsorientierten Analysen[15] zeichnete sich eine weitere Linie politikwissenschaftlicher Untersuchungen ab, die sich auf Erscheinungsformen außerhalb des politisch-institutionellen Systems konzentrierte, zwar systemische Anknüpfungspunkte zur außerparlamentarischen Bewegung der sechziger Jahre aufwies, aber auch eigenständige Konturen in bezug auf Entstehungsgründe, Mitglieder und Zielsetzungen hervorbrachte; diese zweite Linie war von kommunal- resp. stadtpolitischen Themen geprägt. Fragen im Zusammenhang mit materiellen und prozeßhaften Demokratisierungschancen von Staat und Gesellschaft durch eine initiatorische Politik 'von unten' wurden wissenschaftsrelevant. Schließlich entwickelten sich in einer weiteren Linie Ansätze, die das spezielle Mit- und Untereinander, die Verflechtung politischer Ebenen zum Fokus ihrer Untersuchungen machten; eine Linie, von der auch die kommunalwissenschaftliche Disziplin profitierte.[16] Die Analyseeinheit "Kommune" hatte mit dem Ende der sechziger und beginnenden siebziger Dekade die Phase, in der sie nahezu ausschließlich als Teilsy-

---

12.047; Statistisches Jahrbuch für die Bundesrepublik Deutschland 1993, Wiesbaden 1993, S. 529.

[14]   Gutachten der Kommission für wirtschaftlichen und sozialen Wandel, veröffentlicht durch die Bundesregierung, Göttingen 1977; insgesamt hat die Kommission 140 verschiedene Einzelbände mit über 20.000 Seiten publiziert.

[15]   Vgl. z. B. Adrienne Héritier (Hrsg.), Policy-Analyse. Kritik und Neuorientierung, PVS-Sonderheft 24/1993; Hellmut Wollmann/ Gerd-Michael Hellstern, Erfolgskontrolle und Wirkungsanalyse auf der kommunalen Ebene, Basel u.a. 1983; Gerd-Michael Hellstern/ Hellmut Wollmann (Hrsg.), Evaluierung und Erfolgskontrolle in Kommunalpolitik und -verwaltung, Basel u. a. 1984.

[16]   Vgl. dazu: Fritz W. Scharpf/Bernd Reissert/Fritz Schnabel, Politikverflechtung. Theorie und Empirie des kooperativen Föderalismus in der Bundesrepublik, Kronberg 1976; Hans Abromeit, Der verkappte Einheitsstaat, Opladen 1992; Ulrich von Alemann, Organisierte Interessen in der Bundesrepublik, Opladen 1987; Wolfgang Streeck (Hrsg.), Staat und Verbände (PVS-Sonderheft 25), Opladen 1994; R. Czada/Adrienne Windhoff-Héritier (Hrsg.), Political Choice. Institutions, Rules and the Limits of Rationality, Frankfurt/M./Boulder 1990.

stem staatlicher Politikstrukturen und -prozesse wissenschaftlich definiert wurde, beendet. Erste Ansätze einer systematisch strukturierten eigenständigen Erkenntnisebene sind bereits zu diesem Zeitpunkt in der wissenschaftlichen Literatur vorhanden.[17]

1. 2.   Lokale Politikforschung im Aufbruch

Für den wissenschaftlichen Aufbruch zur Identifizierung der kommunalpolitischen Ebene nach 1945 sind die Mitte der siebziger Jahre erschienen Bände zur "Lokalen Politikforschung" bahnbrechend und charakteristisch.[18] Die damit präsentierten pluralistischen Ansätze kommunalwissenschaftlicher Forschung überwanden die Tradition insbesondere politik- und verwaltungswissenschaftlicher Untersuchungen, in denen die Kommune weitgehend als lediglich untere Ebene des institutionellen Politiksystems verstanden worden ist und analysierten Gemeindeentwicklung und -politik nunmehr systematisch im Zusammenhang mit gesamtgesellschaftlichen Entwicklungsprozessen und -strukturen. Ein wichtiger Strang des Untersuchungsbündels lokaler Politikforschung blieb aber mit der staatlichen Systemebene verknüpft und insofern im Kontext zuvor boomender politökonomischer Staatsanalysen. Der "Stellenwert lokaler politischer Ereignisse und Problemlagen im gesellschaftlichen Gesamtsystem (sollte) in den wissenschaftlichen Blick gerückt werden", [19] um somit die "lokale Politikforschung aus dem Getto des kommunalpolitischen Systems, definiert durch die Institution der kommunalen Selbstverwaltung, zu befreien".[20] Dabei lag das Hauptaugenmerk analytischer Herangehensweise auf den agglomerierten Räumen, in denen sich ökonomische und soziale Problemlagen in konzentrierter Form studieren lassen müßten. Systemkritisch wurde bereits gefragt, ob "in dem immer weiteren Vorantreiben des Wachstums der Produktion tauschbarer Waren eine sinnvolle Entwicklungsperspektive gesehen werden kann".[21] Angesichts ökonomischer und politischer Determinanten und der generellen Verschränkung von Kom-

---

[17]   Beispielhaft hierfür: Jürgen Bertram, Staatspolitik und Kommunalpolitik, Stuttgart u.a. 1967; Helmut Croon/Wolfgang Hofmann/Georg C. v. Unruh, Kommunale Selbstverwaltung im Zeitalter der Industrialisierung, Stuttgart u.a. 1971; Werner Freiberg, Grundfragen der Kommunalpolitik, Mainz 1970.

[18]   Rolf-Richard Grauhan (Hrsg.), Lokale Politikforschung, Bd. 1 und Bd. 2, Frankfurt/M./New York 1975.

[19]   Ebenda, Bd. 1, S. 12.

[20]   Ebenda.

[21]   Rolf-Richard Grauhan (Hrsg.), Großstadt-Politik. Texte zur Analyse und Kritik lokaler Demokratie, Gütersloh 1972, S. 11.

munalpolitik mit der verstädterten Gesellschaft sowie einer zentralstaatlich regulierten Wirtschafts- und Gesellschaftsentwicklung rückte die Frage nach autonomen
Handlungsspielräumen von Kommunalpolitik in den Mittelpunkt der Analysen. "Die
Summe der den Bestand der städtischen Strukturen sichernden staatlichen Aufgaben
wird innerhalb bestimmter räumlicher Teilgebiete in lokalen und regionalen Untergliederungen entsprechend den hierin jeweils zusammengefaßten lokalen und regionalen Interessenkonstellationen der Kapitale definiert und wahrgenommen, wobei
gleichzeitig dieses ergänzend oder einschränkend das national formulierte kapitalistische Durchschnittsinteresse lokal vertreten wird."[22]

Die kritische Analyse der Verflechtungsräume wurde bereits zu dieser Zeit - Anfang
bis Mitte der siebziger Jahre - mit einer Kritik an der überkommenen Wohlstandsde-
finition, dem Bruttosozialprodukt als Kennzeichen einer auf hohem Niveau stehenden Zivilgesellschaft, verbunden und für die politische Praxis eine Umkehr von
Prioritäten in Staat, Stadt und Gesellschaft postuliert. "Erfordert nicht der 'Wohlstand' mit zunehmendem Verstädterungsgrad wachsende Investitionen in eine ästhe-
tisch-akzeptable Stadtgestaltung, geräumigen Wohnungsbau, leistungsfähige und flä-
chenstreuende Massenverkehrsmittel, einen individuellen und doch der Bevölkerung
in ihrer Gesamtheit zukommenden Gesundheitsdienst, ein Bildungssystem, das seinen Namen verdient und reichhaltige Erholungsmöglichkeiten?"[23] In Verbindung mit
der Kritik an der verstädterten Gesellschaft wurde frühzeitig der wissenschaftliche
Blick auf Defizite in der Legitimation des politisch-institutionellen Systems gelenkt
und auf solche gesellschaftlichen Reformkräfte, die außerhalb des institutionellen
Systems sich zu formieren begannen.

Mit den systematischen Versuchen zur wissenschaftlichen Identifizierung der kommunalen - oder lokalen Ebene, wie sie nunmehr in Absetzung zur rechtswissenschaftlichen Definition auch bezeichnet worden ist - Ebene begann die Einheit des Staates
in der Politikwissenschaft zu bröckeln. Die Frage nach der kommunalen Autonomie,
nach dem Verhältnis von staatlicher und kommunaler Politikebene rückten in der
Politikwissenschaft in den Mittelpunkt: hier der zentrale Staat mit seiner "Politik der
Anreizung und Aufrechterhaltung privater Investitionstätigkeit" und dort die Aufgaben der Kommunen, welche die "zur Aufrechterhaltung der Lebensbedingungen in
verstädterten Räumen erforderlichen kollektiven Leistungen"[24] zu bringen haben.

---

[22] Adalbert Evers, Agglomerationsprozeß und Staatsfunktionen, in: Rolf-Richard
      Grauhan (Hrsg.), Lokale Politikforschung, Bd. 1, a.a.O., S. 43 f.
[23] Rolf-Richard Grauhan (Hrsg.), Großstadt-Politik, a.a.O., S. 11.
[24] Rolf-Richard Grauhan (Hrsg.), Lokale Politikforschung, Bd. 1, a.a.O., S. 13.

In der Folge verstärkten wissenschaftliche Identifizierungsbemühungen der lokalen Ebene eine weitere Thematisierung funktionaler und struktureller Unterschiede zwischen Kommune und Staat, wobei diese Entfaltung der Systemebenen auch im Zusammenhang mit einer veränderten politischen Praxis zu Ende der sechziger Jahre stand, als der kooperative Föderalismus im Sinne eines neu formierten Miteinanders gegenüber defizitärem gesamtgebietskörperschaftlichen Handeln normiert wurde. Die lokale Politikforschung erweiterte im Ergebnis die Analyse-Ansätze quantitativ und qualitativ, wofür die Transformation des Begriffs von der kommunalen Selbstverwaltung charakteristisch war, die nunmehr als politisches Leitbild im gesamtgesellschaftlichen Problemzusammenhang definiert wurde.

Der wissenschaftliche Diskurs zu Struktur- und Funktionsproblemen der Kommunalpolitik wurde in dieser Phase durch die Gebiets- und Verwaltungsreformen kräftig belebt. Wichtige Impulse hierzu gab die politische Wirklichkeit selbst, denn die Reformen waren wesentlich eine Konsequenz zunehmender Dissonanzen zwischen großräumiger, national angelegter Politik sowie Planung einerseits und kleinräumiger, kommunaler Politik andererseits.[25] Die Neuordnung der politischen und administrativen Verflechtung beinhaltete die Vergrößerung der untersten politischen Gebietseinheiten und eine Verlagerung politisch-administrativer Kompetenzen nach oben, bedeutete also einen Prozeß der Zentralisierung von Aufgaben. Die von politisch Verantwortlichen - insbesondere auf staatlicher Ebene - angestrebte Effektivierung der Kommunalverwaltung rief auf Seiten der Bürger und Einwohner in vielen Fällen heftige Proteste hervor, da grundlegende Identitätsverluste mit 'ihrer' Kommune befürchtet wurden.

Die Kommunalwissenschaften nahmen den Impetus auf und machten Probleme der politischen Willensbildung und Entscheidungsfindung, der bürgerschaftlichen Mitwirkung an institutionell geregelten Verfahren und Entscheidungen zu zentralen Untersuchungsgegenständen. Kaum weniger Bedeutung erlangten im Zusammenhang mit den Gebiets- und Verwaltungsreformen anwendungsorientierte kommunalwissenschaftliche Analysen in den neu strukturierten Feldern der polity-, policy-

---

[25] Vgl. z. B. Paul Kevenhörster (Hrsg.), Lokale Politik unter exekutiver Führerschaft, Meisenheim 1977; Paul Kevenhörster/ Hellmut Wollmann (Hrsg.), Kommunalpolitische Praxis und lokale Politikforschung, Berlin 1978; Peter Bromann, Ökonomische Kriterien einer Verwaltungs- und Gebietsreform - dargestellt am Beispiel des Ruhrgebietes, Bochum 1974; Peter Eichhorn/Heinrich Siedentopf, Effizienzeffekte der Verwaltungsreform, Baden-Baden 1976; Adalbert Evers/Michael Fester, u.a., Verwaltungsreform als Bestandteil von Landesentwicklungspolitik, in: Stadtbauwelt, Nr. 64/1973.

und politics-Forschung. Dieser institutionenbezogene Strang der Untersuchungen wird - nebenbei bemerkt - in neueren Analysen wieder aufgenommen; die Territorialreformen werden als erste große Modernisierungsschritte der Kommunalverwaltung interpretiert und gewinnen auf diese Weise ein hohes Maß an nachträglicher Rationalisierung und Ideologisierung.[26]

Weitgehend unbeachtet blieb in kommunalwissenschaftlichen Analysen die Hypothese, daß ein beträchtlicher Teil des aktuellen Problemdruckes in Gemeinden als Langzeitfolgen eines politisch erkauften Ausbaus der kommunalen Infrastruktur anzusehen ist. Von den Kommunalwissenschaften ebenso weitgehend unbeachtet ist eine weitere Folgewirkung der Gebiets- und Verwaltungsreformen: die mit der Verstaatlichungstendenz verbundenen Prozesse der Ent-Individualisierung und Verantwortungs-Erosion auf kommunaler Ebene, die mit der von der politischen Praxis erwünschten Professionalisierung kommunaler Politik einhergingen. Insgesamt setzte der Aufbruch der lokalen Politikforschung Aktivitäts- und Innovationsschübe für vielzählige Forschungsansätze in Bewegung, auch wenn in den folgenden achtziger Jahren etliche Ansätze nicht weiter verfolgt wurden, wie zum Beispiel der von der Dialektik kommunalpolitischen Handelns, für das die Ebene eines "publizistisch-öffentlich erzeugten Scheins" und eine "nicht öffentliche Entscheidungsebene der realen Entscheidungsprozesse" charakteristisch sei.[27]

Die originäre Identifizierung der kommunalwissenschaftlichen Teildisziplin in der Politikwissenschaft offenbarte - wie bereits angedeutet - Erosionserscheinungen der tradierten Einheit des Staates. Die für die politische Praxis geltenden Beobachtungen können als das Ende einer seit Mitte des 19. Jhs. geltenden Grundtendenz interpretiert werden, für die unabhängig von der Tendenz zur Vereinheitlichung ein Prozeß zunehmender Arbeitsteilung zwischen den Gebietskörperschaften charakteristisch war. Spätestens seit den achtziger Jahren des vorigen Jahrhunderts "verliefen die vieldiskutierte Expansion der Staatsfunktionen und die Ausweitung der kommunalen Verwaltungsfunktionen parallel nebeneinander her".[28]

[26] Vgl. z. B. neuerdings Hans Brinckmann, Effektivierung öffentlicher Dienstleistungen. Politische Bedingungen der Staatsmodernisierung, Manuskript, Kassel 1995; Bertelsmann Stiftung (Hrsg.), Demokratie und Effizienz in der Kommunalverwaltung, Gütersloh 1994.

[27] Rolf-Richard Grauhan (Hrsg.), Lokale Politikforschung, Bd. 1, a.a.O., S. 28; hierin insbesondere die Beiträge von H. Wollmann und H. Hilterscheid/H.-H. Lemke.

[28] Hans-Ulrich Wehler, Deutsche Gesellschaftsgeschichte, 3. Band, Von der 'Deutschen Doppelrevolution' bis zum Beginn des Ersten Weltkrieges 1849-1914, München 1995, S. 32.

Der Prozeß einer weiteren Verfeinerung der Arbeitsteilung, begleitet von einem enormen Aufgabenwachstum in den öffentlichen Händen sowie zentralstaatlichen Kompetenzzuwächsen stieß in der Realpolitik Ende der achtziger Jahre (des 20. Jhs.) an Grenzen; daraus resultierten auf der einen Seite Reformierungsversuche des institutionellen Systems und auf der anderen Seite die Aktivierung des nicht-organisierten Bürgers. Beide Trends wirkten für die Kommunalwissenschaften stimulierend und initiierten eine wissenschaftliche Debatte um policies und politics eines neu zu definierenden Gemeinwohls 'von unten'. Damit eröffnen sich gegenwärtig für Analysezwecke interessante Parallelen zur Entwicklung der kommunalen Ebene im 19. Jh., als das städtische Gemeinwohl-Ideal "als einflußreiche regulative Idee seine handlungsbestimmende Geltungskraft" zu entfalten begann.[29] Noch in den siebziger Jahren spielte die Definition eines basisdemokratischen Gemeinwohls in den Kommunalwissenschaften eine untergeordnete Rolle, bürgerschaftliches Interesse wurde als weitgehend partikularistisch abgetan.

Wenn wir den Stellenwert der Kommunalwissenschaften zu Ende des achtziger und Beginn des neunziger Jahrzehnts resümieren, fällt die Einschätzung widersprüchlich aus. Einerseits wird die Belebung der Disziplin anhand der pluralen Verwendung des Begriffs von den Kommunalwissenschaften symbolisch offenbar, da die "zusammenfassende, gleichsam holistische Sichtweise **einer** Kommunalwissenschaft der Komplexität gemeindlicher Belange nicht mehr gerecht (wird)".[30] Andererseits blieb ein reduktionistisches Verständnis von Kommunalpolitik in der Politikwissenschaft erhalten, indem Kommunalpolitik "als ihrem Wesen nach projektbezogen und einzelfallorientiert" bezeichnet wird.[31] Akzeptanzprobleme der kommunalwissenschaftlichen Teildisziplin innerhalb der Politikwissenschaft bestehen nach wie vor; ein Defizit, das u. a. in der Einführungs- und Übersichtsliteratur zur Politikwissenschaft auftritt[32] und erst in jüngster Zeit verstärkt ausgeglichen wird.[33] Die Wider-

---

[29] Ebenda, S. 542 f.

[30] Joachim J. Hesse, Einleitung, in: Ders. (Hrsg.), Kommunalwissenschaften in der Bundesrepublik Deutschland, S. 15 f.

[31] Hans-Georg Wehling, Kommunalpolitik, in: Dieter Nohlen (Hrsg.), Wörterbuch Staat und Politik, Bonn 1995, S. 318. Diese Einschätzung von Wehling ist angesichts des hervorragenden Artikels insgesamt aus dem Blick der Kommunalwissenschaften etwas unverständlich.

[32] Vgl. z. B. Hans Karl Rupp, Politische Geschichte in der Bundesrepublik Deutschland, Stuttgart u.a. 1978: Werner Voß, Die Bundesrepublik Deutschland, Stuttgart u.a. 1980; Sven Hartung/ Stefan Kadelbach (Hrsg.), Bürger, Recht, Staat. Handbuch des öffentlichen Lebens in Deutschland; Wolfgang Benz (Hrsg.), Die Geschichte der Bundesrepublik Deutschland, Bd. 1-4, Frankfurt/M. 1983-1989; Uwe Andersen/Wichard Woyke (Hrsg.), Handwörterbuch des politischen Systems der Bundesrepublik Deutschland, Bonn 1992; Volker von Pritt-

sprüchlichkeit äußert sich auch darin, daß zwar innerhalb der Politikwissenschaft immer noch eine Tendenz besteht, institutionelle Politik mit dem Staat zu identifizieren, die Akzeptanzgewinne der Kommunalwissenschaften aber zweifelsfrei anerkannt werden. Die Analyseeinheit "Kommune" erlangt zusehends eine mit dem zentralen Staat vergleichbare systemtheoretische Bedeutung.

Die Zugewinne an kommunalwissenschaftlicher Identität in den neunziger Jahren stehen sogar im Gegensatz zu Bedeutungsverlusten der Politikwissenschaft allgemein. Die partikularen Entwicklungslinien von Kommunalwissenschaften und Politikwissenschaften sind von Brüchen gekennzeichnet, von denen abgewartet werden muß, ob sie auch das Wesen der Disziplinen betreffen werden. Tradierte Forschungsfelder, insbesondere in 'großen' Bereichen der Politikwissenschaft, wie der Politischen Theorie/Politischen Philosophie, Systemtheorie, Staatspolitik, oder Parteienpolitik und des Parlamentarismus haben an wissenschaftlicher Bedeutung, resp. in der Forschung verloren - wobei allein die unterschiedlichen Ansätze der Postmoderne eine Ausnahme bilden; stärker anwendungsorientierte Bereiche, insbesondere der Policy- und Politics-Forschung, der Verwaltungspolitik und der politischen Ökologie sowie neuerdings der politischen Ethik haben an Gewicht zugelegt.

In jüngster Zeit haben Politikfelder - auch als Folge beängstigender Politikverdrossenheit in der Bevölkerung - wie die Demokratieforschung oder auch die Wahlforschung neue Konjunktur. Das hohe Maß an wissenschaftlichen Innovationen, das

witz, Politikanalyse, Opladen 1994; Manfred Mols/Hans-Joachim Lauth/ Christian Wagner (Hrsg.), Politikwissenschaft. Eine Einführung, Paderborn u.a. 1994; Karl Rohe, Politik. Begriffe und Wirklichkeiten, Stuttgart 1994 (2. Aufl.); Arno Mohr (Hrsg.), Grundzüge der Politikwissenschaft, München/ Wien 1995. An der defizitären Situation änderte auch das von Günter Püttner neu herausgegebene voluminöse Handbuch der Kommunalen Wissenschaft und Praxis im Prinzip wenig, ebenso wie das eine oder andere sehr nützliche Handwörterbuch zur Kommunalpolitik. Eine wirksame Kompensation stellen einige in neuerer Zeit erschienene Sammelwerke dar, die sowohl systematisch disponiert die zentralen Probleme der Kommunalpolitik aufgreifen als auch die einschlägigen Policy-Felder thematisieren. Vgl. z. B. Roland Roth/Hellmut Wollmann (Hrsg.), Kommunalpolitik. Politisches Handeln in den Gemeinden, Opladen/Bonn 1993.

33 Vgl. z. B. Wolfgang Rudzio, Das politische System der Bundesrepublik Deutschland, Opladen 1991 (3. Auflage); Thomas Ellwein/Joachim J. Hesse, Das Regierungssystem der Bundesrepublik Deutschland (6. neubearbeitete und erweiterte Auflage), Opladen 1987 oder auch Dieter Nohlen (Hrsg.), Wörterbuch Staat und Politik, Bonn 1995 sowie mit etwas spezieller Ausrichtung: Franz Neumann (Hrsg.), Handbuch Politischer Theorien und Ideologien, Bd. 1 und 2, Opladen 1995; oder auch frühzeitig und nützlich, Wolfgang Mickel (Hrsg.), Handlexikon zur Politikwissenschaft, Bonn 1986; Hiltrud Naßmacher, Politikwissenschaft, München 1995 (2. unwesentlich veränderte Aufl.).

durch die Wiedervereinigung Deutschlands ausgelöst worden ist, stellt eine Sondersi-tuation dar, von der - nach einer ersten Eruptionswelle - erst einmal abgewartet wer-den muß, ob sie anhält und welche Politikfelder dabei hauptsächlich besetzt werden. Die neueren Akzeptanzgewinne der Kommunalwissenschaften stehen in einem grundsätzlichen Entsprechungsverhältnis zur kommunalen, insbesondere städtischen Wirklichkeit, deren Kennzeichen die Anhäufung wirtschaftlicher, sozialer, kultureller und kommunikativer Probleme bildet. Problemintensität und Problemumfang einer-seits sowie Problemlösungsmöglichkeiten andererseits klaffen in der Kommunalpo-litik allerdings weit auseinander. Damit stehen auch die Kommunalwissenschaften vor einer neuen Herausforderungswelle.

1. 3   Kommunale Selbstverwaltung im Spannungsfeld von Staat und Gesellschaft

Bereits die in den siebziger Jahren prosperierenden Politikfeld-Analysen drehten sich verstärkt um die Frage nach autonomen Handlungsspielräumen kommunaler Politik und um die Definition kommunaler Selbstverwaltung, die sich - so argumen-tierten viele Autoren - nach 1945 in bezug auf Voraussetzungen, Ziele und Effizienz entscheidend verändert habe.[34] Mit Nachdruck wurde auf den prozeßhaften Charak-ter der kommunalen Selbstverwaltung hingewiesen, die im Zeichen veränderter öf-fentlicher Aufgaben, der ökonomischen und sozialen Entwicklung ihre "eigene Struktur in Frage stelle".[35] In materieller Hinsicht wurde ein "zunehmender politi-scher Substanzverlust der kommunalen Selbstverwaltung"[36] ausgemacht, Demokra-tiedefizite seien die notwendige Folge. Die Kommunalwissenschaft diagnostizierte einen konstitutiven Widerspruch der Patientin Gemeinde zwischen einer be-schleunigten Aushöhlung der Selbstverwaltung und einer wachsenden Politisierung in der Bevölkerung.

---

[34]   Als eine der ersten vgl. hierzu: Adalbert Evers/Michael Lehmann, Politisch-ökonomische Determinanten für Planung und Politik in den Kommunen der Bundesrepublik, Offenbach 1972; oder auch: Jürgen Bertram, Staatspolitik und Kommunalpolitik, Stuttgart u.a. 1967, oder: Oscar W. Gabriel (Hrsg.), Kommu-nalpolitik im Wandel der Gesellschaft, Königstein 1979; Klaus Stern, Die födera-tive Ordnung im Spannungsfeld der Gegenwart, in: Politikverflechtung zwischen Bund, Ländern und Gemeinden, Schriftenreihe der Hochschule Speyer, Bd. 55, Berlin 1974; Heinz Zielinski, Kommunale Selbstverwaltung und ihre Grenzen, Frankfurt/New York 1977.

[35]   Exemplarisch: Rainer Frey (Hrsg.), Kommunale Demokratie, Bonn-Bad Godes-berg 1976, S. 9.

[36]   Ebenda, S. 10.

Ein Grund dafür, daß die disparaten Erscheinungsformen der De-Autonomisierung
einerseits und Re-Politisierung in Kommunen andererseits durch die Wissenschaft
zunächst kaum als Widerspruch wahrgenommen wurde, könnte in den differierenden
Beurteilungsmaßstäben liegen. Denn während der Prozeß der Ent-Autonomisierung
an den Diskrepanzen zwischen Norm und Realität der Selbstverwaltung gemessen
wurde, sollte die Politisierung vor allem an der Staatseinbindung der Kommunen
und dem Vordringen der Parteienpolitik greifbar sein. Das erkenntnistheoretische
Defizit: Elemente einer normativen und einer empirisch-deskriptiven Demokratietheorie kommunaler Politik wurden nicht hinreichend miteinander verbunden.

Entscheidende Impulse erhielt die Theorie der kommunalen Selbstverwaltung durch
den Aktivbürger, der als Initiator einer "Erneuerung der Politik von unten"[37] gegenüber der von Legitimationsdefiziten charakterisierten traditionellen Politik strukturell bisher ausgeklammert war. Mit ihm sollten nunmehr vorhandene kommunalpolitische Spielräume neu definiert werden.[38] Bürgerinitiativbewegungen ebenso wie
neue soziale Bewegungen wurden als Bedrohung des etablierten Parteiensystems interpretiert, die als Initialzündung zur Reformulierung kommunaler Politik werden
könnten - so wurde bisweilen vermutet. Insofern waren sie auch gegen eine Politik
der Zentralisierung, Bürokratisierung, Anonymisierung und Ent-Demokratisierung
des politisch-institutionellen Systems auf staatlicher und kommunaler Ebene
gerichtet.

Im Mittelpunkt kritischer Analysen standen die etablierten Parteien, denen - unter
Zugrundelegung sich häufender empirischer Befunde - nur geringe Innovationsfähig-
keit zugetraut und statt dessen eher ein Aufbruch "aus alternativen Quellen" progno-
stiziert wurde.[39] Hintergrund der Vertrauensverluste von Wählern und Einwohnern
waren enttäuschte Hoffnungen auf Rationalitätssteigerungen staatlicher Politik
ebenso wie auf demokratische Erneuerungsprozesse, die in den siebziger Jahren in

---

[37]   Joachim J. Hesse, Erneuerung der Politik 'von unten'? Stadtpolitik und kommu-
       nale Selbstverwaltung im Umbruch, in: Ders. (Hrsg.), Erneuerung der Politik
       'von unten'?, Opladen 1986, S. 24.
[38]   Vgl. z. B. Adrienne Windhof-Héritier, Politik der Abhängigkeit. Kommunale
       Sozialpolitik in der fiskalischen Krise, in: Archiv für Kommunalwissenschaften,
       Heft 2, 1984.
[39]   Vgl. z. B. Horst Eckert/Peter Gitschmann/Heinz Zielinski, Die kommunale
       Ebene als Aufbruchsebene, in: Regine Roemheld/ Heinz Zielinski (Hrsg.),
       Kommune im Aufbruch. Analysen zum Spannungsverhältnis zwischen kommu-
       naler Identität und Verwaltung, Frankfurt/M. u.a. 1983.

breitem Umfange geweckt wurden.[40] Bürgerschaftliche Protestpotentiale, neue soziale Bewegungen und alternative Parteigruppierungen hatten somit die den Gemeinden in der Aufbruchphase theoretisch noch zugedachte politische Rest-Funktion als Legitimationsbeschaffer des Gesamtstaates[41] als unzutreffend zurückgewiesen.

Die wissenschaftlichen Auseinandersetzungen über Gefährdungen und Chancen der kommunalen Selbstverwaltung als Leitbild autonomer Gemeindepolitik und als Strukturprinzip föderalistisch organisierter Verwaltungsebenen bei staatlicher Prädominanz wirkte sich auch stimulierend auf die Untersuchung des institutionellen Systems aus. Einen besonderen Aufschwung erlebte die Implementations- als auch die Evaluationsforschung, durch die komplexe theoretische Fragen ebenso wie praxisrelevante Probleme der politischen Durchsetzung erörtert wurden.[42] Die Evaluation insbesondere administrativer Prozesse und Strukturen war auch eine Fortführung der Diskussion über Probleme der vertikalen und horizontalen Politikverflechtung der siebziger Jahre.[43] Die Kritik am output von Politiken ergänzt durch das Aufspüren von Effizienz- und Effektivitätslücken im Gemeinde-Staat-Verhältnis sollten Möglichkeiten zur Erweiterung von Problemverarbeitungskapazitäten im Dienste gemeinwohlorientierter Politik eröffnen.

Die Welle von Institutionenanalysen deckte vielzählige Defizite politischen Handelns sowohl im kooperativen Bereich der Gebietskörperschaften als auch in selbstverantwortlichen Bereichen der spezifischen Politikebenen auf. Politikverflechtungs- und Implementations-/Evaluationsanalysen haben insofern praktische Anstöße der

---

[40] Vgl. z. B. Helmut Klages, Vertrauen und Vertrauensverlust in westlichen Demokratien, in: Peter Haungs (Hrsg.), Politik ohne Vertrauen, Baden-Baden 1990.

[41] Claus Offe, Zur Frage der 'Identität der kommunalen Ebene', in: Rolf-Richard Grauhan (Hrsg.), Lokale Politikforschung, Bd. 2, a.a.O., S. 303 ff.

[42] Vgl. z. B. Gerd-Michael Hellstern, Können Institutionen lernen? Wissensstrukturen, Informationsprozesse und Transfermechanismen in der Kommunalverwaltung. Forschungsfelder, Institutionen und Aktoren, 2 Bde, Frankfurt/M. u.a. 1988; Ders./Hellmut Wollmann (Hrsg.), Evaluierung und Erfolgskontrolle in Kommunalpolitik und -verwaltung, a.a.O.; Joachim J. Hesse (Hrsg.), Politikwissenschaft und Verwaltungswissenschaft, PVS-Sonderheft 13, Opladen 1982; Hans-Hermann Hartwich (Hrsg.), Policy-Forschung in der Bundesrepublik Deutschland. Ihr Selbstverständnis und ihr Verhältnis zu den Grundlagen der Politikwissenschaft, Opladen 1985.

[43] Literatur hierzu vgl. weiter oben und: Der Bürger im Staat, Politikverflechtung oder Föderalismus heute, in: Der Bürger im Staat, Heft 1/1979; Joachim J. Hesse, Politikverflechtung im föderativen Staat, Baden-Baden 1978; Fritz W. Scharpf/ u.a. (Hrsg.), Politikverflechtung. Theorie und Empirie des kooperativen Föderalismus in der Bundesrepublik, Kronberg 1976.

Bürgerinitiativen oder neuer sozialer Bewegungen als eine Form der Kritik am politisch-administrativen System aufgenommen. Die hauptsächliche These kritischer Kommunalwissenschaften baute auf dem Befund auf, daß die Kommunalverwaltungen mittlerweile zu staatlichen Befehlsempfängern degeneriert seien, wodurch Spielräume für alternative Politikentscheidungen auf lokaler Ebene dauerhaft die Grundlagen entzogen würden. Außerdem könnten dadurch wirklich mächtige Interessen in Kommunen mit dem Vorwand nur Handlanger eines übermächtigen Staates zu sein, verdeckt werden. Die kommunalen Repräsentativorgane, vor allem die Stadtparlamente müßten zusehen, wie sich - ohne die von Bürgern und Einwohnern geforderten politischen Alternativen - der Legitimationsdruck für die etablierte Kommunalpolitik immer weiter erhöht. Damit wurde auch eine Neuformulierung der kommunalen Selbstverwaltung als Staat und Gesellschaft strukturierendes Leitbild mit Nachdruck eingeklagt.

1. 4   Elemente des Strukturtyps "Kommune"

In der Phase der Konzentration der Politikwissenschaft auf die Analyse von Handlungsspielräumen im Bund-Länder-Gemeindeverhältnis und die Struktur von Politik und Verwaltung Ende der achtziger Jahre drohte der Blick auf das partizipative Element in den Kommunalwissenschaften vorübergehend geschlossen zu werden. Doch der wieder zunehmende Problemdruck in Gemeinden und die Defizite institutioneller demokratischer Verfahren und Entscheidungen zu Beginn der neunziger Jahre drängten in der Wirklichkeit wieder auf mehr Partizipation von Bürgern und Einwohnern an politischen Prozessen. Kommunalwissenschaften und Praxis waren sich weitgehend einig, daß Gemeindebürger nicht mehr nur Betroffene einer parlamentarisch kaum kontrollierten Exekutive sein, sondern zum aktiven Bestandteil einer am gesamtgesellschaftlichen Wohl orientierten Verantwortungspolitik werden sollten, die parlamentarische und exekutive Ebene gleichermaßen einbezog. Sollte sich die moderne Demokratietheorie als Regelungsprinzip einer auf Gleichheit aller Bürger ausgerichteten Gesellschaft schon als Norm verabschieden und in der Realität sich das allgemeine Wohl nur noch als Summe verschiedener Einzelwohle auf lokaler Ebene herstellen? Tatsächlich verstärkten die Kommunalwissenschaften die Frage nach der kategorialen Bestimmung des örtlichen Bedarfs unter Zugrundelegung einer wesentlichen Erkenntnis für den lokalen Raum: das politisch-administrative System in Kommunen ist wesensmäßig mit den Struktur- und Funktionsprinzipien des Staates identisch. Einen Unterschied hat allerdings die Entwicklung in den letzten Jahrzehnten hervorgebracht: wenn der Schein politisch vermittelter sozialer

Gleichheit überhaupt aufbricht, dann ist das in Kommunen der Fall, wobei für die Transparenz gesellschaftlicher Interessenskonstellationen bürgerschaftlich organisierte Interessen außerhalb etablierter Machtorgane besonders bedeutend sind.

Auch in dieser Hinsicht bieten sich aufschlußreiche Parallelen zur kommunalpolitischen Entwicklung im 19. Jh. an. Denn der ökonomische und politische Wandel des Feudalstaates zum modernen Leistungsstaat ist wesentlich vom liberalen Bürgertum als neuformierter sozialer Klasse getragen worden,[44] die in den Städten und im Staat nach politischer Macht strebte. Aber auch der mit der Durchsetzung des kapitalistischen Marktes verbundene Wandel innerhalb des Bürgertums, v.a. die Auflösung des "traditionalen Stadtbürgertums" und das Aufblühen eines neuen Kleinbürgertums schufen wichtige Voraussetzungen für eine antifeudalistische, gegen tradierte Honoratiorenmacht gerichtete Kommunalpolitik. Mit dem Kleinbürgertum entstand eine neue Sozialformation von "nicht mehr rechtlich privilegierten, in einer städtischen Kommune zusammenlebenden Staatsbürgern..."[45]. Somit entstanden auf dem Hintergrund sozio-ökonomischer Veränderungen nach 1849 die Voraussetzungen für zeitgemäß neudefinierte Zielvorstellungen vom "gemeinen Besten" als "wichtige Komponente der reichsdeutschen Stadtpolitik".[46] Dem Bedarf nach einer neuartigen Gemeinwohlorientierung in der Phase sich entfaltender Leistungsverwaltung als Antwort auf die sozio-ökonomische Dynamik konnten die Städte im 19. Jh. nur auf der Grundlage starker autonomer Handlungsfähigkeit gerecht werden. Dazu gehörten auch latente Einwirkungsmöglichkeiten solcher gesellschaftlichen Kräfte, die außerhalb des institutionellen Machtapparates anzusiedeln waren und dennoch an der Ausgestaltung des allgemeinen Wohls auf der Ebene des Besonderen - der Kommune - wirksamen Anteil hatten.

Die Kommunalwissenschaften haben diesen Gedanken der Entstehung des modernen Gemeinwohls aus der Kommune heraus erst jüngst und zögerlich aufgenommen und entwickelt. Selbst wenn der staatsleitende und gesellschaftssteuernde Anteil der Politik an den tiefgreifenden Wandlungsprozessen zwischen 1871 und 1914 nur schwer exakt auszumachen ist, so ist doch gerade mit Blick auf die Kommunen und daraus resultierenden Erfordernissen für eine Theorie der öffentlichen Aufgabenentwicklung festzuhalten: "Die in der Hauptsache nicht auf Regelsetzung und -

---

[44]   Dabei wird nicht übersehen, daß sich das Bürgertum im Verlauf des 19. Jhs. zwar immer mehr ausdifferenzierte, aber dennoch gemeinsame politische Ziele formulierte und durchsetzte.

[45]   Hans-Ulrich Wehler, Deutsche Gesellschaftsgeschichte, 3. Bd., a.a.O., S. 130.

[46]   Ebenda, S. 534.

anwendung, sondern auf der Beurteilung konkreter Situationen und auf Einzelent-
scheidungen beruhende Politik (des Besonderen, also der Kommunen, Anm. d.
Verf.) trägt in der Summe und damit 'von unten nach oben' dazu bei, daß ein neues
Allgemeines entsteht, daß entweder ein Angebot der öffentlichen Hand allenthalben
als selbstverständlich gilt oder der Staat sich dieses Angebot ganz oder zu Teilen zu
eigen macht und den kommunalen Bereich verpflichtet, es zu erbringen."[47] Die
Entstehungsgeschichte des modernen Leistungsstaates im 19. Jh. läßt den Schluß zu -
was im vorliegenden Band noch zu zeigen sein wird - daß die Kommune an der.
Entwicklung und vor allem Durchsetzung der sozialen Gemeinwohlidee wesentlich
teilhatte. Theoretisch bieten sich in dieser Hinsicht Anknüpfungspunkte an die
zeitnahe Entwicklung der kommunalpolitischen Ebene, insbesondere unter dem
Aspekt einer prozeduralen und materiellen Reformulierung des erstarrten und
zugleich entleerten Begriffs vom Gemeinwohl. Schon in der Entstehungsphase vor
etwa zwanzig Jahren und noch mehr in der gegenwärtigen Situation haben die gesellschaftlichen Bestrebungen um Teilhabe an institutionellen Entscheidungsprozessen
die demokratietheoretischen Auseinandersetzungen belebt. Wir können gegenwärtig
mit einiger Distanz und angesichts neuer Herausforderungen fragen: Wie ist der
neuentstandene Aktivbürger, wie ist das partizipative Element generell in politics
und policies strukturell und funktional einzuordnen? Die Erfahrungen zusammenfas-
send können wir prognostizieren, daß "Bürgerbeteiligung" das Repräsentativsystem
nicht ersetzen, sondern an markanten Punkten systematisch ergänzen wird. Die Alternative besteht in einer weiteren Partikularisierung des Gemeinwohls, der Berücksichtigung ganz spezifischer lokaler Interessen, die es verstehen, sich vom Wahl-
bürger weitgehend unentdeckt durchzusetzen.

Die Entwicklung im 19. Jh. lehrt uns, daß autonome Spielräume in Kommunen und
die Chance notwendig sind, gesellschaftliche Eigeninitiativen politikwirksam mit
einzubinden. Gerade weil die tradierten, institutionellen Spielräume reaktiviert werden müßten, könnten Innovationen am ehesten aus dem Bereich gesellschaftlicher
Initiativen kommen. Im Unterschied zur Entwicklung im 19. Jh. sind die Akteure zur
Formulierung sozialen Gemeinwohls nicht mehr primär im Zusammenhang mit sozialstrukturellen Kriterien zu definieren, sondern eher im Kontext einer für alle soziale Schichten bedrohten Zivilgesellschaft als verstädterter Gesellschaft. Trotz aller
Globalisierungstrends wird auf lokaler Ebene greifbar, daß sozialstrukturell determinierte Veränderungskonzepte in der Gesellschaft durch dazu querliegende Vor-

---

[47]   Thomas Ellwein, Das Allgemeine und das Besondere. Über Veränderungen der
      Politik, in: Carl Böhret/Göttrik Wewer (Hrsg.), Regieren im 21. Jh. - zwischen
      Globalisierung und Regionalisierung, a.a.O., S. 222.

stellungen von Betroffenheit in unterschiedlichen Lebenslagen als Ausgangspunkt politischen Wandels ersetzt werden. Aus Gründen der lokal spürbaren Bedrohung der Umwelt, dem Versagen etablierter Politikorgane und bürgerschaftlichem Mitwirkungswillen an der Gestaltung des Gemeinwohls sind mittlerweile neue Kooperationsformen zwischen Bürgerschaft, Verwaltung, Arbeitnehmerverbänden und Gewerkschaften entstanden, die für die Frage nach der politischen Identität der Kommunen von besonderem theoretischen und praktischen Interesse sind.[48] Neue netzwerkartige Kooperationsformen sind in der Lage, das lokale Innovationspotential zu aktivieren, sie sind eine Antwort auf die komplexen Gefährdungen im lokalen Raum. Netzwerke sind zudem für eine theoretische Bestimmung lokaler Identität besonders interessant, da sie den Begriff der Selbstverwaltung um die gesellschaftliche Sphäre erweitern.

Der Legitimationsdruck auf die Kommunalpolitik hat aber nicht nur die Schleusen für neue gesellschaftliche Kooperations- und Partizipationsformen geöffnet, sondern auch strukturelle Veränderungen des politisch-institutionellen Systems ausgelöst. Der primär in der Kommunalverwaltung spürbare Veränderungsdruck hat in der Wirklichkeit zu einem massiven Modernisierungsprozeß geführt, dessen Folge in vielen Einzelfällen eine Neustrukturierung des Verhältnisses von Politik und Verwaltung ebenso wie das von Kommunalpolitik und Gesellschaft ist.[49] Mit gewissen Einschränkungen gegenüber der die Modernisierungsprozesse begleitenden Forschung haben die Kommunalwissenschaften die neuartigen Prozesse politischer Partizipation und administrativer Binnenmodernisierung allerdings erst ansatzweise aufgenommen. Angesichts der Gefahr, daß die Modernisierung zu Lasten unterer Einkommensbezieher, Arbeitsloser, Randgruppen, Jugendlicher und Sozialschwacher in Kommunen durchgeführt wird und der Druck durch partizipatorische Politik auf das institutionelle System wächst, drohen der kommunalen Selbstverwaltung allerdings in diesem Spannungsverhältnis - im Unterschied zur positiven Wirkung der Netzwerke - auf den kommunalen Aufgabenbestand bezogene weitere Erosionserscheinungen.

---

[48] Vgl. dazu z. B. neuerlich: Dieter Eißel, Umwelt und Demokratie, in: Klaus Fritzsche/Gerhard Freiling (Hrsg.), Konflikte um Ordnung und Freiheit (Franz Neumann zum 60. Geburtstag), Pfungstadt/Bensheim 1995, S. 305 ff.

[49] Vgl. z. B. Hermann Hill/Helmut Klages (Hrsg.), Qualitäts- und erfolgsorientiertes Verwaltungsmanagement. Aktuelle Tendenzen und Entwürfe, Berlin 1993; Frieder Naschold/Marga Pröhl (Hrsg.), Produktivität öffentlicher Dienstleistungen, Bd. 1, Gütersloh 1994; Helmut Klages, Wie sieht die Verwaltung der Zukunft aus?, in: Verwaltungsrundschau 1/1995; Christoph Reichard, Umdenken im Rathaus. Neue Steuerungsmodelle in der deutschen Kommunalverwaltung, Berlin 1994.

Im Unterschied zur Aufbruchsituation der "lokalen Politikforschung" Mitte der siebziger Jahre, als es im Kontext der Verdoppelung von Gesellschaft in Gesellschaft
und Staat um die Lokalisierung der Kommune im strukturellen Verhältnis von Kommune und Staat ging, steht nunmehr als Folge von Auflösungstendenzen der Einheit
des Staates, das Verhältnis von Kommunalpolitik und Gesellschaft im Mittelpunkt.
Dabei geht es entscheidend um eine Neudefinition vom allgemeinen Wohl der Gesellschaft und die zu seiner Erreichung maßgeblichen öffentlichen Leistungen. Die
kommunale Politikebene hat im Zusammenhang mit der Formulierung des Gemeinwohls eine zentrale Definitionsmacht, die auch durch die Erfahrungen mit der Integration des Aktivbürgers ins Politiksystem begründet ist. Denn selbst wenn die Politikwissenschaft die Erschütterungen des Repräsentativsystems durch lokale Initiativen nur als Randerscheinungen eines insgesamt stabilen Politiksystems definiert,[50]
sind entscheidende Impulse auf kommunaler Ebene freigesetzt worden, die Erstarrung prozeduraler und materialer Politik zu lockern. Die lokale Ebene könnte in der
Lage sein, die Doppelstruktur kommunaler Demokratie in Form des repräsentativen
und partizipativen Systems miteinander zu versöhnen, dem parlamentarischen
System entscheidende innovative Impulse zu geben auch für die theoretische Weiterentwicklung der Demokratie.

Die neuere Zeitgeschichte rechtfertigt die These, daß gemeinschaftliche Willens-
bildungs- und Entscheidungsprozesse, die für Umfang und Struktur des Kollektivkonsums in der Gesellschaft maßgeblich sind, wesentlich von kommunalpolitischer
Ebene geprägt werden. Ihre Bedeutung im Rahmen einer Reformulierung des Gemeinwohls wird auch durch die Möglichkeiten zur Identifizierung einer neuen Art
von Reformkonsens in einer "pluralistischen Wohlfahrtsgesellschaft" unterstrichen,
"bei der neben Markt und Staat freie Träger, Familien und Bürger im Rahmen von
'gemischten' sozialpolitischen Arrangements eine tragende Rolle angeboten bekommen, aber auch aktiv engagiert mitspielen müßten".[51] Hinweise darauf, die Erneuerung des Gemeinwohls durch die Integration eines **zivil denkenden und sozial
handelnden Individuums** bewerkstelligen zu können, liefern die Erfahrungen der
letzten zwei Jahrzehnte, in denen trotz Einführung plebiszitärer Elemente in die institutionelle Kommunalpolitik die Akzeptanz und Identifizierung mit dem politischen Output auf Seiten der Bürger und Einwohner kaum größer geworden sind.

---

[50] Vgl. z. B. Klaus v. Beyme, Die politischen Theorien der Gegenwart, Opladen
      1992 (7. neubearbeitete Aufl.); oder Gerd Leibholz, Strukturprobleme der
      modernen Demokratie, Karlsruhe 1967 (3.Aufl.).
[51] Adalbert Evers, Das politische Defizit der Wohlfahrtsgesellschaft, in: Universitas
      (Zeitschrift für interdisziplinäre Wissenschaft), Heft 8/1995, S. 736.

Auch in diesem Zusammenhang bieten sich interessante Vergleiche mit der Entstehungsgeschichte der modernen Leistungsverwaltung an. Die wissenschaftlichen
Auseinandersetzungen über körperschaftliche und genossenschaftliche Bestandteile
kommunaler Politik, die Grundsatzfrage nach dem Wesen der kommunalen Selbstverwaltung als gesellschaftlich oder gebietskörperschaftlich integriertes Ordnungsprinzip fanden auch im 19. Jh. auf dem Hintergrund gravierender Veränderungen im Bestand öffentlicher Aufgabenwahrnehmung statt. Die Grenzen lokaler
Identität und die Inhalte einer staatlich-kommunalen Arbeitsteilung in der öffentlichen Aufgabenwahrnehmung waren bereits vor 100 Jahren heftig umstritten; sie
sind es in qualitativ ähnlicher Form erneut.

Politisch und gesellschaftlich motivierte Wettbewerbstendenzen zwischen Kommunen und Regionen und damit auch Gefahren eines primär kleinräumig definierten
Gemeinwohls mit der Folge beschleunigter räumlicher Disparitäten nehmen angesichts der Existenz eines Nationalstaates, dem "die Kontrolle über das kollektive
Schicksal seiner Bürger (entgleitet)", weiterhin zu.[52] Der Rückzug des zentralen Staates, insbesondere in sozialen Bereichen und die plausible Forderung nach einer
"Dezentralisierung der Kompetenzen"[53] beschleunigen in der gegenwärtigen Situation Privatisierungstendenzen ehemals kollektiv bereitgestellter Güter. Damit wächst
die Gefahr, daß mit der Individualisierung ein verstärkter Prozeß der Entörtlichung
politisch zu regulierenden gesellschaftlichen Bedarfs einhergeht: sozusagen die
räumliche und soziale Segregation des Strukturtyps Kommune aus einer gesamtgesellschaftlichen und gesamtstaatlichen Verantwortung. Für die politische
Praxis ergibt sich daraus auch die Forderung, die Prozesse der Dezentralisierung und
Individualisierung, der Neustrukturierung des institutionellen Politiksystems und
gesellschaftlicher Aufgabenwahrnehmung im Interesse eines öffentlich-privat definierten Gemeinwohls zu kombinieren. Die von kommunitaristischen Vorstellungen
geprägte Forderung nach einer Neubestimmung des Individuums könnte dabei eine
wichtige Rolle spielen[54] - wenn eine systematische Integration in politische Partizipation und soziale Teilhabe gelingt, auf der Grundlage eines Gegenentwurfs gegen
die Auflösung sozialer Kapitale und gesamtgesellschaftliche Fragmentierungspro-
zesse. Gerade die Tendenzen der Partikularisierung und Fragmentierung waren es

---

[52]   Fritz W. Scharpf, Legitimationsprobleme der Globalisierung. Regieren in Ver-
        handlungssystemen, in: Carl Böhret/Göttrik Wewer (Hrsg.), Regieren im 21. Jh.,
        a.a.O., S. 165.
[53]   Fritz W. Scharpf, Optionen des Föderalismus in Deutschland und Europa,
        Frankfurt/M./New York 1994, S. 114.
[54]   Vgl. Amitai Etzioni, Die Entdeckung des Gemeinwesens. Ansprüche,
        Verantwortlichkeiten und das Programm des Kommunitarismus, Stuttgart 1995.

im Verlauf des 19. Jhs., die Kommunen und Staat zu vermehrten öffentlichen Aufgaben und Verantwortungsübernahme drängten. Diese Entwicklung wird in den folgenden Kapiteln dargestellt.

2. Allgemeine Entwicklungsaspekte der kommunalpolitischen Ebene

"Einst war die Mehrung der Zahl rechtloser Bürger das Symptom der Zersetzung und des Niedergangs städtischer Freiheit, des Sieges der agrarischen Herrschaftsverbände über das urbane Genossenschaftsprinzip. Und immer wieder muß dieses Prinzip jenen Gegnern unterliegen, sobald es seinen eigenen Lebensstrom zu hemmen versucht, der stets von unten nach oben geht. Gewiß bezeichnet ursprünglich dieses 'unten' nur einen ziemlich engen Kreis von Personen; in seinen Anfängen trägt fast jedes selfgovernment einen exklusiven Charakter. Aber unzertrennlich mit seiner Entfaltung verbunden ist die fortschreitende Erweiterung seiner Basis, falls es nicht umstürzen soll; die allmähliche Demokratisierung seiner ursprünglich aristokratischen Gestalt ist sein immanentes Entwicklungsgesetz. Im Verlaufe dieser Evolution muß der Stadtherr der Geschlechterherrschaft, diese der Zunftbewegung weichen. Der Stillstand dieser Entwicklung bedeutet den Rückschlag in das antagonistische Prinzip agrarischer Obrigkeit, in patrimoniale Erstarrung; er bedeutet die Vernichtung der urbanen Struktur. Ihre Wiederbelebung setzt mit einem Akt energischer Demokratisierung ein, dessen Bahn brechende Bedeutung dadurch in keiner Weise verringert wird, daß die seitdem eingetretene rapide Entfaltung des Urbanisierungsprozesses ein ebenso energisches Vorwärtsschreiten auf dieser Bahn erheischt. Wenn sich heute retardierende oder reaktionäre Bestrebungen auf das Werk Steins berufen wollen, so vergessen sie, daß dieses Werk seiner Zeit ebenso vorauseilte, wie sie hinter ihrer Zeit zurückbleiben wollen. Die Bürgerschaft einer modernen Großstadt läßt sich nicht mehr in Aktivbürger und Schutzverwandte scheiden. Bei der Verdichtung großstädtischer Lebensweise können Besitzende und Besitzlose, Arbeitgeber und Arbeiter ihrer kommunalen Interessen nicht gegen und nicht ohne einander verfolgen. Jeder Versuch, die eine oder die andere dieser sozialen Gruppen auszuschalten oder zur Einflußlosigkeit herabzudrücken, stärkt, wenn er glückt, nicht die Macht des Siegers, sondern die der antiurbanen Mächte und des von ihnen beeinflußten Polizeistaates; er schwächt nicht sowohl den Besiegten, als das gemeinsame Prinzip urbaner Organisation. Denn das gemeinsame Lebensprinzip dieser modernen sozialen Klassen ist dieselbe wirtschaftliche Evolution, derselbe Urbanisierungsprozeß, dem es zu danken ist, daß die großstädtische Selbstverwaltung längst nicht mehr ein freies Geschenk des allmächtigen Staates ist, das er geben und nehmen kann, sondern eine immanente Notwendigkeit."[55]

---

[55] Hugo Preuß, Die Entwicklung des deutschen Städtewesens, Bd. 1, Leipzig 1906, S. 375 f.

2.1 Herausbildung einer neuen Örtlichkeit

Das Aufleben der Gemeinden im 19. Jh. in dem sich bildenden modernen Nationalstaat ermöglicht Assoziationen an die europäische Stadt des Mittelalters, die wirtschaftlich, sozial und politisch als Zentrum gesellschaftlicher Entwicklungen gegol-
ten hatte. Die mittelalterliche Blütezeit des Städtewesens reichte mit gewissen Einschränkungen bis zur Mitte des 17. Jhs., in Folge stand der Niedergang mittelalterli-
cher Stadtherrlichkeit in starker prozeduraler Parallelität zu dem Auslaufen der mit-
telalterlichen Epoche allgemein. Ab Mitte des 17. Jhs. folgte eine Phase des relativen Stillstandes städtischer Entwicklung, die bis zur Wende vom 18. zum 19. Jh. an-
dauerte.[56]

Erst mit Herausbildung der Grundlagen des Kapitalismus und der folgenden Industrialisierungsphase in der zweiten Hälfte des 19. Jhs. in den deutschen Staaten begann die Stadt und nunmehr mit ihr die gemeindliche Gebietskörperschaft auch ihre
frühere gesamtgesellschaftliche Bedeutung wiederzuerlangen. Die Prozesse der
Kapitalisierung in der Gesellschaft und die politischen Bedeutungsgewinne der
Kommunen gingen seit Mitte des 19. Jhs. Hand in Hand. Hierbei knüpfte die Gemeinde und insbesondere die Stadt nicht nur an vorangegangene Blütezeiten an,
sondern sie wurde auch Fundament des sich abzeichnenden Leistungs- und Verwal-
tungsstaates. Vor allem die Stadt wurde damit zum Motor des wirtschaftlichen und
sozialen Umbruchs und zur treibenden Kraft der zu liberalisierenden Gesellschaft
sowie des zu demokratisierenden Staates. Die Verstädterung der Gesellschaft, wozu
auch die politische und wirtschaftliche Befreiung des agrarischen Landes gehörte,
begann schließlich seit der Wende vom 18. zum 19. Jh. - trotz aller Rückschläge in
der Folgezeit - zum dynamischen Element gesamtgesellschaftlicher Prozesse zu
werden.[57] Wesentliche Kennzeichen dieser Prozesse waren die Ausbeutung des
Landes durch die Stadt und der Verlust einer spezifischen "städtischen Autonomie-
tät",[58] sowie die Herausbildung einer neuen Örtlichkeit, die Stadt und Land gleichermaßen erfaßte.

---

[56]   Vgl. z. B.: o. V., Heil, Die deutschen Städte und Bürger im Mittelalter, Leipzig
       1912; Edith Ennen, Artikel "Stadt" (III) in: Erwin Beckerath/Carl Brinkmann
       u. a. (Hrsg.), Handwörterbuch für Sozialwissenschaften, Bd. 9, Tübin-
       gen/Göttingen 1956, S. 780 ff.; Max Weber, Wirtschaft und Gesellschaft,
       Köln/Berlin 1964, resp. S. 923 ff; Leonardo Benevolo, Die Geschichte der Stadt,
       Frankfurt/M. 1995 (7. Aufl.).
[57]   Vgl. beispielhaft Rolf-Richard Grauhan/Wolf Linder, Politik der Verstädte-
       rung, Frankfurt/Main 1974.
[58]   Sigmar Gude, Der Bedeutungswandel der Stadt als politischer Einheit, in: Rolf-
       Richard Grauhan (Hrsg.), Großstadtpolitik, a.a.O., S. 34.

Nach Beendigung der napoleonischen Kriege hatte sich trotz der Bauernbefreiung und daraus resultierender Bedeutungsgewinne der Landgemeinden vor allem das politische Gewicht der Stadt entscheidend verstärkt. Die Stadt war Ausgangspunkt tiefgreifender Veränderungen in Staat und Gesellschaft, sie war Trägerin der Liberalisierung und Demokratisierung. Wichtigste politische Initialzündung war die Steinsche Städteordnung von 1808 für das preußische Territorium; ihre plakative Zielsetzung klingt erstaunlich zeitnah: "Die Bürgerschaft bekommt die ungeteilte Verwaltung ihres Gemeinwesens." Und mit Blick auf den Staat: "Die ganze Entwicklung des Staates beschränkt sich auf die bloße Aufsicht, daß nichts gegen den Zweck des Staates vorgenommen werde und die bestehenden Gesetze befolgt werden."[59] Eine vergleichbare Reformierung auf dem "platten Rande" in Form einer revidierten Landgemeindeordnung folgte erst deutlich später. Gleichwohl darf nicht verkannt werden, daß unter dem Aspekt der verfassungsmäßigen und rechtlichen Entwicklung der ländlichen Gemeinden die "Reformen zu Beginn des Jahrhunderts durchaus Signale setzten. Eine konsequente Neuordnung fand jedoch in der Mehrheit der deutschen Staaten erst nach 1850 statt. Dies gilt insbesondere für Preußen, wo es im Gegensatz zu den meisten deutschen Staaten für längere Zeit nicht gelang, für die mittleren und östlichen Provinzen eine allgemeine Landgemeindeordnung zu erlassen."[60]

Indem die kapitalistische Stadt zum hauptsächlichen Träger gesamtgesellschaftlicher Veränderungen wurde, knüpfte sie systemisch an mittelalterliche Stadtherrlichkeit - im europäischen Rahmen betrachtet - an, wobei die Herrlichkeit durchaus mit elitärer Herrschaft und sozialer Ungerechtigkeit verbunden war. "Die Mauer macht die Stadt nicht nur zur Festung, sie markiert auch den Bereich eines besonderen Stadtrechtes ..., einer Verfassung, in der freie Bürgerschaften ihren Stadtherren gegenüber Mitbestimmung oder sogar Autonomie behaupten - einer Ordnung also, die keimhaft die staatsbürgerliche Gleichheit unserer Zeit vorwegnimmt ...."[61]

Ein entscheidender Unterschied zwischen der Entwicklung im ausgehenden Mittelalter und der des beginnenden Industriezeitalters lag in der Existenz der der Stadt übergeordneten Zentralgewalten auf deutschem Territorium. Selbst im ausgehenden Mittelalter waren die "staatsähnlichen Gebilde" noch schwach ausgeprägt. Die

---

[59] Erich Botzenhardt/Gunther Ipsen (Hrsg.), Freiherr vom Stein, Ausgewählte politische Briefe und Denkschriften, Stuttgart 1955, S. 174 f.

[60] Heide Wunder, Die bäuerliche Gemeinde in Deutschland, Göttingen 1986, S. 117.

[61] Edith Ennen, Die europäische Stadt des Mittelalters, Göttingen 1972, S. 11.

wechselhafte und spannungsgeladene Entwicklung zwischen Städten einerseits und
größeren Gebietskörperschaften andererseits seit dem Ende des Dreißigjährigen
Krieges hat - bezogen auf die Struktur der Gebietskörperschaften - in der **neueren**
sozialwissenschaftlichen Literatur einen spezifischen Niederschlag gefunden: Im Ergebnis wird die Frage, wer nun zuerst existiert hat, Stadt oder Staat unterschiedlich
beantwortet, je nach dem, zu welchem Zeitpunkt die Analyse einsetzt und welche
normative Vorstellungen in die analytische Betrachtung eingehen. Dies gilt besonders für rechts- und verwaltungswissenschaftliche, geschichtswissenschaftliche, soziologische und politikwissenschaftliche Untersuchungen. Als **soziologische Analyseeinheit** hat die Stadt im 19. und beginnenden 20. Jh. eine weitaus größere Rolle
gespielt denn als politikwissenschaftliches Problemfeld. Nicht erst Max Weber hat
sich dem Phänomen "Stadt" gründlich gewidmet, um die spezifische, kapitalistische
Rationalität unserer Welt zu erfassen.[62] Im Unterschied zur Soziologie war die Politikwissenschaft - wie in der Einleitung gezeigt wurde - in ihrer noch jungen Geschichte analytisch ohnehin schon immer stärker auf die Zentralgewalten hin orientiert.

Ein unter historischem Aspekt bemerkenswertes Charakteristikum politikwissenschaftlicher Theoriebildung liegt in der Vernachlässigung des Stadt-Land-Konti-
nuums; die Stadt wird sozusagen autonomisiert, von ihr unterschieden wird die
"Dorfpolitik", die bisher allerdings nur geringes wissenschaftliches Interesse gefunden hat.[63] In der politikwissenschaftlichen Literatur wird dieser Verselbständigungs-
prozeß daran ablesbar, daß nicht mehr das Verhältnis von Stadt und Land, sondern
die Verstädterung als dynamischer Prozeß thematisiert wird, "der mit dem Industrialisierungsprozeß der entwickelten Gesellschaft" im Kapitalismus einhergeht.[64]
Folge davon ist, daß die trotz der allgemeinen Verstädterungsprozesse vorhandenen
spezifischen Bedingungen und Formen ländlicher oder kleinstädtischer Politik nach
wie vor kaum analysiert sind.[65]

---

[62]   Vgl. z. B. Max Weber, Die Stadt, in: Archiv für Sozialwissenschaft und Sozialpo-
       litik, Nr. 4, 1921; René König, Grundformen der Gesellschaft: Die Gemeinde,
       Hamburg 1958; Hermann Korte (Hrsg.), Soziologie der Stadt, München 1972;
       Hans Oswald, Die überschätzte Stadt. Ein Beitrag der Gemeindesoziologie zum
       Städtebau, Olten/Freiburg 1966.
[63]   Vgl. als eine der Ausnahmen: Hans-Georg Wehling (Hrsg.), Dorfpolitik,
       Opladen 1978.
[64]   Rolf-Richard Grauhan, Einführung: Lokale Politikforschung, in: Ders. (Hrsg.),
       Lokale Politikforschung, a.a.O., S. 12.
[65]   Eine der wenigen Ausnahmen z. B. Herbert Schneider, Kreispolitik im
       ländlichen Raum (Studies in Local Government and Politics, Bd. 20), München
       1985.

In lang andauernden Phasen des 19. Jhs. waren Stadt und Land trotz wachsender struktureller Interdependenzen noch zwei unterschiedliche Welten: ökonomisch, sozial, kulturell und politisch. Bis weit in das 19. Jh. blieben die Landgemeinden wesentlich wirtschaftliche Verbände. Nach 1848 - dem Scheitern der Revolution - setzte auch auf lokaler Ebene ein Restaurationsprozeß ein; auf dem Lande regenerierte sich sogar (insbesondere in Preußen) die grundherrliche Gewalt, die vor allem im Osten und Nordosten des Deutschen Reiches auch noch während der Urbanisierung und Industrialisierung Bestand hatte. Der angestrebte Fortfall patrimonialer Privilegien stieß auf erbitterten Widerstand, es gelang der agrarisch-konservativen Partei, die Einführung der Gemeindeordnung in den östlichen Teilen Preußens zu verhindern und wieder aufheben zu lassen. Damit war ein wesentlicher Schritt in die Zeit der verfassungsrechtlichen Revision in den 50er Jahren gemacht.

Doch das wirtschaftliche System des Kapitalismus hatte die entscheidenden Voraussetzungen für die Auflösung des Stadt-Land-Gegensatzes geschaffen, nachdem die Kapitalisierung des Bodens bereits seit Ende des 18. Jhs. voranschritt. Seitdem wurde das Land in die strukturellen Veränderungsprozesse einbezogen und geriet dabei zusehends in eine systemische Abhängigkeit von der Stadt. Bis zum Ende des 19. Jhs. hatte sich ein grundlegender Wandel vollzogen: "Die Bauern verloren nicht nur wirtschaftlich, sondern auch gesamtgesellschaftlich an Bedeutung. In den neuen industriellen Ballungsgebieten wie in den gutswirtschaftlichen Regionen gerieten die Bauern und ihre Dörfer gegenüber den Städten und den ländlichen Arbeiterwohngemeinden von Fabrik- und Landarbeitern seit dem ausgehenden 19. Jahrhundert immer mehr ins Hintertreffen".[66]

2.2   Dialektik der Selbstverwaltung

Die ökonomischen, politischen und rechtlichen Unterschiede zwischen Stadt und Land ebenso wie eine erst in Anfängen befindliche Urbanisierung zu Beginn des 19. Jhs. verhinderten auch, die groß angelegte Realisierung der Steinschen Staats-Reform durchzusetzen. Stein selbst hatte sich noch gegen eine gemeinsame Kommunalordnung für Stadt und Land ausgesprochen mit der Begründung, daß v. a. die "Wohnart" und die "Beschäftigung der Bewohner" zu verschieden seien. Daher

---

[66]   Heide Wunder, Die bäuerliche Gemeinde in Deutschland, a. a. O., S. 128.

lehnte er im Ergebnis auch die Schaffung gleicher formaler Voraussetzungen, wie die allgemeine Gewerbe-Freiheit, für Stadt und Land ab.[67]

Dennoch machte Preußen mit der Steinschen Städteordnung von 1808 im zwischenstaatlichen Vergleich den Anfang einer fortschrittlichen Verfassungsgebung. Zum ersten Mal in der deutschen Verfassungsentwicklung wurde versucht, das dialektische Spannungsverhältnis zwischen dem Ganzen und seinen Teilen aufzulösen. Die kommunale Selbstverwaltung als Leitbild einer neuen dezentralen gebietskörperschaftlichen Politik wurde - mit Magistrat und städtischem Parlament - wesentliche Grundlage der Entwicklung der bürgerlichen Gesellschaft im 19. Jh.. Das preußische Beispiel - in der Praxis erprobt - färbte auf die Länder im Süden und Westen ab, die zunächst eine ähnliche Verfassung nicht kannten. Die Auswirkungen der Kriege mit Frankreich waren in diesen Territorien nicht gerade stadtfreundlich, obwohl auch in diesen Regionen eine Erneuerung von Gesellschaft und Staat nur 'von unten' Erfolg zu haben schien. Mit der Übernahme der Steinschen Städteordnung im Süden und Westen wurden allerdings - im Gegensatz zum Norden und Osten - auch die ländlichen Verhältnisse neu geordnet. In Preußen wurden solche Veränderungen endgültig erst mit der Landgemeindeordnung von 1891 durchgesetzt (Schleswig Holstein 1892, Hessen-Nassau 1897, Hohenzollern 1900), wobei die Landgemeindeordnungen - im Vergleich zu den Städteordnungen - einfacher strukturiert waren.[68]

Im Mittelpunkt der Steinschen Städteordnung stand die grundlegende Neuordnung folgender Bereiche:

- die Autonomie der Stadtgemeinden,
- die Beschränkung des Staatseinflusses,
- der Grundsatz der Bürgergemeinde,
- die Trennung von beschließenden und ausführenden Organen in Gemeinden.

Die neue kommunale, resp. städtische Bürgerverfassung, durch die das Verhältnis von Selbstverwaltung und Staatsaufgaben neu strukturiert sowie die innere Einheit der Gemeinde hergestellt werden sollte, bildete neben der Bauernbefreiung und der

---

[67]   Erich Botzenhardt/Gunther Ipsen (Hrsg.), Freiherr vom Stein, Ausgewählte politische Briefe und Denkschriften, a.a.O., S. 440.

[68]   Hans Boldt (Hrsg.), Reich und Länder. Texte zur deutschen Verfassungsgeschichte im 19. und 20. Jahrhundert, München 1987.

Gewerbefreiheit wichtigste normative Voraussetzung für die Entwicklung der kapitalistischen Gesellschaft und der parlamentarischen Demokratie im 19. Jh..

Bis in die Gegenwart umstrittenes Leitbild einer autonomen Gemeindepolitik hatte der Begriff der Selbstverwaltung schon zu Beginn des 19. Jhs. verschiedene Dimensionen. Selbstverwaltung im engeren administrativen Sinne bedeutete einmal dezentralisierte Staatsverwaltung und wurde zum anderen im Sinne der Laienverwaltung verstanden, in diesem Sinne als Teilnahme der Regierten an den Geschäften des politischen Gemeinwesens neben den staatlich ernannten Berufsbeamten. Selbstverwaltung setzte damit begrifflich zunächst schwerpunktmäßig auf den Unterschied zur Verwaltung durch Berufsbeamte und auf die Beteiligung der Bürger am politischen Gemeinwesen. Im Spannungsfeld zwischen staatsintegrativer und bürgerschaftlicher Funktionalisierung war das zentrale Problem der kommunalen Selbstverwaltung konzentriert, nämlich wer auf kommunaler Ebene die Macht ausüben konnte und sollte: die traditionellen Eliten aus Adel und Großgrundbesitz, die faktisch auf dem Lande regierten, oder das Bürgertum, das in den Städten zu herrschen begann und als zunehmend relevante gesellschaftliche Klasse galt, oder gar das neu entstehende Proletariat aus Industrie- und Landarbeitern.

Nach anfänglichen Erfolgen zu Beginn des 19. Jhs. gerieten die Versuche zur Demokratisierung der Gesellschaft mit Hilfe autonom handelnder politischer Gemeinden in der Zeit zwischen 1830 bis 1848 ins Stocken. Erst als nach 1850 die Anstrengungen um eine nationale deutsche Einheit verstärkt wurden und Erfolge zu verzeichnen waren, öffneten sich die Spielräume einer selbstverwaltungsorientierten Kommunalpolitik neu. Nunmehr beruhten Bedeutungszuwächse für staatliche Ebenen allgemein auch auf den stärker werdenden Gemeinden. Kompetenzerweiterungen in der Außen-, Sicherheits- und wirtschaftsnahen Interventionspolitik - strukturell gesehen die nationale Komponente - und der Aufbau sowie Ausbau der kommunalen Infrastruktur - die dezentrale Komponente - gingen Hand in Hand. Bereits im letzten Drittel des 19. Jhs. bildete sich die moderne Struktur einer staatlich-kommunalen Arbeitsteilung heraus. Besonders fruchtbar für eine autonome Kommunalpolitik waren die letzten rund dreißig Jahre des 19. Jhs., die auch auf staatlicher Ebene von einer Hinwendung zur Innenpolitik geprägt waren. Dabei schuf die relative Autonomie der Gemeinden sowohl eine wesentliche Voraussetzung für die sich entwickelnde Staatlichkeit, fungierte aber auch und zugleich als Hemmschuh gegenüber einem genuin zentralistischen Element des modernen Nationalstaats.

Charakteristisch für die Entwicklung der lokalen Ebene in der Zeit zwischen Anfang des 19. Jhs. bis 1933 war ihre Doppelfunktion in Staat und Gesellschaft. Sie war nicht nur administrativ-politische Gegenmacht zum monarchischen Staat, vielmehr auch Wegbereiterin des modernen Sozialstaates und veränderte die Gebietskörperschaften zusehends im Sinne gemeinwohlorientierter Instanzen. Eine kollektive Kompensation zu privaten Verwertungsbedingungen schien auf lokaler Ebene im Bereich der Reproduktion möglich zu sein, was insbesondere für die erstarkende Arbeiterschaft und ihre Identifizierung mit dem kapitalistischen Wirtschaftssystem von zentraler Bedeutung war. Einen vorläufigen Endpunkt dieses Entwicklungsstranges markiert die Entwicklung in der Weimarer Republik, die zwar formal einen tiefen Einschnitt im Staatswesen bildete, faktisch jedoch in Kontinuität zum 19. Jh. stand - und das sicherlich nicht nur mit Blick auf die Gemeindeentwicklung.

Nach 1918 erhielten diejenigen gesellschaftlichen Kräfte, die trotz kapitalistischem Wirtschaftssystem auch für Arbeiter, Bauern und Kleinbürger Wohlstand und Humanität verbanden, ganz besonders in der Sozialdemokratie kräftige Rückendeckung. In wichtigen Bereichen der Reproduktion - z. B. dem Wohnungsbau, Gesundheits- und Transportwesen - erschien die Reformierung des Systems realistisch, konkrete Lebensbedingungen großer Teile der SPD-Wähler konnten nun auch in kollektivem Interesse gestaltet werden. Damit war auch der Weg bereitet für die breite Durchsetzung des Reformkurses innerhalb der Sozialdemokratie. Dieser auf zunehmende Akzeptanz stoßende pragmatische Reformweg wurde von großen Teilen des Bürgertums in den 20er Jahren als "Munizipalsozialismus" abgelehnt. Im Vergleich mit den Kommunalisierungstrends insbesondere im wirtschaftlichen Bereich wird damit beispielhaft unterstrichen, wie stark interessenbesetzt der Begriff von der kommunalen Selbstverwaltung war und ist, und somit für sie den bestimmenden Hintergrund ihrer **funktionalen Einbettung** in Staat und Gesellschaft darstellt: Die "Doppelrolle der Kommunen, einerseits einen staatsfreien Selbstverwaltungsbereich zu schaffen und zu verteidigen, innerhalb dessen die Bürger ihre örtlichen Angelegenheiten selbständig regeln und andererseits Vollzugsorgan zentralstaatlicher Entscheidungen zu sein, bewegt die Auseinandersetzungen seit Beginn der Industrialisierung".[69]

Die Prozesse der Professionalisierung und Ausdifferenzierung der öffentlichen Verwaltung im 19. Jh. entsprachen hierbei dem Prozeß wachsender Komplexität in der

---

[69]   Dieter Eißel, Kommune, in: Hans-Jürgen Sandkühler (Hrsg.), Enzyklopädisches Wörterbuch zur Philosophie und Wissenschaften, 4 Bde., Hamburg 1990, Bd. H - K, S. 312.

Gesellschaft, der sich bereits um die Jahrhundertwende anbahnte und gegenwärtig den Höhepunkt erreicht zu haben scheint. Die aus der steigenden Komplexität resultierenden Binnendifferenzierungsprozesse der Verwaltung gingen mit einem Prozeß zunehmender Entfremdung zwischen Verwaltung und Bürger einher, der die Legitimation des politisch-administrativen Systems generell berührte. Der säkulare Entfremdungsprozeß findet offenbar gegenwärtig ein Ende, ein Neubeginn in der Struktur von Verwaltung und Bürger sowie von Verwaltung und Gesellschaft steht an. Die kommunale Selbstverwaltung ist eingebunden in eine doppelte Dialektik, einmal in die von Staatsabhängigkeit und kommunaler Autonomie und zum anderen in die von Repräsentationssystem und Bürgerschaft, in die Dialektik von institutionalisierter und partizipativer Politik.

Von besonderem Interesse - wenn auch politik-wissenschaftlich bisher kaum thematisiert - ist die inhaltliche Ausgestaltung des Begriffs von der partizipativen Politik über einen längeren historischen Zeitraum hinweg. Die Definition lebt von dem Kontrast zwischen institutionellen und nicht-institutionellem Politiksystem und beschreibt zunächst einen Bereich informeller Beteiligung, für dessen Bestimmung aber letztlich ökonomische und soziale Faktoren ausschlaggebend sind. Insofern bestanden spezifische Formen partizipativer Politik auf lokaler Ebene bereits im 19. Jh., wobei als wesentliches Charakteristikum von Partizipation ihre räumliche Verankerung offenbar zu gelten hat: nicht-institutionelle politische Mitwirkung gilt als Merkmal der Kommunalpolitik.

2.3 Dezentrale Politikebene im Staat

Trotz der für die Kommunalpolitik bereits im 19. Jh. charakteristischen Doppelrolle als dem Staat und dem Bürger verpflichtet und der dieser Doppelrolle zugrundeliegenden politischen Definition der Selbstverwaltung setzte sich ein entsprechendes Verständnis in den Kommunalwissenschaften erst deutlich nach 1945 durch, indem gefordert worden ist, "daß die Kommunalverwaltung der Ergänzung durch die Kommunalpolitik bedarf, wenn man die Arbeit der Gemeinde nach allen Richtungen hin wissenschaftlich erfassen will. Eine *sachliche* Entscheidung beruht auf *politischen* und auf *fachlichen* Erwägungen ... Es handelt sich stets darum, sich bewußt zu machen, daß die Bestimmungen des Zieles von Maßnahmen der Gemeinde im Großen wie im scheinbar unwichtigen Einzelfalle keine fachliche, sondern eine kommunal-

politische Aufgabe ist".[70] Doch auch diese auf den wirklichen politischen Gehalt hin
orientierte Bestimmung der Kommunalpolitik wurde nicht einmal für die
Entwicklung nach 1949 allenthalben anerkannt, bisweilen wird dieser Prozeß sogar
erst für die Zeit ab Mitte der 60er Jahre als wirksam betrachtet. Diesen Interpre-
tationen politischen Handelns in Kommunen liegt häufig ein Verständnis zugrunde,
das Politik mit staatlichen Ebenen identifiziert, gleichwohl ein hohes Maß an Verflechtung zwischen Kommune und Staat, also die Vermittlung unterschiedlicher
gesellschaftlicher Interessen in der Form gebietskörperschaftlichen Handelns voraussetzt.[71] "Während sich mit der Auflösung des traditionsreichen Rechts kommunaler Autonomie die Staatspolitik in zunehmendem Maße 'kommunalisierte' und
sich zugleich damit die Kommunalpolitik 'politisierte', erlangten viele kommunale
Aufgaben durch die Herabstufung staatlicher Aufgaben selbst 'staatliche' Qualität."[72] Die Verflechtung zwischen staatlichen und kommunalen Ebenen hat die Politisierung der Kommune zweifelsfrei begleitet - den Grad der Verflechtung jedoch
zum Beurteilungskriterium für die Existenz des Politischen zu machen, ist bestenfalls aus heutiger Sicht verständlich. Der Blick auf die gewordene Entwicklung der
Kommune in wirtschaftlicher, sozialer und politischer Hinsicht läßt jedoch auch im
19. Jh. ein spezifisches Spannungsverhältnis der Teile (Kommunen) zu ihrem Ganzen (Staat) ebenso erkennen wie Prozesse wechselseitigen Ineinandergreifens zwischen Einheit und Vielheit. "Der Kontrast zwischen dem liberalen (Nachtwächter-)
Staat, der seine Verwaltungstätigkeit auf Polizei und Justiz beschränkte und der
großen Fülle kommunaler Aufgaben zeigt deutlich die gesellschaftspolitische Ergänzungsfunktion der (Stadt-)Gemeinde."[73]

Mit der Hochindustrialisierung im letzten Drittel des 19. Jhs. drang die gemeinschaftliche Zweckidee und damit eine über alle sozialstrukturellen Unterschiede
hinweg orientierte allgemeine Idee - wenn auch nach heutigen Maßstäben mit ge-
bremster demokratisierender Wirkung - in zunehmendem Maße in die kommunalen
Verwaltungen ein. Die damit verbundene Entprivatisierung erstreckte sich auf

---

[70]   Hans Peters, Einleitung zum Handbuch der Kommunalen Wissenschaft und
      Praxis, in: Ders. (Hrsg.), HdKWP, Bd. 1, Berlin u. a. 1956 (1. Aufl.), S. 6.

[71]   Vgl. z. B. Carl Böhret/Rainer Frey, Staatspolitik und Kommunalpolitik, in:
      Günter Püttner (Hrsg.), HdKWP, Bd. 2 (2. Auflage), Berlin u. a. 1982; bei Böh-
      ret/Frey ist aber eine eindeutige Verortung des politischen Beginns
      kommunaler Tätigkeit schwierig. Denn an anderer Stelle sprechen die Autoren
      von einer "breiten Entfaltung von Kommunalpolitik und kommunalpolitischer
      Zielsetzung" in der Weimarer Zeit. Ebenda, S. 15.

[72]   Ebenda, S. 14.

[73]   Hiltrud Naßmacher/Karl-Heinz Naßmacher, Kommunalpolitik in der Bundesre-
      publik Deutschland, Opladen 1979, S. 23.

wirtschaftliche, soziale und kulturelle Bereiche, die Wahrnehmungspflicht gesellschaftlicher Aufgaben wurde zur öffentlichen Disposition gestellt. Kommunalen
Verwaltungen erwuchsen Handlungsspielräume bei der Frage, ob eine Aufgabe
überhaupt öffentlich und in welcher Form sie organisatorisch erfüllt werden sollte.
Gemäß der Selbstverwaltungsidee wie sie auch in der preußischen Städteordnung
von 1808 verankert war, sollte dazu die Stadtverordnetenversammlung weitgehende
Befugnisse bekommen: "Die Stadtverordneten erhalten durch ihre Wahl die unbe-
schränkte Vollmacht, in allen Angelegenheiten des Gemeinwesens der Stadt die
Bürgergemeinde zu vertreten, sämtliche Gemeindeangelegenheiten für sie zu be-
sorgen und in betreff des gemeinschaftlichen Vermögens, der Rechte und der Ver-
bindlichkeiten der Stadt und der Bürgerschaft namens derselben verbindende Er-
klärungen abzugeben" (§ 108 der Preußischen Städteordnung von 1808).[74] Diesen
normativen Anforderungen war die kommunale Realität seit Beginn des 19. Jhs.
zunächst nicht gefolgt, ein kompensatorisches Verhältnis von Repräsentation und
Administration war nicht vorhanden; vielmehr bestand eine Prädominanz der Exekutive.[75]

Die kommunalpolitische Wirklichkeit entsprach eher der Vorstellung von der kommunalen Selbstverwaltung wie sie Rudolf von Gneist formuliert hatte.[76] Gneists
Kerngedanke drehte sich um das kommunale Ehrenamt, das er in einen Gegensatz
zur bürokratischen, professionalisierten Staatsverwaltung stellte. Das Ehrenamt, das
auch die Verwaltung beherrschen sollte, hätte danach durch die soziale Oberschicht
in Stadt und Land ausgeübt werden sollen, die quasi durch Berufsstellung zu diesem
Amt legitimiert sei. Demnach sollte eine kleine Anzahl von Gemeindebewohnern in
unabhängigen Richterfunktionen am besten für das Gemeinwohl sorgen. Mit dem
obrigkeitlichen Charakter des Magistrats wollte Gneist zudem eine Einbindung der
Gemeindeverwaltung in die Staatsverwaltung gewährleistet wissen. Die Selbstverwaltung hatte bei Gneist eine gegenüber dem Staat grundsätzlich nachgeordnete
Qualität. Damit verlief die allgemeine Stoßrichtung Gneistscher Gedanken gegen
die liberale Selbstverwaltungsidee einer Urbanisierung des flachen Landes und der
wirtschaftlichen Betätigung der Gemeinden generell, das Zurückbleiben der Land-

---

[74]   August Krebsbach (Hrsg.), Die preußische Städteordnung von 1808, in: Neue
        Schriften des Deutschen Städtetages, Heft 1, Stuttgart 1957, S. 47 ff.

[75]   Vgl. hierzu z. B. Erich Becker, Entwicklung der deutschen Gemeinden und Ge-
        meindeverbände im Hinblick auf die Gegenwart, in: Hans Peters (Hrsg.),
        HdKWP, a.a.O., Bd. 1, S. 77 f.

[76]   Rudolf von Gneist, Die heutige englische Kommunalverfassung und Kommunal-
        verwaltung oder das System des Selfgovernment, o. O., 1860.

gemeinden hinter der politischen Emanzipation der Stadtgemeinden wurde damit legitimiert.

Bis zum Beginn des 20. Jhs. blieben konservierende und fortschrittliche Elemente einer demokratischen Selbstverwaltung nebeneinander bestehen. Das erhaltende Element auf politisch-administrativer Ebene in Kommunen bestand im weitgehenden Ausschluß der Interessen städtischer Industriearbeiter und Landarbeiter, der einseitigen sozialen Rekrutierung der öffentlichen Bediensteten und der normativen Anbindung der Verwaltung an Recht und Gesetz. Begleiterscheinung kommunaler Aufgabenerweiterungen, der Professionalisierung und Formalisierung von Verwaltungstätigkeiten war aber auch eine partielle Entkoppelung der Verwaltung von tradierten gesellschaftlichen Interessen auf kommunaler Ebene. "Schon gegen Ende des 19. Jhs. nahm in der städtischen Verwaltung vielfach der Fachbeamte das Heft in die Hand, während die Erledigung von Verwaltungsaufgaben durch den gewählten Laien an Bedeutung verlor."[77] Damit wurde die unmittelbare bürgerliche Interessen-Verwaltung zurückgedrängt, entscheidende Veränderungen quantitativer und qualitativer Art innerhalb der Kommunalverwaltungen haben nach 1870 stattgefunden. Nicht nur daß bestehende Verwaltungssektoren ausgebaut worden sind, sondern und vor allem kamen neue Aufgabenbereiche hinzu; teilweise verloren tradierte Aufgaben innerhalb der Gemeindeverwaltungen sogar an Gewicht (ein Beispiel - hier die Stadt Mannheim - charakterisiert diese Entwicklung; vgl. dazu Tab. 1).

Auf kommunaler Ebene spielte im 19. Jh. offenbar keine Rolle, was liberalem Gedankengut noch im 18. Jh. auf Staatsebene ein Grundsatzproblem war, wie exemplarisch v. Humboldt formulierte. Mit der wachsenden Staatstätigkeit sei ein Nachteil nicht zu übersehen, "nämlich, daß die eigentliche Verwaltung der Staatsgeschäfte dadurch eine Verflechtung erhält, welche, um nicht Verwirrung zu werden, eine unglaubliche Menge detaillierter Einrichtungen bedarf und ebenso viele Personen beschäftigt. Von diesen haben indes doch die meisten nur mit Zeichen und Formeln der Dinge zu tun. Dadurch werden um nicht bloß viele vielleicht treffliche Köpfe dem Denken, viele sonst nützlicher beschäftige Hände der reellen Arbeit

---

[77]   Otto Ziebill, Politische Parteien und Kommunale Selbstverwaltung, Stuttgart
       u. a. 1971 (2. Auflage), S. 19; ähnlich auch Hiltrud Naßmacher/Karl-Heinz
       Naßmacher, Kommunalpolitik in der Bundesrepublik Deutschland, a. a. O., S.
       26.

entzogen, sondern ihre Geisteskräfte selbst leiden durch diese zum Teil leere, zum Teil zu einseitige Beschäftigung".[78]

Die Herausbildung der Grundlagen einer modernen staatlich-kommunalen Arbeitsteilung im Verlauf des 19. Jhs. wird in der jüngeren kommunalwissenschaftlichen Literatur anerkannt. "Zentralstaat und dezentrale Gebietskörperschaften erfüllten in zunehmendem Maße Aufgaben, die nicht mehr getrennten Funktionsbereichen zuzuordnen waren, sondern sich wechselseitig ergänzten. So ergaben sich bereits in diesem Entwicklungsstadium erste Formen einer politischen und administrativen Verflechtung zwischen zentralen und dezentralen Institutionen."[79] Während kommunale Verwaltungen primär wirtschafts- und sozialpolitische Aufgaben der Vor- und Fürsorge wahrnahmen, konzentrierten sich auf staatlichen Ebenen Kontroll- und Aufsichtsfunktionen, die für eine materielle Vereinheitlichung von Lebensverhältnissen zunächst durch die Setzung formal gleichgeltender Rahmenbedingungen entscheidende Voraussetzungen schufen. Die Verschränkung staatlich-kommunaler Instanzen im Verlauf des 19. Jhs. wurde - trotz neu entstandener Örtlichkeit - auch anhand der Durchdringung örtlicher und nationaler Interessen charakteristisch, deren Ausdifferenzierung dennoch genügend Möglichkeiten zur Kooperation offen ließ.[80]

Die schwerpunktmäßig ordnungspolitische Funktion des Staates blieb auch bis 1914 erhalten, wie an den Beschäftigten der Reichs**verwaltung** ablesbar ist. Die Reichsverwaltung hatte im Jahre 1914 (nach dem Haushaltsplan) 201 125 Beamtenstellen; davon entfielen allein auf die Postverwaltung knapp 168 000 Bedienstete. Relativ starke Bedeutung hatten noch die Heeres- und Marineverwaltung (16 400 Beamte), die Reichseisenbahnverwaltung (12 750 Beamte) und das Reichsamt des Innern (2 530 Beamte). Weitaus weniger Beamte waren beim Reichsjustizamt, -kolonial-amt, dem Rechnungshof oder dem Reichsschatzamt (130 bis 260 Bedienstete, Beamte, Angestellte, Arbeiter); in Preußen entfielen die meisten auf das Justizmini-

---

[78] Wilhelm v. Humboldt, Ideen zu einem Versuch, die Grenzen der Wirksamkeit des Staates zu bestimmen, Stuttgart 1967 (Nachdruck der Ausgabe von 1798), S. 46.

[79] Joachim J. Hesse/Arthur Benz, Die Modernisierung der Staatsorganisation, Baden-Baden 1990, S. 27.

[80] Vgl. dazu auch Abschnitt 6.2 in diesem Band.

Tabelle 1:   **Die Beamtenschaft in Mannheim von1870 bis 1906 *),**
Beschäftigte absolut

Verwaltungsbereich	1870	1875	1880	1885	1890	1895	1900	1905	1906
Zentralverwaltung	10	14	15	12	15	24	45	55	64
Kassen- und Rechnungswesen	3	8	11	9	18	31	33	46	55
Rechtspflege, Standesamt	4	8	9	12	17	14	45	46	54
Schulwesen	3	7	9	10	13	15	26	32	38
Armen- und Krankenpflege	-	-	8	12	21	22	28	41	42
Maschineninspektion, Gesundheitskontrolle	-	-	3	3	3	5	9	12	22
Friedhöfe	1	7	10	13	14	16	45	45	40
Bauwesen	5	11	12	16	32	74	70	138	153
Straßenreinigung, Abfuhr	-	5	5	6	11	12	11	16	17
Landw. und Parkverwaltung	7	9	9	7	8	9	31	26	27
Märkte, Eichwesen	3	4	3	2	4	3	11	7	6
Gas, Wasser, Elektrizität	1	4	9	10	18	41	47	63	91
Schlacht- und Viehhof	2	4	6	4	4	12	15	27	26
Straßenbahnen	-	-	-	-	-	-	-	21	338
Feuerschutz	4	3	2	3	3	6	34	39	49
Theater	-	-	-	-	-	67	68	83	84
Sparkasse, Leihhaus	5	7	9	10	10	15	18	20	21
Zusammen	**48**	**91**	**120**	**129**	**191**	**366**	**536**	**717**	**1127**

*) Die "Beamten" umfaßten das gesamte städtische Personal Mannheims, ausschließlich der Arbeiter.

Quelle: Eckart Sturm, Die Entwicklung des öffentlichen Dienstes in Deutschland, in: C.H. Ule (Hrsg.), Die Entwicklung des öffentlichen Dienstes, Köln u. a. 1961, S. 43

sterium (43 878), das Innenministerium (v.a. Staatspolizei, 29 053), das Kulturministerium (17 627, v. a. Universitäten und höhere Schulen).[81] Zum etwa gleichen Zeitpunkt (1913) hatten noch relativ starkes Gewicht das Finanzministerium (10 936 Bedienstete), die Forstverwaltung (9 472 Bedienstete, nur örtliche Behörden) und das Ministerium für Ernährung und Landwirtschaft (8 038 Beschäftigte). Die wenigsten Bediensteten hatten das Wirtschaftsministerium, die Bergverwaltung, Gestütsverwaltung, das Arbeitsministerium und "weitere" Einrichtungen.[82] Vor Beginn des Zweiten Weltkrieges hatten die Gemeinden im wirtschaftlichen, geistigen und künstlerischen "Leben des Volkes" die Führung übernommen.[83] Trotz dieser realpolitischen Führungsposition der Gemeinden war die wissenschaftliche Einordnung eher restriktiv, wurde in nennenswerten Teilen der kommunalwissenschaftlichen Literatur zu Beginn des 20. Jhs. den Gemeinden doch lediglich eine Ergänzungsfunktion gegenüber dem Staat zugestanden. "Die Städte des 19. und 20. Jahrhunderts ersetzen nicht, sondern **ergänzen mit ihren Aufgaben diejenigen des Staates**; sie finden ihren Daseinsgrund in dem Gesetz und Verwaltungsrecht eines stark organisierten, willens- und tatkräftigen Staates."[84]

2.4 Tradition und Fortschritt in der Kommunalpolitik

Die Grundlagen zur Überwindung des Obrigkeitsstaates und zur Herausbildung des modernen Sozialstaates ebenso wie zur Errichtung der parlamentarischen Demokratie schuf das politisch-administrative System auf lokaler Ebene. Damit verbundene Funktionen konnten die Kommunen nur wahrnehmen, indem sie eine materielle Politik des sozialen Interessenausgleichs betrieben, für welche die Stadt als öffentlich-rechtliche, gemeinwohlorientierte Körperschaft die entscheidende Grundlage bildete. "Die **äußere** Einheit beider Sphären (von Stadt und Bürgerschaft, Anm. d. Verf.) wurde hergestellt, indem zuletzt alles im Stadtbegriff enthaltene Recht in der Bürgerschaft und in ihr allein seinen Träger fand, alles genossenschaftliche Recht der Bürgerschaft aber in ihre Eigenschaft als Stadtbesitzerin verlegt wurde, so daß jedes höhere öffentliche oder herrschaftliche Recht an städtischen Personen oder am Stadtgebiet aus dem Stadtgebiet ausschied und nur noch als

---

[81] Eckart Sturm, Die Entwicklung des öffentlichen Dienstes in Deutschland, in: Carl C. Ule (Hrsg.), Die Entwicklung des öffentlichen Dienstes, Köln 1961, S. 28.

[82] Ebenda, S. 69 ff.

[83] Otto Most (Hrsg.), Die deutsche Stadt und ihre Verwaltung, Bd. 1, Berlin/Leipzig 1912, S. 14.

[84] Ebenda, S. 19.

das Recht eines außerhalb der Stadt stehenden Dritten an der in sich geschlossenen und vollendeten Stadt möglich blieb. Hieraus aber erwuchs zugleich die **innere** Einheit, indem in die Wirklichkeit wie in das Bewußtsein ein städtisches Gemeinwesen trat, in dessen höherer Einheit sich die alte Genossenschaftseinheit und die alte objektive Einheit gleichmäßig lösten und das als solches Subjekt und Mittelpunkt einer einheitlichen Gemeinheitssphäre wurde. Dieses neue Gemeinwesen, dessen Persönlichkeit den Namen der 'Stadt' erhielt und somit diesem Worte einen neuen und vorher unbekannten Inhalt lieh, war die erste zugleich staatliche und privatrechtliche voll entwickelte deutsche Körperschaft."[85] Aufgabenerweiterungen und Professionalisierungen der Verwaltungen insbesondere befriedigten die gesellschaftlichen Interessen von Industriearbeitern, kleinen Handwerkern, Gewerbetreibenden, Landarbeitern und Fürsorgeempfängern, solchen sozialen Schichten, die von der Teilhabe an den Repräsentativorganen im Kaiserreich weitgehend ausgeschlossen waren. Doch nicht nur der output materiellen politischen Handelns entzog den Industrie- und Landarbeitern die Basis für revolutionäre Veränderungen, mit der Formalisierung der Verwaltungstätigkeit auf der Grundlage bürgerlichen Rechts und Gesetzes ging vielmehr auch eine Tendenz zur interessenausgleichenden Politik im Sinne der Weberschen "rationalen Herrschaft" einher, wobei die Politisierung der Unterschichten und der Arbeiterklasse notwendige Voraussetzung war. "Bürokratischer Lenkungsehrgeiz und städtisches 'Gemeinwohl' in allen Ehren - ohne den Stachel des städtischen Proletariats und sein wachsendes politisches Gewicht wären sie kaum so wirksam in Reformtaten übersetzt worden."[86] Insbesondere die Städte hatten für die Verwirklichung des Gleichheitsgrundsatzes eine zentrale Bedeutung, ihre Verwaltungen konnten für traditionale Herrschaftsinteressen immer weniger instrumentalisiert werden. Insofern ist Heffters Einschätzung zuzustimmen, daß das kommunale Berufsbeamtentum noch nicht "zur zweiten Auflage des Staatsbeamtentums", daß die "bürokratische Selbstverwaltung keineswegs zur bloßen Dezentralisation im Sinne der Auflockerung der Selbstverwaltung geworden" sei.[87]

Den größten politischen Nutzen aus der kommunalen Selbstverwaltung zog dennoch das städtische Bürgertum, das damit die entscheidende Grundlage für den liberalen

---

[85] Otto von Gierke, Das deutsche Genossenschaftsrecht, 2. Bd., Geschichte des deutschen Körperschaftsbegriffs, Darmstadt 1954 (Nachdruck der Ausgabe von 1873), S. 585 f.

[86] Hans-Ulrich Wehler, Deutsche Gesellschaftsgeschichte, Bd. 3, a.a.O., S. 543.

[87] Heinrich Heffter, Die deutsche Selbstverwaltung im 19. Jahrhundert, Stuttgart 1950, S. 614.

und nur in Ansätzen den sozialen Staat schuf. "Aus der wirtschaftlich-sozialen und formalrechtlichen Entwicklung von der alten Bürger- zur modernen Einwohnerge- meinde wurde nicht die politische Konsequenz gezogen. Um so mehr erhielt die kommunale Selbstverwaltung im Bismarckschen Deutschland einen bürgerlichen Klassencharakter," [88] der in Form der sozialen Gebietskörperschaft "Gemeinde" ver- deckt wurde. Der bürgerliche Klassencharakter der kommunalen Selbstverwaltung stand aber nur bedingt im Gegensatz zum konservativen Staatsapparat, denn der hierarchische Instanzenaufbau und die konservative Rekrutierung des Beamten- apparates gewährleisteten die administrative Berücksichtigung sozialer Interessen aus dem Adel, dem Junkertum, dem Finanzkapital und der Schwerindustrie im 19. Jh.. Zentrale Funktionsstellen auch auf unteren Politikebenen wurden ohnehin un- ter Staatsaufsicht besetzt. Auf den staatlich nachgeordneten Verwaltungsebenen galt im 19. Jh. überwiegend das Puttkammersche Ordnungsprinzip: Gefragt war der ge- horsame Experte im Obrigkeitsstaat.[89]

Die Dialektik von Tradition und Fortschritt war für die Kommunalverwaltung cha- rakteristisch: "Wie der alte Klerus durchbricht die neue regierende Klasse alle ka- stenartigen Scheidungen, die sich in der Landständischen Rechtsordnung allmählich abgelagert hatten. Daher naturgemäß die Heraushebung des landesherrlichen Beamtentums aus der Unterordnung unter den Patrimonialstaat."[90] Auch die Pro- tagonisten der bürgerlichen Selbstverwaltung betonten deren antiklerikalen Cha- rakter: "Eine ohne jedes Gegengewicht von unten durchgeführte Zentralisation entfremdet die Masse der Bürger den öffentlichen Angelegenheiten der Kommune und gefährdet den Geist bürgerlicher Selbstverwaltung, der nur durch andauernde Inanspruchnahme jedes Bürgers für die Gemeininteressen seines engsten Kreises erhalten werden kann."[91]

Die nur allmähliche Demokratisierung im Gemeinde-Staat-Verhältnis auf admini- strativer Ebene ist auch daran ablesbar, daß in der Zeit nach 1870 sehr schleppend Mitglieder der Sozialdemokraten beschäftigt wurden. Erst nach der Jahrhundert-

---

[88] Ebenda, S. 616.
[89] Vgl. dazu Hans-Ulrich Wehler: Das deutsche Kaiserreich 1871 - 1918, a.a.O., insbesondere S. 72 ff.
[90] Rudolf v. Gneist, Die nationale Rechtsidee von den Ständen und das preußische Dreiklassenwahlsystem, Darmstadt 1962 (Nachdruck der Ausg. von 1894), S. 90.
[91] Otto v. Gierke, Rechtsgeschichte der deutschen Genossenschaft, o.O., 1868, S. 780.

wende nahm deren Anteil an den Beschäftigten leicht zu.[92] Unter den Magistrats-
beamten gab es - nicht zuletzt wegen der staatlichen Bestätigungspflicht - kaum sozialdemokratische Mitglieder.[93] Bei den ehrenamtlichen Funktionsträgern hingegen
waren Sozialdemokraten und Gewerkschafter umfangreicher vertreten. Das gilt
sowohl für Ehrenämter in staatlichen Institutionen mit lokal orientiertem Schwerpunkt (Sozialversicherungen, Gewerbegerichte) als auch für Ehrenämter in eigent-
lich kommunalen Einrichtungen (v. a. sozialen Kommissionen). Innerhalb der einzelnen Bereiche war die Mitwirkung von Sozialdemokraten sehr unterschiedlich,
z. B. bei den Sozialversicherungen schwach, bei den Gewerbegerichten hingegen
stark ausgeprägt. An den städtischen Kommissionen - wie den Armen-Kommissio-
nen - setzten nennenswerte Beteiligungen von Sozialdemokraten erst zu Beginn des
20. Jhs. ein.

Die Frage nach einer mehr teilstaatlichen oder eher autonomen Qualität der Gemeinden, historisch betrachtet nach einer konservativen oder fortschrittlichen Kommunalpolitik, hat in der Literatur kontroverse Antworten hervorgerufen. Wenn man
die Befunde einzelner Disziplinen (der Politik-, Verwaltungs-, Rechts-, Wirtschafts-
und Finanzwissenschaften) vergröbert auf den kommunalwissenschaftlichen
Schwerpunkt reduziert, bleiben immer noch differente Einschätzungen zum Gemeinde-Staat-Verhältnis, die wie folgt resümiert werden können. Die eine hebt die
Trennung von Staat und Gemeinden hervor, die andere sieht in der wechselseitigen
Durchdringung beider Ebenen das wesentliche Kennzeichen in der Entwicklung des
Deutschen Reiches seit 1871. Dabei fällt auf, daß die unterschiedlichen Einschät-
zungen zur Genese der Selbstverwaltung von der - wenn auch differierenden - Ver-
ortung der kommunalen Ebene im **gegenwärtigen** Politik- und Gesellschaftssystem
abhängt. So kennzeichnen Autoren, welche die Gemeinden heute eher als integrale
Bestandteile des Staates verstehen, die kommunale Selbstverwaltung des 19. Jhs. im
System der Gebietskörperschaften als **getrennte Ebene** zum "Staat". Wird auf der
anderen Seite für das gewordene Gemeinde-Staat-Verhältnis der **kompensatorische
Aspekt** als wesentlich angesehen, so ist die Einschätzung der neuen kommunalpolitischen Lage stärker durch den autonomen Akzent bestimmt: In diesem Fall würde

---

[92]   Hierzu Joachim Drogmann, Grundlagen und Anfänge sozialdemokratischer
       Kommunalpolitik vor und nach dem Sozialistengesetz, in: Die demokratische
       Gemeinde, Bd. 15, 1963, S. 998.
[93]   Adelheid von Saldern, Sozialdemokratische Kommunalpolitik in Wilhelmini-
       scher Zeit, in: Karl-Heinz Naßmacher (Hrsg.), Kommunalpolitik und Sozial-
       demokratie, Bonn-Bad-Godesberg 1977, S. 30; Zur sozialen Zusammen-setzung
       der Beamtenschaft im Kaiserreich vgl. auch ausführlich: Hans-Ulrich Wehler,
       Deutsche Gesellschaftsgeschichte, a.a.O., S. 1020 ff.

sich die Geschichte der Selbstverwaltung als ein Prozeß des Selbständig-Werdens, in jenem Fall als ein Prozeß der Entautonomisierung darbieten.

Damit sind komplexe Interdependenzen von Theorie und Empirie der Kommunalentwicklung im 19. Jh. und zu Ende des 20. Jhs. angedeutet, die in den nächsten Kapiteln näher erörtert werden. "Die Diskussion um strukturelle Veränderungen des politischen Systems der Bundesrepublik gleichsam vom Kopf auf die Füße zu stellen, die eher diffuse Erörterung 'lokaler' Orientierungen mit dem gegebenen Institutionsgefüge föderalstaatlicher Arbeitsteilung und kommunaler Selbstverwaltung zu konfrontieren, erscheint daher sinnvoll und erfolgversprechend. Gerade weil veränderte materielle Arbeitsbedingungen und neue politische Orientierungen das Verhältnis von Stadt und Staat in der Tat diskussions- und überprüfungswürdig machen, sollte der Versuch zu einer realistischen Analyse der Handlungsmöglichkeiten lohnen."[94]

---

[94] Joachim J. Hesse, Politik und Verwaltung als Gegenstand der Kommunalwissenschaften, in: Ders. (Hrsg.), Kommunalwissenschaften in der Bundesrepublik Deutschland, a.a.O., S. 129 f.

3.   Wirtschaftliche Funktion der kommunalen Selbstverwaltung

Von den systematisch zu unterscheidenden Aufgabenfeldern auf kommunaler Ebene war im Verlauf des 19. und beginnenden 20. Jhs. die wirtschaftliche Funktion mit ausschlaggebend für die Vorstellung eines signifikanten Gegensatzes zwischen staatlicher und lokaler Ebene, nach der "der Staat herrscht, die Gemeinde wirtschaftet".[95] Diese für diese Zeit realitätsnahe Einschätzung füllte inhaltlich den Begriff der "modernen Leistungsverwaltung"[96] in dominanter Weise. Da die wirtschaftliche Aufgabenwahrnehmung der Kommunen naturgemäß in starker Konkurrenz zu privatwirtschaftlichen Interessen stand und kommunale Wirtschaftstätigkeit klassischen liberalen Ordnungsvorstellungen widersprach, bestanden zum Teil sehr heftige politische Auseinandersetzungen um die Frage nach einer Privatisierung oder Kommunalisierung gesellschaftlicher Aufgaben, v.a. in den 30er und 40er Jahren, 70er und 80er Jahren des vorigen Jahrhunderts sowie den 1920er Jahren. Trotz der konjunkturellen Schwankungen in bezug auf den Umfang der kommunalen Wirtschaftstätigkeit besteht seit Mitte des 19. Jhs. eine - wenn auch zunächst zögerliche - Entwicklungstendenz zur stetigen Ausdehnung der Gemeindewirtschaft - wobei die unterschiedlichen Organisationsformen in diesem Zusammenhang unberücksichtigt bleiben. Kommunale Wirtschaft wird hierbei als Bestandteil der kommunalen Gebietskörperschaft und der kommunalen Selbstverwaltung verstanden.

Die säkulare Tendenz einer Aufgabenexpansion ist erst in jüngster Zeit gestoppt worden und wird angesichts erdrückender Finanzierungsprobleme und zentraler Strukturfragen in Politik und Verwaltung verkehrt: Reprivatisierung, Individualisie-

---

[95]   Johannes Popitz, Gemeindefinanzen und Wirtschaft, Düsseldorf 1932, S. 3. Einen sehr engen systematischen Zusammenhang zwischen Selbstverwaltung als tätiger bürgerlicher Freiheit und - organisatorisch davon getrennter - kommunaler Wirtschaftstätigkeit stellte v. Gierke in seiner Genossenschaftslehre her; vgl. dazu Otto v. Gierke, Das deutsche Genossenschaftsrecht, Bd. I: Rechtsgeschichte der deutschen Genossenschaft, o.O., 1869.

[96]   Vgl. dazu Hendrik Gröttrup, Die kommunale Leistungsverwaltung, Stuttgart u.a. 1973. Folgendes Beispiel verdeutlicht obigen Sachverhalt (ebenda S. 15):

Jahr	Personalausgaben, Mill. M		Sachausgaben, Mill. M.	
	Bundesstaat.	Gemeinden	Bundesstaat.	Gemeinden
1850	132	49	89	29
1894	385	326	190	192
1902	533	533	260	313
1913	834	1096	519	644

rung oder Vergesellschaftung kommunaler Aufgaben stehen normativ und faktisch an der Spitze von Forderungs- und modernisierten Aufgabenkatalogen.[97] Damit scheint ein Ende des über mehr als einhundert Jahre sich entwickelnden "Gemeindesozialismus" - wie die kommunale Wirtschaftstätigkeit von ihren Gegnern bisweilen auch bezeichnet wurde - erreicht zu sein. Da die Funktionalität kommunaler Wirtschaftstätigkeit in Zusammenhang mit der Struktur gesellschaftlicher Interessen steht - ein Aspekt, der in der gegenwärtigen Debatte mit dem Begriff der Verwaltungsmodernisierung verschleiert wird - handelt es sich hierbei um ein eminent politisches Problem, bei dem sicherlich auch die auszuwählenden Rechtsformen eine Rolle spielen, aber nicht das entscheidende Problem darstellen.

3.1   Umfang kommunaler Wirtschaftstätigkeit

Umfang von und Auseinandersetzungen über kommunale(r) Wirtschaftstätigkeit sprechen für einen hohen Stellenwert im kommunalpolitischen Aufgabenkatalog, obwohl sich der Begriff der "Kommunalwirtschaft" erst zu Beginn des 20. Jhs. durchgesetzt hat.[98] Dieser Begriffsbestimmung liegt wesentlich das Kriterium der Gewinnerzielung zugrunde, die nicht-gewinnorientierte Wirtschaftstätigkeit der Gemeinden wird dem Bereich der Verwaltungsaufgaben zugeordnet.[99] Wird der Profit zum wesentlichen Definitionskriterium der Wirtschaftstätigkeit gemacht, werden Kommunen - sieht man einmal von den ordnungspolitischen und planerischen Aufgaben ab - zur Randerscheinung im Wirtschaftsleben, obwohl die kommunalen Ver-

---

[97] Aus der Fülle der Literatur nur exemplarisch: Heinz Metzen, Schlankheitskur für den Staat, Frankfurt/New York 1994; Werner Heinz (Hrsg.), Public Private Partnership - ein neuer Weg zur Stadtentwicklung? (Schriften des Deutschen Instituts für Urbanistik, Bd. 87), Stuttgart u.a. 1993; Hermann Hill/Helmut Klages (Hrsg.), Qualitäts- und erfolgsorientiertes Verwaltungsmanagement (Schriftenreihe der Hochschule Speyer, Bd. 112), Berlin 1993; Christoph Reichard, Neue Steuerungsmodelle in der deutschen Kommunalverwaltung, Berlin 1994; Frieder Naschold, Modernisierung des Staates. Zur Ordnungs- und Innovationspolitik des öffentlichen Sektors, Berlin 1993; Ders., Ergebnissteuerung, Wettbewerb, Qualitätspolitik. Entwicklungspfade des öffentlichen Sektors in Europa, Berlin 1995 und auch Anm. 49. In welchem Maße der Begriff der Modernisierung inhaltsleer ist, wenn die ihm zugrundeliegenden gesellschaftlichen Interessen ausgeblendet werden, belegt der historische Blick auf die Gemeindeentwicklung. Galt es vor 100 Jahren als modern, gesellschaftliche Aufgaben zu kommunalisieren, so trifft gegenwärtig das Gegenteil zu: modern charakterisiert den Prozeß der Ent-Kommunalisierung.

[98] Hermann Brügelmann, Kommunale Versorgungswirtschaft, in: Hans Peters (Hrsg.), HdKWP, Bd. 2, Berlin u.a. 1959, S. 655.

[99] Ebenda, S. 656.

sorgungsbetriebe bereits im 19. Jh. Sondervermögen schaffen konnten, die wiederum als Grundlage für weitere öffentliche Leistungen in der Entwicklung kommunaler Daseinsvorsorge dienten.

Von der Form her handelte es sich bei den kommunalen Unternehmen im 19. Jh. in der Regel um öffentliche oder gemischtwirtschaftliche Betriebe. Öffentliche Unternehmen waren solche, an denen Private nicht beteiligt waren, wobei auf der öffentlichen Seite allein auf territoriale Körperschaften abgestellt ist, demnach Unternehmungen anderer Körperschaften öffentlichen Rechts (z. B. Sozialversicherungsträger) ausgeschlossen sind. In gemischtwirtschaftlichen Unternehmungen arbeiteten (direkt oder indirekt) Gebietskörperschaften und Private zusammen. Public-Private Partnership in Kommunen ist also keine erstmalige Erscheinung der 1990er Jahre. Die konkreten Beteiligungsverhältnisse innerhalb der Betriebe sind im einzelnen sekundär; bei einer 25%igen Beteiligung durch Gebietskörperschaften wird bereits von gemischt-wirtschaftlichen Unternehmungen gesprochen. Es liegt auf der Hand, daß die Entscheidung über die Form eines kommunalen Versorgungsbetriebes bei der Frage nach der Übernahme einer gesellschaftlichen Aufgabe in öffentliche Regie bedeutend war. Noch wichtiger war jedoch in der Realität die Frage, ob eine Aufgabe grundsätzlich privat oder zumindest mit öffentlicher Beteiligung und damit im Rahmen politischer Kontrolle wahrgenommen werden sollte.

Die Antwort darauf war und ist immer nur im konkreten historischen Kontext angemessen zu geben und muß die unterschiedlichen gesellschaftlichen Interessen an einer öffentlichen Aufgabenübernahme entscheidend mit berücksichtigen. Daher ist eine aktuelle Definition auch eher für zeitgemäßes kommunales Wirtschaften angemessen: "Es kommt ... auf das Bestehen einer Lücke in der Versorgung der Bevölkerung an, die nach den geltenden Anschauungen von der Aufgabenstellung und -zuständigkeit einer Gemeinde von ihr geschlossen werden muß. Kann sie dafür keinen Privatunternehmer interessieren, darf sie die Lücke im Rahmen ihrer wirtschaftlichen Möglichkeiten durch ein entsprechendes Unternehmen selbst schließen."[100] Interessanterweise hatte eine solch restriktive Definition kommunalwirtschaftlicher Betätigung in der Hochzeit des Liberalismus im 19. Jh. nur geringe praktische Wirkung.

---

[100] Heinrich Scholler, Grundzüge des Kommunalrechts in der Bundesrepublik Deutschland, Heidelberg 1990 (4. Aufl.), S. 218.

Angesichts der realen gesellschaftlichen Kräfteverhältnisse und der Interessenlage war die Kommunalisierung von Versorgungsbetrieben im 19. Jh. primär eine Errungenschaft des Bürgertums, auch wenn die Arbeiterschaft und die in ihrer strukturellen Nähe angesiedelten Sozialschichten von dieser Art kommunaler Aufgabenübernahme im Infrastrukturbereich profitierten. Bis zum Ende des 19. Jhs. stritten in der Frage über die öffentliche Gemeindewirtschaft in erster Linie kommunales Bürgertum auf der einen sowie staatlichen Instanzen verpflichtete Interessen aus Adel, Großindustrie und Finanzkapital auf der anderen Seite.

Wesentlicher Grund für die Übernahme gesellschaftlicher Aufgaben in kommunale Hand war denn auch realpolitischer Art. "Anfänglich machten wohl überall und bei allen Arten dieser Betriebe ... private Betriebe den Anfang. Aber die realpolitischen Erwägungen gewannen doch je länger je mehr die Oberhand. Die Vorteile des freien Wettbewerbs konnten sich bei diesen Betrieben, die ihrer Natur nach Monopolcharakter tragen, nicht geltend machen. Im Gegenteil, es lag die Gefahr der Ausbeutung der Allgemeinheit nahe. Den öffentlichen Interessen wurde nicht genügend Rechnung getragen."[101] Realpolitik in diesem Sinne war Politik im Interesse des städtischen Bürgertums, das auf infrastrukturelle Grundlagen des ungehinderten privatwirtschaftlichen Wachstums angewiesen war. Aufbau und Gewährleistung allgemeiner Produktions- und Reproduktionsbedingungen - Versorgung mit Gas, Wasser, Elektrizität etc. - und industrielles Wachstum ergänzten insbesondere im letzten Drittel des 19. Jhs. einander, wobei selbstverständlich die öffentlich-rechtliche Form der Leistungserbringung allgemein kostensenkende Wirkung für die private Wirtschaft, insbesondere die Industrie hatte. Der eigentliche Prozeß der Entprivatisierung im Versorgungsbereich hatte sich vorwiegend in den 70er und 80er Jahren des 19. Jhs. vollzogen. Begünstigt wurde die Kommunalisierung dadurch, daß sich vormals private Versorgungsbetriebe in ausländischem Privatbesitz befanden, ein Faktum, das dem stark aufkeimenden Nationalismus ein Dorn im Auge war und den Prozeß der Kommunalisierung von Ver- und Entsorgungsbetrieben beschleunigte.

Angesichts des strukturellen Zusammenhanges von Industrialisierung und Kommunalisierung im Versorgungsbereich lag der Schwerpunkt der wechselseitigen Verschränkung mit aufstrebender Tendenz eindeutig in den Städten. Interkommunal betrachtet forcierten die Kommunalisierungsprozesse die durch die räumliche Verteilung der gewerblichen Produktion induzierten territorialen Disparitäten, das unter-

---

[101] K. Th. v. Eheberg, Artikel "Gemeindefinanzen", in: Ludwig Elster/Adolf Weber/Friedrich Wieser (Hrsg.), Handwörterbuch der Staatswissenschaften, Bd. 4, Jena 1927 (4. Aufl.), S. 809.

schiedliche wirtschaftliche und infrastrukturelle Entwicklungstempo zwischen Stadt und Land wurde enorm verschärft; es hat sich geradezu eine neue Fortschritts-Hierarchie im Verhältnis zwischen städtischen und ländlichen Territorien konstituiert, die Karl Marx mit Wohlwollen für die städtische Gesellschaft pointierte: "Die Bourgeoisie hat das Land der Herrschaft der Stadt unterworfen. Sie hat enorme Städte geschaffen, sie hat die Zahl der städtischen Bevölkerung gegenüber der ländlichen in hohem Grade vermehrt und so einen bedeutenden Teil der Bevölkerung dem Idiotismus des Landlebens entrissen".[102] In der Entwicklung der kommunalen Infrastruktur folgte der Ausbau der stärker reproduktionsbezogenen Bereiche zeitlich dem der produktionsbezogenen Sektoren; beispielhaft hierfür steht der Aufbau der Verkehrsbetriebe, der erst zu Beginn des 20. Jhs. auf dem Hintergrund eines qualitativ neuen Städtewachstums und einer damit in Zusammenhang stehenden ersten Eingemeindungswelle in größerem Umfang erfolgte.[103]

Der Gleichschritt in der Entwicklung zwischen industriellem Kapitalismus und öffentlicher Versorgungswirtschaft in den Städten wird anhand einiger Zahlen in Tabelle 2 illustriert. Zeichen für diesen Zusammenhang ist auch das Faktum, daß die Betriebe der Grundversorgung in den Städten mit mehr als 50 000 Einwohnern zu Beginn des 20. Jhs. weitgehend kommunalisiert waren.

Der Prozeß eines vorrangigen Ausbaus der öffentlichen Verwaltung durch die erwähnten Versorgungsbetriebe ist auch anhand der Bedeutung der Gewerbetriebe für die Gemeindehaushalte ablesbar: aus kommunalen Werken kam ein Viertel der Einnahmen aller deutschen Gemeinden (über 10 000 Einwohner) im Jahre 1907. Das, obwohl die Gemeinden in der Regel auf der Grundlage des Kostendeckungsprinzips arbeiteten, nicht einmal nach Setzung sozialer Prioritäten bei der Tarifgestaltung strebten. Normative Grundlage für die relativ hohe finanzielle Bedeutung der Versorgungsbetriebe war die gesetzliche Regelung, daß die Einnahmen aus Gewerbebetrieben privatwirtschaftliche Entgelte waren, bei deren Festsetzung die Gemeinden grundsätzlich autonom waren; im Gegensatz zu den Gebühren für öffentliche Anstalten, die der oberaufsichtlichen Genehmigung unterlagen.

---

[102] Karl Marx/Friedrich Engels, Werke, Bd. 26 (II), Berlin 1969 (nach der zweiten Aufl. von 1893), S. 466.
[103] Zur Entwicklung vgl. den entsprechenden Artikel über "Verkehrsbetriebe", in: Hans Peters (Hrsg.), HdKWP, Bd. 3, Berlin u.a., 1959.

Tabelle 2: Verteilung kommunaler Gemeindebetriebe nach Ortsgrößen
im Jahr 1908

Nachweis	Orte von Einwohnern mit					
	unter 2.000	2.000-5.000	5.000-20.000	20.000-50.000	50.000-100.000	über 100.000
Anzahl der Orte	615	873	602	134	44	41
Wasserwerk						
absolut	206	404	426	123	41	38
%	33,5	46,3	70,8	91,8	93,2	92,7
Gaswerk						
absolut	19	186	133	112	32	33
%	3,1	20,6	55,3	83,6	72,7	80,5
E-Werk						
absolut	22	104	112	62	30	33
%	3,6	17,6	18,6	46,3	68,2	80,5
Straßenbahn						
absolut	-	-	17	27	17	18
%	-	-	2,8	20,2	38,6	43,9
Schlachthof						
absolut	56	223	352	101	43	39
%	9,1	25,6	58,5	75,4	97,2	95,1

Quelle: Wolfgang Hofmann, Die Entwicklung der kommunalen Selbstverwaltung von 1848 bis 1918, in: Günter Püttner (Hrsg.), HdKWP, Bd. 1, Frankfurt/New York 1982, S. 80.

Trotz der generellen Bedeutung der Versorgungsbetriebe für die Kommunalhaushalte und frühzeitiger Anstrengungen in Gemeinden, das Kostendeckungsprinzip zu realisieren, forcierten die Gemeindebetriebe in etlichen Kommunen in erheblichem Maße die Verschuldung sowohl relativ als auch absolut, wobei es häufig nur ein bestimmter Versorgungsbereich war, der den hohen Schuldenanteil verursachte (zu den Schuldenanteilen vgl. Tabelle 3). Im übrigen enthält Tabelle 3 bereits einige Hinweise darauf, daß die Schulden städtischer Werke und Unternehmungen im Verhältnis zu den Gesamtschulden im zwischenstädtischen Vergleich sehr unterschiedlich waren. Wirtschaftsstruktur, Wirtschaftswachstum, städtisches Ausgabenverhalten, steuerzahlende Bevölkerungsstruktur u.a.m. waren hierfür verursachende Faktoren.[104]

Tabelle 3:   Anteil der städtischen Werke und Unternehmungen an der städtischen Schuld im Jahr 1908

Stadt	Schulden für gewerbliche Zwecke überhaupt (1) in 1000 M.	Gewerblicher Hauptschuldenposten (2) in 1000 M.	Städtische Schulden überhaupt (3) in 1000 M.	Anteil von (1) an (3) (4) in v. H.
Aachen	9 645	3 605 (E-Werk)	21 146	45,6
Berlin	258 968	98 968 (Kanalisat.)	397 018	65,2
Bochum	7 411	4 336 (Wasser-W.)	22 707	32,6
Cöln	87 631	31 487 (Straßenbahn)	142 873	61,3
Dortmund	53 076	12 305 (E-Werk)	80 445	66,0
Elberfeld	29 009	11 750 (Kanalisat.)	54 379	53,3
Frankfurt/M.	79 877	22 678 (Wasser-W.)	222 947	35,8
Göttingen	4 505	1 123 (Gas-Werke)	10 932	41,2
Hagen	8 526	2 282 (Straßenbahn)	17 646	48,3
Herne	1 996	894 (Gas-Werke)	4 146	48,1

Quelle: Eigene Berechnungen nach: Heinrich Silbergleit, Preussens Städte, Berlin 1908, S. 500 f.

---

[104]   Empirische Befunde für die Stadt Berlin sind sehr ausführlich enthalten in: Ingrid Thienel, Städtewachstum im Industrialisierungsprozeß des 19. Jhs., Berlin/New York, 1973.

Nicht nur die Städte in den aufstrebenden Industriezentren (wie an Rhein und Ruhr, im Schlesischen, im Westfälischen, den Hansestädten) förderten im 19. Jh. den Aufbau der Versorgungsbetriebe; eine vergleichbare Stadtpolitik betrieben auch die aufblühenden Dienstleistungszentren. Wie das Beispiel der Stadt Darmstadt zeigt, hatte die kommunale Eigenwirtschaft enorme Vorteile für die städtische Gesamtentwicklung (vgl. Tabelle 4). Gerade der finanzielle Ausgleich zwischen gewinnabwerfenden und zuschußbedürftigen Betrieben unterstreicht die hohe Bedeutung der allgemeinen kommunalen Wirtschaftätigkeit.

Tabelle 4: Haushaltsmäßige Abwicklung der Spezial-Voranschläge der Stadt Darmstadt im Jahr 1912

Zuschüsse durch die Stadtkasse an, in Mark		Abführungen durch die Stadtkasse durch, in Mark	
Armenkasse	204 920	Elektrizätswerkkasse	128 000
Hallenschwimmbad	77 000	Gaswerkkasse	438 000
Krankenhauskasse	114 000	Schlachthofkasse	125 000
Polizeikasse	380 090	Wasserwerkkasse	209 000
Straßenbahnkasse	16 000		
zusammen	828 010	zusammen	900 000

Quelle: Haushaltsentwurf für die Haupt- und Residenzstadt Darmstadt für das Etatjahr 1912, hier 828 "Special-Voranschläge", Darmstadt 1912

Im ersten Jahrzehnt des 20. Jhs. war die erste Phase im Aufbau der infrastrukturellen Grundversorgung in den Städten weitgehend abgeschlossen. Der hohe Grad an kommunalisierter Grundversorgung wird noch einmal unterstrichen: von 219 deutschen Städten mit über 20 000 Einwohnern hatten im Jahre 1904/05:[105]

---

[105]   O. V., Eheberg, "Gemeindefinanzen", Handwörterbuch der Staatswissenschaften, Bd. 4, a.a.O., S. 809.

	absolut	in %
ein Wasserwerk überhaupt	214	98
ein eigenes Wasserwerk	202	92
eine Gasanstalt überhaupt	216	98,6
eine eigene Gasanstalt	177	80,8
ein Elektrizitätswerk überhaupt	170	77,6
ein eigenes Elektrizitätswerk	125	57,9

Grundlegendes Interesse des Bürgertums am Aufbau der städtischen Versorgungsbetriebe ebenso wie seine politische Macht in Rat und Verwaltung[106] in der zweiten
Hälfte des 19. Jhs. relativieren zwar die These von der "modernen Stadt als die vorwiegend soziale Komponente der Infrastruktur des modernen Wirtschaftssystems"[107];
doch auch die Kennzeichnung der kommunalen Versorgungsbetriebe als "Beschnei-
dung des Freiraumes industrieller Entwicklung"[108] war nur auf dem Hintergrund
eines normativ verstandenen klassischen Wirtschaftsliberalismus nachzuvollziehen,
nach dem kommunales oder staatliches Wirtschaften grundsätzlich abzulehnen sei.
Insofern war eine solche Behauptung, daß die Kommunalwirtschaft die industrielle
Dynamik gebremst habe, stark ideologisch, denn die Städte haben die schwierigsten
Herausforderungen der Urbanisierungsepoche "mit der breiten Palette ihrer Kommunalunternehmen verblüffend produktiv beantwortet, diese Wirtschaftspolitik
(ordnet sich) auch in den Aufstieg der modernen Leistungsverwaltung ein"[109], wie die
folgende Tabelle noch einmal resümiert.

---

[106] Um etwa 1900 waren in 25 preußischen Städten zwischen 50 und 100% der
       Stadtverordneten Hausbesitzer. Hiltrud Naßmacher/Karl-Heinz Naßmacher,
       Kommunalpolitik in der Bundesrepublik, a.a.O., S. 24.
[107] Peter Marschalck, Zur Rolle der Stadt für den Industrialisierungsprozeß in
       Deutschland in der zweiten Hälfte des 19. Jahrhunderts, in: Jürgen Reulecke
       (Hrsg.), Die deutsche Stadt im Industriezeitalter, Wuppertal 1978, S. 58 und 63.
       Marschalck selbst spricht dann auch von der "Industriestadt als Dienstlei-
       stungsorganisation für die Industriebetriebe"; ebenda.
[108] Ebenda.
[109] Hans-Ulrich Wehler, Deutsche Gesellschaftsgeschichte, Bd. 3, a.a.O., S. 533.

Tabelle 5: **Städtische Gemeindebetriebe im Jahr 1908 (absolute Zahlen und Prozentsatz der Kommunalunternehmen)**

Stadtgröße Einwohnerzahl in Tsd.	Anzahl	Wasserwerke	Gaswerke	Elektrizitätswerke	Straßenbahnen	Schlachthöfe
1. 2 - 5	873	404/46,3%	186/20,6%	104/17,6%	-	223/25,6%
2. 5 - 20	602	426/70,8%	333/55,3%	112/18,8%	17/28,0%	352/58,5%
3. 20 - 50	134	123/91,8%	112/83,6%	62/46,3%	27/20,2%	101/75,4%
4. 50 - 100	44	41/93,2%	32/77,7%	30/68,2%	17/38,6%	43/97,1%
5. 100 u. mehr	41	38/92,7%	33/80,5%	33/80,5%	18/43,9%	39/95,1%

Quelle: Hans-Ulrich Wehler, Deutsche Gesellschaftsgeschichte, Bd. 3, Von der Deutschen Doppelrevolution bis zum Beginn des Ersten Weltkrieges 1849 - 1914, München 1995, S. 526.

3.2 Kommunale Bodenpolitik

Die Bodenpolitik als "Gesamtheit aller Maßnahmen, die darauf abzielen, den nur begrenzt zur Verfügung stehenden und vermehrbaren Boden in einer gesamtgesellschaftlich wie für den Einzelnen optimalen Weise nutzbar zu machen"[110] wurde im 19. Jh. zu einem der Brennpunkte gesellschaftspolitischer Auseinandersetzungen. Im Verlauf des zunächst zaghaft, dann mit Wucht um sich greifenden Industrialisierungsprozesses während des 19. Jhs. wurden auch Grund und Boden zunehmend ins Kalkül industriell geprägter privatwirtschaftlicher Produktions- und Gewinnmaximierungsentscheidungen gezogen, wobei diese Prozesse für die Stadt angesichts der in höherem Maße disponiblen Verfügungsmasse an Grund und Boden stärker als für das Land zutrafen. Das weitgehend uneingeschränkt geltende Recht privater Bodennutzung stieß jedoch zunehmend an die Grenzen einer funktionalen Ordnungspolitik im Interesse der Stadtgesellschaft allgemein: Privates Nutzungs- und Gewinninteresse und öffentliche Belange, insbesondere im Gefolge des Ausbaus der Grundversorgungsbereiche oder der verkehrsmäßigen Erschließung mußten in den Kommunen in Einklang gebracht werden. Im Rahmen eines ganzen Bündels von

---

[110] Rudolf Schäfer, Bodenpolitik/Bodenrecht, in: Rüdiger Voigt (Hrsg.), Handwörterbuch zur Kommunalpolitik, Opladen 1984, S. 72.

Veränderungen - wie die Freizügigkeit für die ländliche Bevölkerung, Mobilität von Grund und Boden, Neugestaltung des Bodenkreditrechts, Gewerbefreiheit oder der Einsatz der Dampfkraft - führte die Dynamik des Industrialisierungsprozesses nach 1870 zu einer gewaltigen Ausdehnung der nicht-landwirtschaftlichen Bevölkerung in den Städten, die einen großen Bedarf an zusätzlichem Wohnraum und damit strukturorientierten Eingriffen in die Bodenpolitik nach sich zog. Wie die Zahlen in Tabelle 6 illustrieren, ist das Wachstum der nicht-landwirtschaftlichen Bevölkerung zwischen 1855 und 1910 nicht zu Lasten der landwirtschaftlichen Bevölkerung gegangen, letztere blieb nämlich etwa gleich hoch; ausschlaggebend war vielmehr der dynamische Wachstumsprozeß innerhalb des nicht-landwirtschaftlichen Sektors selbst.

Tabelle 6:   **Landwirtschaftliche und nicht-landwirtschaftliche Bevölkerung im Deutschen Reich in den Jahren 1855/1875/1910**

Jahr	Landwirt schaftliche Bevölkerung	Veränderung Index	Nicht-landwirt- schaftliche Bevölkerung	Steigerung Index
1855	18,5 Mill.	100	17,6 Mill.	100
1875	18,5 "	100	24,0 "	136,4
1910	18,0 "	93,3	46,9 "	266,5

Quelle: Burkhard Hoffmeister, Wilhelminischer Ring und Villenkoloniegründung, in: Heinz Heineberg (Hrsg.), Innerstädtische Differenzierung und Prozesse im 19. und 20. Jahrhundert, Köln 1987, S. 115.

Wie stark dieser Dynamisierungsprozeß war, verdeutlicht die Zahl der Industriegemeinden, die zwischen 1870 und 1910 zur selbständigen Stadtgemeinde erhoben oder einer benachbarten Stadt eingemeindet wurden: sie stieg von fünf auf 106.[111] Der Verstädterungsprozeß war gekennzeichnet von einer Verringerung des Anteils der Bevölkerung unter Zugrundelegung der Bodennutzung als Haupterwerbszweig oder als nebenerwerbliche Basis der Selbstversorgung. Die Verteilung von Grund und Boden wurde über den Markt reguliert, auf dem potente private und öffentliche Konkurrenten als Anbieter und Käufer auftraten. Dabei konnte sich eine mit der

---

[111]   F. Naumann, Neudeutsche Wirtschaftspolitik, Berlin 1911 (3. Aufl.), S. 30.

partiellen Kommunalisierung oder auch Verstaatlichung des Bodens einhergehende stärkere Sozialbindung im Verlauf des letzten Drittels des 19. Jhs. nur zögerlich durchsetzen. Die aus den Prozessen der Hochindustrialisierung und Verstädterung resultierenden gesellschaftlichen Anforderungen strukturierten die bis heute gültigen Rechtsformen im Baubereich, wobei das Interesse der grundbesitzenden Klassen und Schichten aus Bürgertum und Adel die kommunale Bodenpolitik eindeutig dominierte. Unter diesem Aspekt war die kommunale Selbstverwaltung ein Instrument konservativer und bürgerlicher Herrschaftssicherung.

Gerade für den Entstehungsprozeß des Städtebaurechts im 19. Jh. galt grundlegend, daß das Städtebaurecht als "Bestand rechtlicher Regeln" aufzufassen ist, "denen der fundamentale gesellschaftlich-ökonomische Konflikt um die Nutzung des städtischen Bodens zugrunde liegt, und in denen diese gesellschaftlichen Interessenkonflikte **zugunsten** der einen und **zulasten** anderer Gruppen oder Klassen entschieden werden".[112] Unter dem für den gebietskörperschaftlichen Kontext interessanten Aspekt war die Herausbildung des Städtebaurechts auch Ausdruck sich entwickelnder staatlich-kommunaler Arbeitsteilung, wobei die Bodenpolitik systematisch in den Bereich der wirtschaftlich und sozial weitgehend autonom agierenden Städte gehörte.

Das Interesse des städtischen Bürgertums und besonders das der Haus- und Grundstückseigentümer richtete sich im Verlauf der Auseinandersetzungen Ende des 19. Jhs. nicht grundsätzlich gegen ein neues Städtebaurecht. Neue Normensetzungen waren vielmehr erwünscht, nur die entscheidenden Kompetenzen sollten in städtischen Organen verankert werden, um privaten Grundstücks- und Hausbesitzern größtmögliche Spielräume bei der Nutzung und Verwertung des Eigentums zu belassen. Insofern waren Bürgerinteressen und Selbstverwaltungsinteressen aus der Sicht des Bürgertums miteinander zu vereinbaren. Denn die Forderung des Bürgertums nach Eigentumsfreiheit zielte - bereits zu Beginn des 19. Jhs. "gegen den absolutistischen Polizeistaat" und auch gegen die überkommenen Rechte des Feudaladels".[113] Dennoch trugen Adel und Bürgertum ihre - in wachsendem Maße - gleichermaßen konservativen, grundsätzlich auf private Verwertung hin ausgerichteten Vorstellungen zur Eigentumsordnung politisch zusehends gemeinsam, so daß v. a. großbürgerli-

---

[112] Hellmut Wollmann, Städtebaurecht und privates Grundeigentum. Zur politischen Ökonomie der Gemeinde, in: Hans G. Wehling (Hrsg.), Kommunalpolitik, Hamburg 1975, S. 183 f.

[113] Ebenda, S. 185.

che und feudale Interessen bereits im Verlauf des 19. Jhs. faktisch immer stärker in Einklang zu bringen waren.

Obwohl mit den aus dem Urbanisierungsprozeß resultierenden Anforderungen an eine soziale Nutzung des Eigentums im Verlauf des 19. Jhs. auch von frühliberalen Eigentumsvorstellungen - wonach der größtmögliche Nutzen für die Gesellschaft darin lag, das Eigentum unbeschränkt individuell nutzen zu können - Abschied genommen wurde, galt für das letzte Drittel im 19. Jh. dennoch: "In Wirklichkeit stellte die Herausstellung der Übermacht des Staates keine Bedrohung des bürgerlichen Eigentums dar, weil sich das Besitzbürgertum seines beherrschenden Einflusses auf die Gesetzgebung sicher war."[114] Diese Feststellung gilt in besonderem Maße für das städtische Bürgertum. Gerade die Interessen des städtischen Bürgertums waren es, die auf der Grundlage konservativer Eigentumsvorstellungen eine "Gesamtkodifikation des Städtebaurechts"[115] nach modernen Maßstäben verhinderten.

Gesetzliche Eingriffsmöglichkeiten von Reich, Staaten und Gemeinden gegenüber dem Privateigentum waren nur im Interesse des Besitzbürgertums möglich, für das ein formell garantierter Rahmen wesentlich war, der materielle Eingriffe in die private Disposition des Eigentums letztlich nicht zuließ. Auf der Ebene der Durchsetzung waren die Interessen des Bürgertums angesichts der Mehrheitsverhältnisse in Rat und Verwaltung in der Kommune ohnehin gesichert. Wenn es zu Konflikten über die Bodennutzung kam, so waren diese schon eher durch divergierende Interessen innerhalb des Bürgertums begründet, wie es bei dem preußischen Fluchtliniengesetz von 1875 deutlich wurde, dessen Einschränkungen in der Baufreiheit insbesondere der ungehinderten Bodenspekulation von Grundeigentümern Einhalt gebieten sollte.[116]

Das preußische Fluchtliniengesetz stellte einen Kompromiß zwischen den Interessen städtischer Selbstverwaltung und staatlicher Obrigkeit dar. Die Festsetzung der Fluchtlinie - durch die der Verlauf von Straßen und Plätzen geordnet wurde - war nunmehr weitgehend kommunale Angelegenheit, während die übrigen Fragen des Baurechts von den staatlichen Polizeibehörden zu regeln waren. Allerdings wurden die polizeibehördlichen Angelegenheiten in den Städten meist von den Bürgermeistern wahrgenommen, wodurch gerade in Preußen ein hohes Maß an staatlichem

---

[114]   Dieter Eißel, Eigentum (Reihe Grundwerte, Bd. 2), Baden-Baden 1978, S. 30.

[115]   Hartmut Dyong, Städtebaurecht, in: Wolfgang Pehnt (Hrsg.), Die Stadt in der Bundesrepublik Deutschland, Stuttgart 1974, S. 361.

[116]   Hellmut Wollmann, Städtebaurecht und privates Grundeigentum, a.a.O., S. 191.

Einfluß gewährleistet war. Da das Fluchtliniengesetz auch vorausschauende Regelungen treffen konnte, wurde die überkommene Baufreiheit im städtischen Bereich eingeschränkt. Mit den Bauordnungen wurde zudem begonnen, die Gemeindegebiete in einzelne Bauzonen einzuteilen und die Art der baulichen Nutzung festzulegen; weiterhin waren Aussagen über das Maß der baulichen Nutzung enthalten.

Trotz aller Neuregelungen im Städtebaurecht blieben die Eigentumsrechte materiell weitgehend unangetastet, es wurde lediglich ein Rahmen für die private Nutzung des Bodens gesetzt. Diese Art Rahmensetzung war wenigstens notwendig, um die Dynamik der Stadtentwicklungsprozesse und eine naturwüchsige Bauhektik einigermaßen im Sinne der neuen Urbanität steuern zu können. "Eine Unzahl bitterer Entscheidungskonflikte mußte ausgefochten werden, bis diese strukturierenden Vorgaben dazu führten, daß sich die City als Kern herausschälte, daß klar unterscheidbare Wohnviertel und Arbeiterquartiere, Industrie- und Leistungsgebiete, Grünflächen und Baulandreserven entstanden".[117]

Trotz der fortschreitenden staatlich-kommunalen Arbeitsteilung blieb der staatliche Einfluß zugunsten der in den städtischen Repräsentationsorganen regierenden Selbstverwaltungsinteressen auch wegen der geringen Effizienz der preußischen Staatsverwaltung im vertikal gegliederten Staatsaufbau im Bau- und Bodenbereich vergleichsweise gering. Das Bild, das man sich "von der Preußischen Verwaltung zu machen pflegte, die Selbstverwaltungskörper im Fortschreiten und die Regierung zögernd und langsam folgend, traf für das Baupolizeiwesen nicht zu. Hier waren gerade die Selbstverwaltungskörper, vor allem die großen Städte mit ihrer starken Vertretung des Grundbesitzes, die Hemmenden, welche auch die bescheidensten Reformversuche der Regierung zu vereiteln wußten."[118] In der für die städtische Bodenpolitik so wichtigen Eigentumsfrage hielten - dies läßt sich generalisierend festhalten - liberales Bürgertum und traditionelle Machtelite aus Adel, Großgrundbesitz und städtischem Patriziat zusammen. Dem privaten Grundeigentümer blieb das durch die Bauordnungen nur geringfügig eingeschränkte Recht der privaten Verwertung des Grund und Bodens. Er konnte ihn selbst bebauen, aufteilen oder an Bauwillige verkaufen.

---

[117] Hans-Ulrich Wehler, Deutsche Gesellschaftsgeschichte, Bd. 3, a.a.O., S. 514.

[118] O. V., Heiligenthal, Baupolizeirecht (Preußen), in: J. Brix, u.a. (Hrsg.), Handwörterbuch der Kommunalwissenschaften, Ergänzungsband A-G, Jena 1927, S. 118.

Radikale Reformbestrebungen im Bau- und Bodenrecht hatten bis zum Beginn des I.
Weltkrieges keine Chance auf Realisierung. Daher war um so verständlicher, daß
nach dem Ende des I. Weltkrieges heftige Auseinandersetzungen um die gesellschaftliche Nutzung von Grund und Boden in Gemeinden entfachten, als Sozialdemokraten und Kommunisten nun in nennenswertem Umfang auf veränderte Eigen-
tumsordnungen insbesondere im Interesse einer sozialen Wohnungsbaupolitik drängten. Bahnbrechende Erfolge im Sinne einer vergesellschafteten Boden- und sozialen
Wohnungsbaupolitik konnten sie dabei aber nicht erzielen, nach anfänglichen
Erfolgen setzte vielmehr schon in den zwanziger Jahren wieder eine Liberalisierung
zugunsten der privaten Verfügung im Bau- und Bodenrecht ein, die sich nach 1945
fortsetzte.

Ein weiteres, sehr anschauliches Beispiel der staatlich-kommunalen Auseinandersetzungen um die politische Gestaltung der Gesellschaft in wirtschaftsnahen Sektoren bildete im übrigen das Sparkassenwesen, auf das in diesem Band aber nicht näher eingegangen wird.[119] Die in den Kommunen im Verlauf des 19. Jhs. entstandenen
Sparkassen waren sowohl Ausdruck eines an Stärke gewinnenden Wirtschaftsbür-
gertums als auch der Beteiligung der Arbeiterschaft am Volksvermögen. Das von der
breiten Masse erbrachte Sparvolumen sollte v.a. dazu dienen, für wirtschaftliche
Notzeiten eine finanzielle Reserve zu haben. Die Sparkassen - bis 1880 gab es in
Preußen bereits 1191 selbständige Sparkassen[120] - hatten sich bis zum Ende des I.
Weltkrieges dem Bestreben staatlicher Ebenen erfolgreich widersetzt, Staatspapiere
erwerben zu müssen und damit auch diese Form staatlicher Teilhabe am Wirt-
schaftsaufstieg der Städte verhindert. Der längerfristige strukturelle und funktionelle
Wandel im Sparkassenwesen seit Mitte des 19. Jhs. wäre im übrigen eine loh-
nenswerte Analyse.

3.3 Kommunale Wirtschaftstätigkeit im Rahmen liberaler Ordnungsvorstellungen

Die bereits im 19. Jh. enorm ausgedehnte und intensivierte kommunale Wirtschaftstätigkeit und -verwaltung war mit der Selbstverwaltungs-Idee eines Gneist
oder der Steinscher Prägung einer auf das Ehrenamt gegründeten kommunalen Verwaltung, die potentiell die gesamte Gemeindeeinwohnerschaft als Rekrutierungs-

---

[119] Vgl. z.B.: O.V. Höpker, Die Deutschen Sparkassen, ihre Entwicklung und ihre
       Bedeutung, Berlin 1924.
[120] Vgl. auch zum Überblick: Josef Hoffmann, Kommunales Sparkassenwesen, in:
       Hans Peters (Hrsg.), HdKWP, Bd. 3, Berlin u.a., 1959, S. 741 ff.

basis umfaßte, kaum noch vereinbar. Dabei handelte es sich bei der wirtschafts-
orientierten Selbstverwaltungstätigkeit nicht um eine unpolitische Funktion, wie dies
aus der Tatsache staatlich-kommunaler Arbeitsteilung auf der Verwaltungsebene
bisweilen geschlußfolgert wird,[121] nach der sich die Verwaltungsbediensteten in den
infrastrukturellen Bereichen eher aus den Stadtbürgern rekrutierten, während die
Beamten in der Ordnungsverwaltung eher aus dem Kreis von Adel, Großgrundbesitz
und Militär kamen. Trotz dieser unterschiedlichen Rekrutierungsbasis bestand
innerhalb der Beamtenschaft kein grundsätzlicher Interessensgegensatz. In der Frage
der Nicht-Beteiligung der Arbeiterschaft und landwirtschaftlich Beschäftigten ebenso
wie der von Frauen waren sich Bürgertum und Adel ohnehin einig; insofern war auch
die Verwaltung Teil des nach heutigen Maßstäben undemokratischen Herrschaftssy-
stems, dessen wichtigstes Instrument das Dreiklassenwahlrecht blieb. An dessen Reformierung und einer zunächst formalen Demokratisierung war offenbar auch das
Bürgertum nur insoweit interessiert, als Zugeständnisse an Land- und Industriearbeiter für die Aufrechterhaltung der bestehenden Herrschaftsstrukturen insgesamt
unumgänglich waren.[122]

Die kommunale Wirtschaftstätigkeit beinhaltete für das kapitalistische Wirtschaftssystem mehrere Vorteile:

- die allgemeinen Produktionskosten wurden gesenkt, insbesondere im Maschi-
  nenbau, den Hüttenwerken und der Metallindustrie;
- die privaten Unternehmer wurden von sozialen Leistungen entlastet, die Arbeiterschaft profitierte von der verbesserten Infrastruktur;
- über die unmittelbare materielle Wirkung hinaus förderten die Kommunen die
  Legitimation des ökonomischen, sozialen und politischen Systems.

Die kommunale Wirtschaftstätigkeit wies eine für sie typische Ambivalenz auf.
Einerseits entstanden durch die öffentlich wirksame wirtschaftsnahe Tätigkeit der
Kommunen Vorteile für die private Wirtschaft, andererseits wuchs damit auch die
Abhängigkeit der Kommunen von der Wirtschaft, so daß ein gemeinsames Interesse
von privater Wirtschaft und öffentlicher Hand an einem dynamischen Wachs-
tumsprozeß bei fortschreitender Industrialisierung immer stärker wurde. Dies gilt vor

---

[121] Exemplarisch für die Position der "Selbstverwaltung als unpolitischer
    Verwaltung", die sie zumindest bis 1933 gewesen sei, vgl. auch: Carl
    Böhret/Rainer Frey, Staatspolitik und Kommunalpolitik, a.a.O., S. 11.
[122] Vgl. dazu auch ähnlich: Otto Kirchheimer, Politische Herrschaft. Fünf Beiträge
    zur Lehre vom Staat, Frankfurt/M. 1967, (2. Auflage), S. 125 f.

allem für die Zeit bis zum I. Weltkrieg, als Wirtschaft und Städte enorm expan-
dierten. "Solange sich die Wirtschaft der Neuzeit noch in einer stürmischen Auf-
wärtsentwicklung befand, bereitete man dem Wachstum der wirtschaftlichen Betätigung der Gemeinden keine Hemmnisse. Erst als die 'leeren Räume der Wirtschaft'
ausgefüllt waren, entstand der Ruf nach einer Reglementierung der gemeindlichen
Wirtschaft."[123] Dieser enge systemische Zusammenhang zwischen privatem und
öffentlichem Wirtschaften relativiert auch die Einschätzung, daß die städtische Wirtschaftätigkeit allein aus der Forderung nach dem Ausbau der **sozialorientierten
Daseinsvorsorge** resultiere (vgl. dazu auch weiter unten)[124] und unterstreicht den
ideologischen Charakter gegenwärtiger Auseinandersetzungen um die private oder
kommunale Aufgabenwahrnehmung.

Wie stark gerade der Topos einer sozio-strukturell neutralen Allgemeinwohlorientierung kommunaler Wirtschaftätigkeit in der Phase der Hochindustrialisierung zu
relativieren ist, wurde erst später, in der Zeit nach dem I. Weltkrieg deutlich. In den
Auseinandersetzungen um eine Munizipalisierung gesellschaftlicher Aufgaben, z. B.
im Wohnungsbau, stand das Bürgertum zusehends auf seiten derer, die eine Ausdehnung   kommunaler   Aktivitäten   verhindern   wollten.   Offenbar   war   eine
Kommunalpolitik, die primär Vorteile auch für die breite Masse der Bevölkerung
schaffen wollte - nach 1918/19 waren Sozialdemokraten auf breiter Front an kommunaler Legislative und Exekutive unmittelbar beteiligt - mit klassisch-liberalen
Vorstellungen von Politik nicht vereinbar.

Einen tiefen Einschnitt sowie vorläufigen Endpunkt prosperierender kommunaler
Wirtschaftätigkeit und auch Vorläufer des nach dem II. Weltkrieg verankerten
kommunalen Wirtschaftsrechts brachte das Gemeindefinanzgesetz von 1933[125], da
nach § 87 den Gemeinden die Gründung und Errichtung wirtschaftlicher Unternehmen nur gestattet war, wenn

---

[123]   Friedrich Zeiß, Kommunales Wirtschaftsrecht und Wirtschaftspolitik, in: Hans
        Peters (Hrsg.), HdKWP, Bd. 3, Berlin u.a. 1959, S. 612.
[124]   Beispielhaft ist diese Auffassung von Ernst Forsthoff vertreten worden: Ernst
        Forsthoff, Die Krise der Gemeindeverwaltung im heutigen Staat, 1932; ders.,
        Die öffentliche Körperschaft im Bundesstaat, München/Berlin 1931.
[125]   Vgl. dazu Friedrich Zeiß, Kommunales Wirtschaftsrecht und Wirtschaftspolitik,
        a.a.O., S. 612 f.

- der öffentliche Zweck die Errichtung der Unternehmung rechtfertigt,
- der durch die Unternehmung verfolgte Zweck nicht besser und wirtschaftlicher durch einen anderen öffentlich-rechtlichen oder privaten Träger erfüllt werden kann, und
- die Unternehmung nach Art und Umfang in einem angemessenen Verhältnis zu der Leistungsfähigkeit der Gemeinde steht, sowie die Erfüllung ihrer öffentlich-rechtlichen Aufgabe nicht beeinträchtigt wird.

Mit diesen Bestimmungen, die in der Deutschen Gemeindeordnung von 1935 noch ergänzt wurden, war die Möglichkeit vor allem für staatliche Aufsichtsbehörden gegeben, die kommunale Wirtschaftstätigkeit unter staatlichen Prämissen zu ordnen. Danach rückten gesamtwirtschaftliche und privatwirtschaftliche Interessen in den Mittelpunkt von Entscheidungen über die Disposition kommunaler Wirtschaftstätigkeiten. Diese in den 30er Jahren definierte Norm kommunalen Wirtschaftens ist im Grundsatz bis heute erhalten geblieben. Sie hat potentiell ökonomisches Belieben der Gemeindehand einzuschränken, wenn dies aus gesamtwirtschaftlichen Erfordernissen, privatwirtschaftlichen Interessen oder staatlichen Gründen als notwendig erachtet wird. Mit dieser Normierung wurden einer denkbaren wirtschaftlichen und gesellschaftlichen Aufwertung der Gemeinden deutliche Grenzen gesetzt, und die historisch enge Anbindung kommunaler Wirtschaftstätigkeit an die örtlichen Gemeinschaftsinteressen zugunsten einer an staatlichen Raumeinheiten gebundene nationale Gemeinschaftsidee entscheidend verändert.

Zudem läßt die gemeindliche Wirtschaftstätigkeit erkennen, was auch für andere politische Funktionen der Gebietskörperschaften galt: der entscheidende Einschnitt in der Entwicklung der Selbstverwaltung erfolgt zwar Mitte der 1930er Jahre, die Veränderungen zeichnen sich aber in den 1920er Jahren deutlich ab und liegen auf einer sozialstrukturell definierten Kontinuitätsskala, deren Beginn etwa Mitte des 19. Jhs. anzusetzen ist. Ausschlaggebend hierfür war, daß das städtische Bürgertum als Garant der von ihm selbst definierten privaten Wirtschaftsfreiheit und kommunaler Wirtschaftstätigkeit auf dem Höhepunkt des Aufgabenstandes Machtverluste zugunsten der Arbeiterschaft und Lohnabhängigen insgesamt sowie Kleinhandwerker hinnehmen mußte, ja teilweise aus der kommunalpolitischen Verantwortung gedrängt wurde und daher das Interesse an einer Ausdehnung autonomen kommunalpolitischen Wirtschaftens auf seiten des Besitzbürgertums und großer Teile der Handwerkerschaft schwand.

Die stärkere politische Beteiligung von Sozialdemokraten und Gewerkschaftlern an
der kommunalen Wirtschaftstätigkeit seit beginnendem 20. Jh. war auch der Grund
für verstärkte Kritik an den "**monopolistischen**" öffentlichen Betrieben. Bezeichnenderweise entstand diese Kritik erst mit der politischen Machteinbuße des Bürgertums und knüpfte damit systematisch an die im Grundsatz ähnliche Kritik tradierter
Machteliten aus Feudaladel und Großgrundbesitz gegenüber der wirtschaftlichen
Betätigung des kommunalen Bürgertums im 19. Jh. an. Aus bürgerlicher Sicht wurde
im Verlauf des 19. Jhs. die Monopolstellung öffentlicher Betriebe noch damit
begründet, daß der Verbraucher keine zwei Wasser-, oder drei Strom-Leitungen
brauche. Dabei interessierte das städtische Bürgertum wenig, daß diese Begründung
an ihrer eigenen Logik einer liberalen Konkurrenzwirtschaft vorbeiging. Tatsächlich
ideologisierte dieser Begründungsversuch das wirkliche politische Interesse an den
städtischen Monopolbetrieben, die in ihrer Funktion für Kommunen, Staat und
Gesellschaft weiter oben gekennzeichnet worden sind.

Die über einen längeren historischen Zeitraum feststellbare ökonomische Effektivität öffentlicher Betriebe hatte im übrigen die Folge, daß selbst nach 1945, als von
einem Großteil liberaler Kräfte der Anti-Monopolismus propagiert wurde, die öffentlichen Betriebe aus der Kritik weitgehend ausgeklammert waren. Insbesondere
von den kommunalen Betrieben konnte kaum behauptet werden, sie hätten zur
Verelendung der Bevölkerung beigetragen.[126] Ein historisierender Vergleich zwischen der Entstehungsphase öffentlicher Gemeindebetriebe über die Entwicklung in
der Weimarer Republik und den mit dieser Entwicklung verbundenen politischen
Debatten bis in die Gegenwart hinein zeigt ein hohes Maß an Identität in bezug auf
strukturelle Argumente; nur daß es gegenwärtig um die Rückführung gesellschaftlicher Aufgaben aus öffentlicher in private Hand geht:

- das Hervorheben der gesamtgesellschaftlichen Situation (vor allem die Suche
  nach "leeren Räumen" für private Kapitalanlagen),
- die ökonomisch determinierte Definition gesellschaftlicher Interessen an priva-
  ter/öffentlicher Versorgung,
- die Finanzlage der Kommunen und
- die Bedeutung der wirtschaftlichen Tätigkeit der Kommunen im engeren Sinne
  (Anwendung des Kosten-Nutzen-Prinzips).

---

[126] Friedrich Zeiß, Kommunales Wirtschaftsrecht und Wirtschaftspolitik, a.a.O., S.
619 f.

Die Frage nach der wirtschaftlichen Betätigung der Kommunen hat seit rund fünf Generationen immer wieder Konjunktur. "Neuerdings gewinnen betriebswirtschaftliche Untersuchungen an Bedeutung, die sich mit den Stärken und Schwächen von Eigenbetrieben und Eigengesellschaften, allgemeiner: von öffentlich-rechtlichen und privatrechtlichen Rechtsformen, auseinandersetzen. Wie schon Mitte der 50er Jahre wird nach einer eigenen Rechtsform für öffentliche Unternehmen gefragt, wobei Erfordernisse des öffentlichen Auftrags und seiner Kontrolle sowie der Unternehmensführung und Mitbestimmung Priorität genießen."[127]

Strukturelle Argumente spielten v.a. eine zentrale Rolle, wenn es um die Erschließung neuer Aufgabenfelder für die Kommunen ging, was - übrigens bis heute - an den Auseinandersetzungen in den 1920er Jahren über den kommunalen Wohnungsbau besonders augenscheinlich wird. Kommunale Räte und Verwaltungen konzentrierten sich auf die Kommunalisierung des Wohnungsbaus und auf eine soziale Bodenpolitik; beides Bereiche, an welche die Industriearbeiterschaft große Hoffnung auf eine Demokratisierung der Gesellschaft knüpfte und damit den Kern bürgerlicher Interessen traf. Im Verlauf der weiteren Auseinandersetzungen um die kommunale Wirtschaftätigkeit begann in den 20er Jahren schließlich die Ideologisierung kommunaler Daseinsvorsorge, die soweit ging, daß der Bestand kommunalen Wirtschaftens grundsätzlich in Gefahr geriet.

Legen wir die reale Entwicklung seit der Reichsgründung nach 1871 zugrunde, so ist evident, daß es bei den Auseinandersetzungen der 1920er Jahre im Kern um veränderte gesellschaftliche Entscheidungs- und Kontrollmöglichkeiten in Rat und Verwaltung und damit die politische Macht in den Kommunen ging. Denn mit dem Wandel des politisch-administrativen Systems in Gemeinden wuchs auch die Chance für eine strukturverändernde kommunale Wirtschaftspolitik im Interesse der abhängig Beschäftigten. Angesichts des weit fortgeschrittenen Umfanges an kommunaler Wirtschaftätigkeit waren weitere strukturbildende Eingriffe allerdings schwierig, wie der Hinweis auf die Frühphase der Industriealisierung noch einmal unterstreicht. "Die Versorgungs- und Lenkungsmaßnahmen einer modernen städtischen Leistungsverwaltung differierten grundsätzlich von den Prinzipien einer traditionellen, bis in die Reichsgründungszeit vorherrschenden Vermögens- und Hoheitsverwaltung, die sich mit dem Gegebenen zufriedengab und alles initiatorische Handeln

---

[127] Peter Eichhorn, Der Beitrag der Betriebswirtschaftslehre zur Erforschung kommunaler Unternehmen, in: Joachim J. Hesse (Hrsg.), Kommunalwissenschaften in der Bundesrepublik Deutschland, a.a.O., S. 261.

gemäß der liberalen Vorstellung der Zeit dem freien Spiel der Kräfte überlassen hatte."[128]

Die ideologie-geprägten Auseinandersetzungen um die kommunale Wirtschaftstätigkeit im besonderen und eine autonome Gemeindepolitik im allgemeinen während der 1920er Jahre trugen mit dazu bei, die "Krise der kommunalen Selbstverwaltung" zu propagieren.[129] Bezeichnenderweise wurde als Haupt-Ursache hierfür das Eindringen der Parteien in die Einflußsphäre der kommunalen Selbstverwaltung herangezogen: und das richtete sich primär gegen die Sozialdemokratie bzw. die die Arbeiterschaft repräsentierenden Parteien.[130]

3.4   Bedeutung des ökonomischen Elements für die Selbstverwaltung

Die wirtschaftliche Funktion der Selbstverwaltung wird auch in der zeitnahen kommunalwissenschaftlichen Literatur zur Gemeindeentwicklung im 19. Jh. hervorgehoben. Mit der Selbstverwaltung sei jener Freiraum erstrebt und allmählich garantiert worden, in dem sich das städtische Bürgertum wirtschaftlich habe ausbreiten können. Die ökonomische Entfaltung kommunaler Politik sei damit auch ein Mittel zur Kompensation des geringen Einflusses des Bürgertums auf staatlichen Ebenen gewesen. Trotz des insgesamt hohen Stellenwertes, welcher der Kommunalwirtschaft wissenschaftlich generell beigemessen wird, hat die kommunale Wirtschaftstätigkeit auch Einschätzungen in der Literatur begünstigt, "die Stadt als unpolitisch oder als von der gesamtgesellschaftlichen Politik getrennt zu betrachten".[131] Die damit verbundene Verortung der Gemeinden im gebietskörperschaftlichen System als "Gegenstück zum Staat"[132] ist ebenso unzutreffend wie die Behauptung, daß nur die wirtschaftliche Betätigung der Gemeinden gesellschaftlich breit akzeptiert worden sei. Politische Funktion und materielle Tätigkeit der Gemeinden in Bereichen der

---

[128]   Wolfgang Krabbe, Munizipalsozialismus und Interventionsstaat, in: Geschichte in Wissenschaft und Unterricht, Jg. 30 (1979), S. 275.

[129]   Exemplarisch dazu und noch viele Nachredner findend: Arnold Köttgen, Kommunale Selbstverwaltung zwischen Krise und Reform, Stuttgart u.a. 1968.

[130]   Vgl. auch dazu weiter unten, wo unterschiedliche Erklärungsansätze deutlich werden, mit denen die Krise der kommunalen Selbstverwaltung in den 1930er Jahren entweder aus historischer Sichtweise mit der Entbürgerlichung der Kommunalpolitik oder aus zeitnahem Blickwinkel im Sinne einer spezifischen Phase der Gemeindeentwicklung erklärt wird.

[131]   Rainer Frey (Hrsg.), Kommunale Demokratie, a.a.O., S. 15.

[132]   Dian Schefold, "Wirtschaftliche Betätigung der Gemeinden", in: Rüdiger Voigt (Hrsg.), Handwörterbuch zur Kommunalpolitik, a.a.O., S. 503.

Versorgung, Entsorgung - von sozialen und Fürsorge-Bereichen ganz abgesehen - und des öffentlichen Verkehrs legen eher nahe, eine "Kontinuität von den spätabsolutistischen kommunalen Einrichtungen über bürgerschaftliche kommunale, den Munizipalsozialismus und die kommunale Daseinsvorsorge in der Sichtweise der 30er Jahre bis zu den heutigen kommunalen Unternehmen" festzustellen.[133]

Selbst das neu aufgelegte "Handbuch der kommunalen Wissenschaft und Praxis"[134] steht mit seinem eher unpolitischen, verwaltungsrechtlichen und -technischen Verständnis von kommunaler Wirtschaftstätigkeit in der Tradition des ersten, in den 50er Jahren aufgelegten Werkes.[135] Dabei hatte die systematische Unterscheidung der Gemeindeaufgaben in einen Bereich der "Ordnungsverwaltung" und einen der "Leistungsverwaltung"[136] und die Zuordnung des wirtschaftlichen Bereichs zu den Leistungsaufgaben ein politisches Verständnis nahegelegt.

Trotz des hohen Stellenwertes betriebswirtschaftlicher Gesichtspunkte im Vergleich zu politischen Aspekten in bezug auf das kommunale Wirtschaften wird allerdings erst in neueren Untersuchungen der enge Zusammenhang zwischen betriebswirtschaftlicher Erforschung kommunaler Verwaltungen und administrativen Funktionsveränderungen betont. "Der Wandel von der klassischen Eingriffsverwaltung zur Leistungs- und Planungsverwaltung hat eine grundlegende Änderung der strukturellen Handlungsbedingungen gerade kommunaler Verwaltungen mit sich gebracht. Die rein rechtliche Steuerung von Verwaltungshandeln ist ergänzt bzw. substituiert worden durch eine ökonomische."[137]

Im normativen Bereich blieb - zumindest im 19. Jh. - die Zuordnung der Wirtschaftstätigkeit zu einem "herrschaftsfreien Raum"[138] wie es beispielhaft das königliche Oberverwaltungsgericht in Preußen bereits 1877 festgelegt hatte: "Die deutsche Gemeinde umfaßt ihrer Entstehung und ihrem Wesen nach einen allgemeinen Komplex wirtschaftlicher, gesellschaftlicher und politischer Zwecke, welche die

---

[133] Ebenda, S. 504.

[134] Günter Püttner (Hrsg.), HdKWP, a.a.O.

[135] Hans Peters, Einleitung zu HdKWP, in: Ders. (Hrsg.), Bd. 1, a.a.O., S. 5.

[136] Erich Becker, Entwicklung der deutschen Gemeinden und Gemeindeverbände im Hinblick auf die Gegenwart, in: Hans Peters (Hrsg.), HdKWP, a.a.O., Bd. 1, S. 91.

[137] Dietrich Budäus, Der Beitrag der Betriebswirtschaftslehre zur Erforschung kommunaler Verwaltungen, in: Joachim J. Hesse (Hrsg.), Kommunalwissenschaften in der Bundesrepublik Deutschland, a.a.O., S. 232.

[138] Ähnlich Hendrik Gröttrup, Die kommunale Leistungsverwaltung, a.a.O., S. 36.

neuere Gesetzgebung nur durch das staatliche Aufsichtsrecht begrenzt hat."[139] Mit
einer solchen Trennung von wirtschaftlicher und politischer Aufgabenwahrnehmung
versuchte das kommunale Bürgertum die klassisch-liberalen Ordnungsvorstellungen
von Staat und Gesellschaft mit der faktischen Aufgabenerledigung der Gemeinden
im 19. Jh. in Einklang zu bringen. Der auf diese Weise allerdings nur ideologisierte
Widerspruch wurde noch dadurch vergrößert, daß die Kommunalwirtschaft zur inter-
essensneutralen Sphäre erklärt wurde, womit die eigene Dominanz und der Ausschluß v.a. von Arbeitern, Kleingewerbetreibenden und Bauern aus politisch-institutionellen Entscheidungsgremien legitimiert wurde. Gerade die Kommunalwirtschaft
war wesentliches Beispiel für die Ambivalenz der Kommunalpolitik im 19. Jh. einerseits Leistungsinput und Leistungsoutput auf immer breitere gesellschaftliche
Grundlage zu stellen und andererseits die politische Vorherrschaft des Bürgertums
aufrechterhalten zu wollen. Bis in die neueste Literatur hinein wird der Unterschied
von wirtschaftlicher und politischer Selbstverwaltung aufrechterhalten, auf dessen
Grundlage die hohe Bedeutung zwar der wirtschaftlichen Selbstverwaltung anerkannt, die politische Selbstverwaltung aber für umstritten gehalten wird.[140]

Typisch für den Widerspruch von Norm und Realität liberaler Selbstverwaltung war
auch die Vorstellung vom unbesoldeten Ehrenamt als Hauptkennzeichen der Kommunalverwaltung, das aus dem Gegensatz zur obrigkeitlichen, sprich staatlichen
Verwaltung definiert wurde, für die andererseits der besoldete Berufsbeamte charakteristisch war. Aber auch diese Unterscheidung war schon im Verlauf des 19. Jhs.
immer weniger mit der Realität zu vereinbaren: obrigkeitliche Interessen fanden zusehends Eingang in die Kommunalpolitik, kommunale Selbstverwaltung und Staatsverwaltung verschmolzen ebenso wie die Professionalisierung der Kommunalverwaltung voranschritt. Diesen wachsenden Widerspruch im liberal verstandenen Begriff
von der kommunalen Selbstverwaltung kritisierte insbesondere Hugo Preuß[141], der
mit Nachdruck auf die ursprüngliche Absicht der Städteordnung verwies, nach der
die Erneuerung der Staatsverwaltung vom breiten Fundament der lokalen
Selbstverwaltung her erreicht werden und damit auch ein neuer Typus von Staatsbürger und Staatsbeamten geschaffen werden sollte.

Trotz der im 19. Jh. in der Verwaltung faktisch einsetzenden Verstaatlichungstendenz blieben Staat und Gemeinden normativ getrennt, Gemeinden wurden überwie-

---

[139] Zitiert nach ebenda, S. 93.
[140] Vgl. z.B. Günter Püttner, Gefährdungen der kommunalen Selbstverwaltung, in:
       DÖV, Heft 13/1994.
[141] Hugo Preuß, Gemeinde, Staat, Reich als Gebietskörperschaften, a.a.O., S. 229 ff.

gend und beharrlich der gesellschaftlichen Sphäre zugeordnet. Begünstigt wurde diese systematische Zuordnung durch die Aufteilung der Selbstverwaltungsaufgaben in einen eigenen und übertragenen Wirkungskreis. Hiernach wurden die wirtschaftlichen Aufgaben im eigenen Wirkungskreis und staatliche Aufgaben im übertragenen Wirkungskreis wahrgenommen. Damit wurde eine Entwicklungstendenz begünstigt, die kommunale Wirtschaftstätigkeit aus dem Spektrum der Selbstverwaltungsaufgaben rechtlich auszugliedern. Bürgerschaftliche und genossenschaftlich orientierte Selbstverwaltung als Leitbild einer auf "organisierter Vielheit" (H. Preuß) beruhenden Kommunalpolitik wurde seit der Jahrhundertwende in forcierter Weise zugunsten einer teilstaatlichen, von den Bürgern entfernten Politik in Gemeinden zurückgedrängt.

Entgegen der zunehmenden Vergesellschaftung kommunaler Aufgaben bereits im Verlauf des 19. Jhs. verfestigte sich die Vorstellung einer dualistischen Binnenstruktur von körperschaftlichem und genossenschaftlichem Element der Selbstverwaltung; eine Vorstellung, die auch deswegen im Widerspruch zur kommunalen Wirklichkeit stand, weil genossenschaftliche Prinzipien breite Anwendung in der Kommunalpolitik fanden. In Anlehnung an Preuß ist auch das genossenschaftliche Element für Begriff und Wirklichkeit kommunaler Gemeinwesen von zentraler Bedeutung. Die Genossenschaft sei - durch das **sozialrechtliche** Kriterium gekennzeichnet - konstituierendes Element von Gemeinden. Gemeinden gehörten daher auch nicht zur gesellschaftlichen Ebene, weil die Gesellschaft ein "individualrechtliches Verhältnis", die Genossenschaft hingegen ein "sozialrechtlicher Verband" sei.[142] Preuß führt mit Blick auf die Unterscheidung von obrigkeitlicher und wirtschaftlicher Verwaltung weiter aus: "Wie jedes andere Kriterium einer begrifflichen Unterscheidung von staatlichen und kommunalen Funktionen, so versagt auch das der 'obrigkeitlichen' und 'wirtschaftlichen' Verwaltung. Als politische Gemeinwesen haben Staat wie Gemeinde sowohl obrigkeitliche wie wirtschaftliche Funktionen. Es gibt folglich auch keinen Gegensatz von 'obrigkeitlicher' und 'wirtschaftlicher' Selbstverwaltung. Wohl scheiden sich staatliche und kommunale Selbstverwaltung ... als national und local selfgovernment. Aber eine, 'Dezentralisierung der Staatsverwaltung durch Selbstverwaltung', die von der vorigen preußischen - wie übrigens von jeder modernen - Verwaltungsreform als Ziel proklamiert wurde (übrigens auch in den 1960er/70er Jahren, Anm. des Verf.), ist nur im Sinne **kommunaler** Selbstverwaltung möglich d.h. durch Übertragung bisher staatlicher Kompetenzen auf die kommunale Selbstverwaltungskörper, die Gemeinden und Gemeindeverbände. Denn Subordi-

---

[142] Ebenda, S. 245.

nation und Dezentralisation sind miteinander völlig unvereinbar; die Dezentralisation beginnt, wo die Subordination und mit ihr die Verantwortlichkeit eines staatlichen Vorgesetzten aufhört, und an ihre Stelle ein anderes Behördensystem und eine
andere Verantwortlichkeit tritt: im kommunalen Selbstverwaltungskörper."[143]

Die von Preuß kritisierte begriffliche Unterscheidung von staatlichen und kommunalen Funktionen aufgrund einer Trennung von obrigkeitlicher und wirtschaftlicher
Verwaltung blieb in der Literatur - soweit die kommunale Selbstverwaltung des 19.
und beginnenden 20. Jhs. thematisiert worden ist - bis in die neueste Zeit erhalten.
Wesentliche Grundlage dieser Einschätzung ist die Idee von einem liberalen Staat,
der die Gleichheit freier Individuen garantiert und sich seinem Wesen nach von den
Gemeinden unterscheidet. Was aber das unterschiedliche Wesen - sieht man einmal
von der staatlichen Gesetzeskompetenz ab - ausmacht, was vor allem materiell und
prozedural die staatlich garantierte Egalité konstituiert, bleibt in liberalen Vorstellungen zu Gemeinde und Staat ungeklärt. Demgegenüber wird die liberale Idee von
der wesensmäßigen Unterschiedlichkeit auch durch die funktionale Trennung zwischen Gemeinde und Staat geformt, gemäß dem wissenschaftspopulistischen Motto
"Der Staat herrscht, die Gemeinde wirtschaftet". Die theoretische Trennung von
Kommune und Staat und eine ihr inhärente isolationistische Betrachtungsweise der
Raumeinheit Kommune fand aber nicht nur im Liberalismus und ihm
nahestehenden wissenschaftlichen Positionen Anklang, sondern blieb auch in kritischen Analysen der etablierten Politikwissenschaft nach 1945 bewahrt, in denen die
Kommune als herrschaftsfreier Raum interpretiert wurde, in dem sich die kapitalistische Produktionsweise ungehindert habe ausdehnen können.[144] Gerade das Be-
tätigungsfeld der Gemeindewirtschaft im Übergang vom Honoratiorenregiment zur
liberalen Kommunalpolitik macht eine im Unterschied dazu differenziertere Ein-

---

[143] Hugo Preuß, Die Entwicklung der kommunalen Selbstverwaltung in
       Deutschland, in: G. Anschütz/F. Berolzheimer u.a. (Hrsg.), Handbuch der
       Politik, Bd. 1, Berlin/Leipzig 1920 (3. Aufl.), S. 276.

[144] Für eine Vielzahl neuerer kommunalwissenschaftlicher Arbeiten gilt: Der
       Endpunkt der Geschichte, nämlich der moderne Sozialstaat, wird zum
       gedankenleitenden Ausgangspunkt der historischen Analyse für den Beginn des
       19. Jhs. gemacht. So z.B.: "Hatte bis zum beschriebenen Zeitpunkt (bis 1918,
       Anm. des Verf.) die kommunale Selbstverwaltung aus ihrem Gegensatz zum
       Obrigkeitsstaat gelebt und in bezug auf dessen ökonomische und innenpolitische
       Ziele als ergänzende Institution funktionieren können, so mußten sich ihre
       Stellung und Rolle in einem demokratisch organisierten Staat schon deshalb
       wandeln, weil sie nun nicht mehr Fremdkörper im Staat, sondern von gleichem
       Wesen war." Marianne Rodenstein, Thesen zum Wandel der kommunalen
       Selbstverwaltung in Deutschland, in: Rainer Emenlauer/Herbert Grymer u.a.,
       Die Kommune in der Staatsorganisation, Frankfurt/M. 1974, S. 59.

schätzung erforderlich, auch wenn "das Verantwortungsgefühl für das städtische Gemeinwesen mit einem klassenspezifischen Interessenkalkül vielfach eine historisch
verständliche Legierung eingehen konnte".[145]

---

[145] Hans-Ulrich Wehler, Deutsche Gesellschaftsgeschichte, Bd. 3, S. 35.

4. Soziale Funktion der kommunalen Selbstverwaltung

Im Rahmen der allgemeinen Entwicklungstendenzen von Industrialisierung, Verstädterung und sozialstrukturellem Wandel waren wirtschaftliche und soziale Dimensionen der Selbstverwaltung im 19. Jh. eng miteinander verknüpft. Kommunen hatten zentrale Aufgaben inne, die katastrophalen sozialen Verhältnisse auf dezentraler Ebene zu mildern und damit die Wirtschaftsentwicklung im Rahmen der privaten Eigentumsordnung zu garantieren und zu fördern. Folgende soziale Aufgaben in Kommunen, ganz besonders in Städten, lassen sich bereits für das 19. Jh. unterscheiden:

- Fürsorge für das geistige und wirtschaftliche Wohl (z. B. Volksschulen, Arbeitsvermittlung),
- Wohnungsfürsorge und Gesundheitspflege,
- Jugendfürsorge und körperliche Ausbildung der Jugend,
- Abwehr gemeingefährlicher Krankheiten und Bekämpfung des Alkoholmißbrauchs,
- Hilfe in Notfällen und sozialer Gefahr, wozu auch der Bereich des Armenwesens und der Bau von Krankenhäusern gehörte,
- Bedürfnis des Rechtsschutzes (z. B. Einrichtung von Rechtsauskunftsstellen) und schließlich
- besondere soziale Aufgaben gegenüber den im Gemeindedienst Beschäftigten.[146]

Mit der Erweiterung der sozialen Aufgabenfelder in der Kommunalpolitik wurde das genossenschaftliche zusehends von dem gebietskörperschaftlichen Element verdrängt, ein Prozeß, währenddessen fortschreitender Ausdifferenzierung sich auch der Grundsatzkonflikt zwischen dezentraler und zentraler Politikebene verschärfte. "Gewiß ist die kommunale Selbstverwaltung in Deutschland bei der Ausdehnung ihres Wirkungskreises von der Gesetzgebung wenig behindert; sie kann der modernen Entwicklung gemäß sozialpolitische Aufgaben aller Art, Aufgaben der Wohnungs- und Bodenpolitik, des Verkehrswesens usw. in Angriff nehmen, ohne eines Spezialtitels durch Parlamentsakte zu bedürfen. Aber fast bei jedem Schritt stößt sie auf die übergeordnete Macht bureaukratischer Obrigkeit, die zu genehmigen, zu bestätigen, zu entscheiden, in Wahrheit zu leiten hat; vor allem in Preußen. Im letzten Grunde ruht dies ganze System auf dem Gedanken, daß schließlich auch für die

---

[146] Vgl. dazu auch: Artikel "Gemeinden, sozialpolitische Aufgaben", in: Ludwig Elster/Adolf Weber/Friedrich Wieser (Hrsg.), Handwörterbuch der Staatswissenschaften, Bd. 4, a.a.O., S. 770 ff.

Qualität der kommunalen Arbeit der 'Staat' verantwortlich sei, und daß dieser 'Staat' durch das obrigkeitliche Beamtentum tätig werde."[147] Diese sehr skeptische Äußerung gegenüber einer realiter auf Autonomie bedachten Kommunalpolitik war typisch für die Phase des auslaufenden 19. Jhs., als der zentrale Staat mit der Sozialgesetzgebung die wesentlichen Risiken der Lohnarbeiterschaft in eine Zwangsversicherung überführt und damit auch die tradierte armenfürsorgerische Zuständigkeit der Gemeinden als einem wichtigen sozialpolitischem Funktionsbereich der Selbstverwaltung auszuhöhlen begonnen hatte.

Bereits im vorigen Kapitel ist mit der ersten Industrialisierungsphase seit etwa 1830/40 auch auf einen Prozeß der Kommunalisierung, der Aufgabenübertragung von Individuen auf die kommunale Gebietskörperschaft hingewiesen worden. Die darauffolgenden Jahrzehnte sind insbesondere unter sozialpolitischem Aspekt von einem wachsenden Staatseinfluß bei der materiellen Aufgabenwahrnehmung ge- kennzeichnet gewesen. Diese Verstaatlichungstendenz in der Sozialpolitik begün- stigte ein formalistisches Rechtsstaatsverständnis, das auf bürgerliches Emanzipa- tionsbestreben weitgehend begrenzt war. Danach wurde bereits in der Verrecht- lichung aller Lebensbereiche und der zunehmenden öffentlichen Indienstnahme die Realisierung gesellschaftlicher Gleichheit gesehen, auch wenn in der materiellen Ausrichtung kommunaler Sozialpolitik ein Beleg dafür zu sehen war, daß es "um die Ausgleichung derjenigen Nachteile, die einzelnen Klassen der Bevölkerung durch die Entwicklung unserer Wirtschaft und unseres Privatrechts drohen und die im Sinne einer richtigen Gestaltung unseres Gemeinwesens auf Kosten der Gesamtheit gemindert, wenn nicht beseitigt werden müssen",[148] ging.

Trotz der Verstaatlichungstendenz galt das Kriterium der Ortsnähe als wichtiger Maßstab für Intensität und Umfang kommunaler sozialpolitischer Leistungen. In be- sonderer Weise traf dies für das Gesundheitswesen als einem der wesentlichen Auf- gabenbereiche zu, denn die Wahrnehmungsschwelle für die mögliche Gefährdung des kollektiven Gutes Gesundheit war und ist in der Kommune niedriger als beim Staat. "Sie ist nicht auf die unmittelbare Herrschaftsausübung begrenzt, die insbe- sondere durch die akut hereinbrechenden, großflächigen Epidemien gefährdet war. Vielmehr setzten sie bereits auf der Ebene möglicher Störungen des städtischen Gemeinschaftslebens ein, schlossen daher neben den akuten Epidemien auch die endemischen Krankheiten, chronische Krankheiten und massenhafte Hilfsbedürf-

---

[147] Hugo Preuß, Die Entwicklung der kommunalen Selbstverwaltung, a.a.O., S. 286.
[148] Wilhelm Blume, Kommunalpolitik, a.a.O., S. 291.

tigkeit mit ein. Damit sind dem kommunalen Gesundheitswesen zwar humanitär-
helfende Aspekte durchaus näher als dem staatlichen Gesundheitswesen; externe
Effekte öffentlicher Gesundheitsleistungen für das städtische Wirtschaftsleben und
die Aufrechterhaltung der sozialen Strukturen einschließlich der städtischen Herr-
schaftsform sind aber gleichfalls gegeben."[149]

Obwohl die kommunale Sozialpolitik eine originäre, sozial-strukturell begründete
Entstehungsgeschichte im 19. Jh. hat, wurde dieser Aspekt in der kommunalwissenschaftlichen Theoriebildung in den 60er/70er Jahren des 20. Jhs. weitgehend ausgeblendet.[150] Erst mit der wachsenden Indienstnahme der Gemeinden durch zentral-
staatliche Politiken in der Praxis und theoretischen Aufwertungen nicht-gebietskör-
perschaftlicher Sozialpolitik, des Sozialkapitals in Kommunen generell sind in neuerer Zeit auch historische Parallelen zur kommunalen Sozialpolitik im vorigen Jahrhundert aufgefrischt worden.[151]

4.1   Entstehungsfaktoren kommunaler Sozialpolitik

Erst die Industrialisierung und in ihrer Verbindung der Prozeß der Bevölkerungsver-
dichtung, die massenhafte Land-Stadt-Bewegung setzten die moderne Ent-Individualisierung in Gang, in deren Verlauf sich nicht nur neue Klassen- und Schichten-
Strukturen herausbildeten, sondern die abhängig Beschäftigten auch eine veränderte
individuelle und soziale Wertschätzung bekamen. Die Formen individueller
Fürsorge und Vorsorge wurden aufgelöst und zu öffentlichen Angelegenheiten; sie
wurden damit für einen großen Teil der Bevölkerung auch ihrer persönlichen Dis-

---

[149] Alfons Labisch, Gemeinde und Gesundheit, in: Bernhard Blanke/Adalbert
       Evers/Hellmut Wollmann (Hrsg.), Die Zweite Stadt, Leviathan-Sonderheft
       7/1986, S. 281.
[150] Eine der wenigen Ausnahmen Hendrik Gröttrup, Die kommunale
       Leistungsverwaltung. Grundlagen der gemeindlichen Daseinsvorsorge, Stuttgart
       u.a. 1973.
[151] Vgl. z.B. Eckhart Reidegeld, "Sozialpolitik", in: Rüdiger Voigt (Hrsg.),
       Handwörterbuch zur Kommunalpolitik, a.a.O., S. 403. Jürgen Gotthold,
       Privatisierung oder Entbürokratisierung kommunaler Sozialpolitik?, in: Rüdiger
       Voigt (Hrsg.), Abschied vom Recht? Frankfurt/M. 1983. Einzelne Beiträge in:
       Regine Roemheld/Heinz Zielinski (Hrsg.), Kommune im Aufbruch,
       Frankfurt/M. 1983. Udo Bullmann/Peter Gitschmann (Hrsg.), Kommune als
       Gegenmacht, Hamburg 1985. Alfons Labisch, Entwicklungslinien des öffent-
       lichen Gesundheitsdienstes in Deutschland. Vorüberlegungen zur historischen
       Soziologie öffentlicher Gesundheitsvorsorge, in: Öffentliches Gesundheitswesen
       44/1982. Florian Tennstedt, Vom Proleten zum Industriearbeiter. Arbeiter und
       Sozialpolitik in Deutschland 1800 bis 1914, Köln 1983.

positionsfähigkeit entzogen. Evident hierbei ist der grundlegende Zusammenhang von ökonomischer Prosperität und sozialer Aufgabenübernahme durch kommunale Gebietskörperschaften, und zwar im Sinne einer längerfristigen Parallelität, die unabhängig von den konjunkturellen Schwankungen in der Wirtschaft galt. Ganz besonders deutlich wurde dieser Zusammenhang in der Zeit von 1883 bis 1914, als über einen Zeitraum von einer Generation hinweg trotz erheblicher konjunktureller Schwankungen die Reallöhne um 15 v. H. stiegen, und in etwas schwächerer Form schon einmal zuvor, in der Hochkonjunkturperiode von 1850 bis 1873, als sich der neuartige Wachstumstrend der Industriewirtschaft durchsetzte.

Das hohe Wachstum nach 1880 (bis zum Beginn des I. Weltkrieges) wurde realisiert, obwohl die Zahl der Arbeitnehmer etwa in dem gleichen Zeitraum von 14,1 auf 25,4 Millionen stieg. Die ökonomischen Veränderungen lösten Millionen von Menschen aus den auch sozial verantwortlichen Primärgruppen wie Großfamilie, Nachbarschaft oder Kleingemeinde heraus und forderten von den kommunalen Gebietskörperschaften starkes Engagement in der Wohnungs- und Armenfürsorge- sowie im Gesundheitswesen. Damit entfernte sich kommunale Sozialpolitik auch von dem Muster einer ausschließlich auf individuelle Unterstützung gegenüber dem "aus eigenem Unvermögen in Not geratenen"[152], die über lange Phasen des 19. Jhs. noch vorherrschte.

Die wirtschaftlichen und sozialen Wandlungsprozesse vollzogen sich in den Kommunen nach 1871 so rasch, daß insbesondere die Städte den riesigen Problemen zumindest in bezug auf den Umfang der Anforderungen zunächst unvorbereitet gegenüberstanden;[153] für deren Lösung waren bestehende rechtliche Organisationsformen eher hinderlich.[154] "Die heutige Gesellschaft nötigt die unteren Schichten des großstädtischen Fabrikproletariats durch die Wohnverhältnisse mit absoluter Notwendigkeit zum Zurücksinken auf ein Niveau der Barbarei und Bestialität, der Roheit und des Rowdytums, das unsere Vorfahren schon Jahrhunderte hinter sich

---

[152] Peter Marschalck, Zur Rolle der Stadt für den Industrialisierungsprozeß in Deutschland in der 2. Hälfte des 19. Jahrhunderts, a.a.O., S. 63.

[153] Hans-Ulrich Hilles, Der gesellschaftliche und politische Wandel in Deutschland und seine Auswirkungen auf die kommunale Selbstverwaltung, in: Oscar W. Gabriel (Hrsg.), Kommunalpolitik im Wandel der Gesellschaft, Meisenheim 1979, S. 10.

[154] Vgl. dazu auch Hugo Preuß, die Entwicklung der kommunalen Selbstverwaltung in Deutschland, a.a.O.

hatten."[155] Neben der sozialen Wohnungspolitik und Gesundheitspolitik drückte die Kommunen vor allem das Problem der Arbeitslosigkeit, das sich mit der Proletarisierung der Gesellschaft immer vehementer stellte, so daß die Gemeinden schließlich auf dem deutschen Städtetag 1911 die Übernahme dieser in öffentliche Verantwortung durch das Reich in Form einer versicherungsrechtlichen Lösung forderten. Auf die soziale und ökonomische Raumeinheit der Kommune bezogene Problemlösungen wurden angesichts wachsender interkommunaler Disparitäten zusehends durch Lösungen auf staatlicher und damit in Form einer höheren Gerechtigkeit, der Ebene des Allgemeinen, zurückgedrängt.

Selbstverständlich bestand zwischen Wirtschaftswachstum und sozialer Aufgabenwahrnehmung kein Automatismus in dem Sinne, daß hohes Wachstum höhere Sozialleistungen nach sich zog, v.a. wenn der Bedarfsaspekt in den Kommunen - nach Wohnungen, Krankenhäusern, Schulen - einbezogen wird. Das die kommunalen Organe auf Rats- und Verwaltungsebene dominierende Besitzbürgertum stand in dem Grundsatzkonflikt, einerseits die Reproduktion der Lohnarbeiterschaft auf betrieblicher Ebene gewährleisten, andererseits die kommunalen Aufgaben zugunsten der besitzlosen Lohnarbeiter ausdehnen und damit auch 'Sozialisierungstendenzen' begünstigen zu müssen. Generell widerspricht der interessenspolitische Aspekt im Rahmen der sozialpolitischen Aufgabenstellung in Kommunen auch der Auffassung, daß die Frage nach der "Grenze für die sozialpolitische Betätigung der Gemeinden im allgemeinen reine Zweckmäßigkeitsfrage" gewesen sei.[156]

Den engen Zusammenhang von Produktionsentwicklung und Sozialpolitik auf lokaler Ebene verdeutlicht die Aufgabenvielfalt beim physischen und psychischen Erhalt der Arbeitskraft. Dazu zählten Aufgaben wie wasserwirtschaftliche Versorgung, Müllabfuhr, Straßenreinigung, Bau von Bädern, die der "Volksgesundheit" dienten, weiterhin die Nahrungsmittelfürsorge (z. B. bei der Fleischbeschaffung und Milchwirtschaft), die Intensivierung der Säuglingsfürsorge und allgemein die Verstärkung der hygienischen Kontrollfunktionen, die auch die Wohnungsfürsorge umfaßten. Auch die Jugendfürsorge war ein Bereich, der mit den sozioökonomischen Veränderungen der Industrialisierung und Proletarisierung verknüpft war und die Verwahrlosung in der Jugend aufhalten sollte.

---

[155] Gustav Schmoller, Ein Mahnruf in der Wohnungsfrage, zitiert nach: Jürgen Kuczynski, Geschichte des Alltags des deutschen Volkes, Bd. 4 (1871-1918), Köln 1982, S. 214.

[156] O.V., Blume, "Gemeinden, sozialpolitische Aufgaben", a.a.O., S. 773.

Soziale Mißstände in den Kommunen machten die Volkshygiene zu einer zentralen kommunalpolitischen Aufgabe. Hierzu zählten auch infrastrukturelle Aufwendungen z. B. für Krankenhäuser, Bäder oder Armenhäuser, ebenso wie die "Abwehr gemeingefährlicher Krankheiten" (wenn auch erst seit 1900) zur kommunalen Aufgabe wurde. Die Grundlagen einer modernen kommunalen Gesundheitspolitik, die auf gesundheitliche Probleme von allgemeiner Bedeutung reagiert, waren im 19. Jh. bereits geschaffen; Gesundheit wurde zum sozialen Wert, Gesundheitspolitik diente keinem individuellen, sondern bereits öffentlichem Interesse. "Das öffentliche Gut Gesundheit ist damit auf qualitativ andere Art als die individuelle Gesundheit in jeweils verschieden strukturierte soziale Felder eingeordnet und unterliegt damit auch einer viel engeren und vielfältigeren Verknüpfung zur allgemeinen sozialen Entwicklung, zur allgemeinen Politik und zur allgemeinen, 'herrschenden' Weltanschauung."[157]

Ganz wesentlich hingen Verbesserungen der hygienischen Verhältnisse von einem bedarfsgerechten Wohnungsbau und einer im öffentlichen Interesse praktizierten Stadtentwicklung ab. Doch gerade im Bereich der Produktion, Finanzierung und Verteilung von sozialgerechten Wohnungen konnte sich eine gemeinwohlorientierte Form der Kommunalpolitik nur geringfügig durchsetzen. Es war schon schwierig genug, überhaupt Elemente der Rechts- und Planungssicherheit in den Wohnungsbau einzuführen (vgl. dazu auch Kapitel 3.2 dieser Arbeit). Sozialer Wohnungsbau war wesentlich im Vergleich zu den hohen gesellschaftlichen Anforderungen während der Hochindustrialisierung auf die Dimension einer therapeutischen Fürsorge und Raumplanung in der Kommune beschränkt und blieb dies im Grundsatz bis zum Ende des I. Weltkrieges. Erst danach konnte von einer aktiven kommunalen Wohnungsbaupolitik als Sozialpolitik die Rede sein, obwohl dieser Kommunalisierungstrend auch nach 1920 nicht die sozial erwünschte **Breiten- und Langzeitwirkung** hatte. Privatisierungsprozesse auch im Mietwohnungsbau wurden seit Ende der zwanziger Jahre wieder zur dominanten Form der allgemeinen Wohnraumversorgung.[158]

---

[157] Alfons Labisch, Gemeinde und Gesundheit, a.a.O., S. 291.

[158] Vgl. dazu:O.V. Mewes, Artikel "Wohnungsbau", in: J. Brix u.a. (Hrsg.), Handwörterbuch der Kommunalwissenschaften, Ergänzungsband H-Z, Jena 1927, S. 1445ff. Zur Wohnungsbaupolitik auch mit längerfristigem Zeithorizont insgesamt: Dieter Eißel/Klaus Novy/Heinz Zielinski, Krise und Alternativen im Wohnungsbau, in: Memorandum '81. Demokratische Wirtschaftspolitik gegen Marktmacht und Sparmaßnahmen, Köln 1981, S. 87-203.

4.2   Erweiterung kommunaler Aufgabenbereiche

Neben wirtschaftsnahen Aufgaben mit indirekter sozialer Wirkung in Bereichen wie
Wasser-, Elektrizitäts- oder Gasversorgung war das Armenwesen im 19. Jh. einer
der zuvörderst entwickelten Sektoren kommunaler Sozialpolitik. Im Unterschied zu
den infrastrukturellen Aufgaben, die den Weg von der zunächst privaten Betreibung
in die Kommunalisierung gingen, entwickelte sich das Armenwesen aus genossen-
schaftlicher Quelle heraus. Unter Zugrundelegung heutiger Maßstäbe war die da-
malige Unterstützung in der Armenfürsorge für die betroffenen Personen sehr
gering; angesichts der nicht einmal existenzsichernden Wirkung war der Begriff der
"Wohlfahrtspflege", unter den die Armenfürsorge in vielen Kommunen subsumiert
wurde, dafür eine eher zynische Kennzeichnung. So erhielten um die
Jahrhundertwende in Hamburg mehr als 50% der "Armenparteien" zehn bis zwanzig
Mark Bargeld monatlich, wobei selbstverständlich noch die hohen Lebenshal-
tungskosten für Hamburg mit zugrundegelegt werden müssen.[159]

Trotz der individuell nur geringen Hilfe im Fall der Verarmung trugen die Sozialleistungen, insbesondere die der Armenfürsorge in der zweiten Hälfte des 19. Jhs. ganz
beträchtlich zur Expansion der Kommunalhaushalte bei. So beliefen sich in der
westfälischen Industriestadt Siegen die Ausgaben der städtischen Armenkasse im
Jahr 1881 auf rund 68 000 Mark, das waren 40 v. H. der ordentlichen Haushaltsausgaben.[160] Kommunale Leistungen wurden als "offene Armenpflege", die aus Geld-
und Lebensmittelzuweisungen an Bedürftige bestanden, als "geschlossene Armenpflege" und für die "Kinderpflege" aufgebracht. Bei der geschlossenen Armenpflege
waren die Leistungsempfänger in speziellen Anstalten untergebracht, zu denen auch
teilweise Krankenanstalten zählten. Im Unterschied zu den im letzten Drittel des 19.
Jhs. entstehenden sozialen Sicherungssystemen auf Reichsebene (z. B. Sozial-, Un-
fallversicherung) blieb der Charakter der kommunalen Fürsorgeleistung als ein
unverdientes Almosen erhalten. Letztlich zwar von der Erwerbstätigkeit abhängig,
aber doch mit ihr nicht formal verbunden, war die kommunale Fürsorge ganz im
Sinne der liberalistischen Eigenverantwortung auf die individuelle Notsituation zu-
geschnitten. Mögliche Veränderungen scheiterten auch daran, daß den Kommunen
relativ enge Finanzspielräume angesichts der enormen Aufgabenanforderungen im
Infrastrukturbereich zur Verfügung standen. Selbst in der Phase der Weimarer Republik, in der die kommunalen Fürsorgeleistungen zwar reichseinheitlich geregelt

---

[159] Nach Heinrich Silbergleit, Finanzstatistik der Armenverwaltungen von 108
       deutschen Städten, Leipzig 1902, S. 6.
[160] Etats-Entwurf für die Stadt-Kasse Siegen per anno 1881, Siegen 1881

wurden, blieb die kommunale Ebene weiterhin finanziell zuständig. Erst mit dem Bundessozialhilfegesetz von 1962 wurde der Begriff der Fürsorge durch den der Sozialhilfe ersetzt. Doch "ungeachtet des sozialstaatlich fortschrittlichen Ansatzes des BSHG schlägt das armenpolizeiliche Geburtsmal der Sozialhilfe noch immer unverkennbar in dem Prinzip der 'Individualisierung' und der Prüfung der individuellen Bedürftigkeit durch",[161] wie es bereits im 19. Jh. kreiert wurde.

Territorial verankerte und demnach auch kommunal sehr unterschiedlich entwickelte kapitalistische Produktionsverhältnisse, hohe Disparitäten beim lokalen Wirtschaftswachstum, die Ungleichheit von Profitraten und gesellschaftliche Reproduktionsbedingungen hatten im interkommunalen Vergleich notwendigerweise hohe Abweichungen in den kommunalen Ausgaben für das Armenwesen zur Folge,[162] wie einige Beispiele städtischer Ausgaben für die Armenpflege im Jahr 1900 belegen - zu einem Zeitpunkt also, als die zweite große Phase des Industrialisierungsprozesses in Deutschland abgeschlossen war. Die diversifizierte Wirtschaftsstruktur war sowohl im Vergleich zwischen den großen Wirtschaftsbereichen - Landwirtschaft, Industrie, Handel und Dienstleistungen - als auch innerhalb der Sektoren, hier besonders innerhalb der Industrie ebenso ausgeprägt wie die räumliche Verteilung des Wirtschaftswachstums. Der forcierte Ausbau der Industrie mit seinen enormen konjunkturellen Schwankungen, die Abwanderung der Landarbeiter in die Städte, die Technisierung der Produktion und mit ihr verbundene Freisetzungseffekte für abhängig Beschäftigte, die Vernichtung kleiner und zum Teil mittlerer Betriebe hatten den Anteil an Fürsorgeempfängern der "offenen" und "geschlossenen" Armenpflege sowohl saisonal als auch grundlegend stark erhöht. Da die Armenpflege - finanztechnisch gesehen - außerdem einen Zuschußposten im Haushalt darstellte, waren finanzstarke Städte eher in der Lage, den Problemdruck für kranke, arbeitslose und hilfsbedürftige Menschen zu lindern, wobei aber selbst die Phase enormen Wirtschaftswachstums zwischen etwa 1895 und 1910 nicht verhindern konnte, daß auch wirtschaftsstarke Gemeinden, besonders die Großstädte, in zusehends größere Finanzierungsnöte gerieten. Dies hatte das bereits mehrfach zitierte Drängen der kommunalen Ebene nach weiterer staatlicher Verantwortung insbesondere bei der Finanzierung auch für gemeindliche Aufgaben forciert. Doch der partiell kommunalpolitisch und verbandspolitisch vorgetragene Bedarf nach mehr

---

[161] Hellmut Wollmann, Stadtpolitik - Erosion oder Erneuerung des Sozialstaats "von unten"?, in: Bernard Blanke/Adalbert Evers/Hellmut Wollmann (Hrsg.), Die zweite Stadt, a.a.O., S. 82.

[162] Vgl. hierzu z.B. Klaus Brake, Zum Verhältnis von Stadt und Land, Köln 1981 (2. Aufl.), S. 83 ff.

Staatsverantwortung fand nur geringe Resonanz; die Kommunen hatten die entscheidende Funktion bis zum Ende des I. Weltkrieges inne, einen öffentlich geförderten Ausgleich zu schaffen gegenüber den Problemen, die auch aus dem Zerfall tradierter Formen gesellschaftlichen Zusammenlebens resultierten. Bekanntlich veränderte sich mit der Industrialisierung und Verstädterung nicht nur die Produktionsweise, sondern auch die Lebensweise vormals landwirtschaftlich oder manufakturell geprägter privater Haushalte. Die Integration des Individuums in die Großfamilie verlor ihre Grundlage, die Verantwortung der kleinen Gemeinschaften für jedes ihrer Teile begann sich aufzulösen. Und vor allem die Kumulation materieller und immaterieller Probleme vor Ort drängte auf lokale politische Eingriffe zunächst in den Städten, dann aber auch auf dem "platten Lande", auf dem sich die Lebensverhältnisse ebenso gravierend veränderten, das - unmittelbar über den Weg der Eingemeindungen und mittelbar durch das Überschwappen struktureller Verstädterungsmerkmale - in den Sog der städtischen Entwicklungsprozesse geriet. Doch die ländlichen Gemeinden waren noch weniger in der Lage, soziale Folgekosten der Produktionsentwicklung von der individuellen in öffentliche Verantwortung zu übernehmen.

Tabelle 7:   Gesamtkosten der öffentlichen Armenpflege in ausgewählten Städten für das Jahr 1900, in Mark

Gemeinde	Bevölke-rungs-zahl	Auf den Kopf der Bevölkerung betragen die Kosten der			
		offenen Armen-pflege	geschlossenen Armen-pflege	Kinder-pflege	öffentlichen Armenpflege überhaupt[1]
Aachen	135 245	2,20	3,62	0,40	6,86
Altona	161 501	1,10	1,22	0,10	2,76
Berlin	1 888 848	4,10			
Koblenz	45 147	1,88	2,55	0,30	5,14
Darmstadt	72 381	1,56	1,13	0,31	3,32
Elberfeld	156 966	1,36	1,40	0,83	3,96
Frankfurt/M	288 989	1,39	2,36	0,11	4,77
Karlsruhe	97 185	1,00	1,21	0,52	3,05
Oldenburg	26 797	0,40	1,08	0,24	1,82
Stuttgart	176 699	0,96	1,45	0,16	3,67
Wiesbaden	86 111	1,33	1,27	0,41	3,52

1) Zusätzlich enthalten: Zahlungen an auswärtige Armenverbände

Quelle: Heinrich Silbergleit, Finanzstatistik der Armenverwaltungen in 108 deutschen Städten, Leipzig 1902, S. 46 ff. und eigene Berechnungen danach

Das ökonomisch determinierte Stadt-Land-Gefälle und daraus resultierende Unterschiede in den öffentlich bereitgestellten Reproduktionskosten wird beispielhaft anhand der Ausgaben für die Armenfürsorge verdeutlicht. Im Jahr 1893 wandten die Stadtgemeinden in Preußen (ohne Berlin) für die "Wohltätigkeit" und "Armenpflege" pro Einwohner 3,34 Mark, die preußischen Landgemeinden hingegen nur 0,82 Mark.

	Stadtgemeinden mit Berlin 9 468 565 Einw.	Stadtgemeinden ohne Berlin 8 346 235 Einw.	Landgemeinden 15 723 675 Einw.
Gesamte Ausgaben für Wohltätigkeits- und Armenanstalten und für Wohltätigkeiten und Armenpflege überhaupt, in 1000 M.	35 864	27 935	12 901

Die Kumulation ökonomischer, sozialer und kultureller Probleme fand also in den Städten statt, neben den kommunalen Sozialleistungen waren es vor allem noch die aus der wachsenden Solidarität der Lohnarbeiter entstehenden Unterstützungs- maßnahmen von Sozialdemokraten und Gewerkschaften, welche die größere Not zumindest linderten. Doch weder Kommunen, noch Parteien, weder Verbände noch Kirchen waren in der Lage, das erhebliche Leistungsgefälle bei den Aufwendungen für die Armenfürsorge zu kompensieren, wobei es in diesem Zusammenhang eine geringe Rolle spielte, daß mit wachsender Gemeindegröße -v. a. je größer die Städte waren - nicht durchgängig auch höhere Aufwendungen für die öffentliche Armen- pflege verbunden waren. Angesichts des relativ geringen Gesamthaushalts war in kleineren Städten der Anteil an Ausgaben für die Armenpflege zum Teil deutlich größer.

Selbstverständlich lag eine finanzierbare kommunale Armenfürsorgepolitik auch im Interesse der bürgerlichen Mehrheiten in den kommunalen Legislativorganen. Ar- menfürsorgepolitik war zentrales Element der politischen Legitimation für Kommu- nen und Staat, um die soziale Sprengkraft der Produktionsbedingungen und struktu- reller Disparitäten in den Einkommens- und Vermögensverhältnissen zu entschärfen und somit einem revolutionären Systemwandel vorzubeugen. In dieser Hinsicht hatten die deutschen Kommunen auch im internationalen Vergleich eine hervorragende Position inne, wobei die materielle und formelle Gestaltung des Sozialleistungssystems ebenso wie die Legitimation des auf privater Eigentumsord- nung beruhenden und Ansätze eines die parlamentarisch-repräsentative Ordnung beinhaltenden ökonomisch-politischen Systems auf einer diversifizierten lokal- staatlichen Arbeitsteilung beruhten. Charakteristika waren die Aufgabenkonzen- tration der Kommunen bei der sozialen Infrastruktur, dem Aufbau eines modernen Gesundheitswesens und einer nach dem Individualprinzip strukturierten Armen- und Jugendfürsorgepolitik, während der zentrale Staat Schwerpunkte setzte bei den Aufgaben einheitlicher sozial gesetzgeberischer Regulierung und der Gewähr- leistung des Versicherungsschutzes. Beispiele für die staatliche Gesetzgebung waren das Krankenhausgesetz von 1883 oder das Unfallversicherungsgesetz von 1884, das zunächst nur für die Industriearbeiter sowie für die im Bergbau Beschäftigten galt und im Verlauf der 80er Jahre auf land- und forstwirtschaftliche und weitere Berufs- stände ausgedehnt wurde.

Diese neue Verantwortung des zentralen Staates - der heftige politische und gesell- schaftliche Auseinandersetzungen vorausgegangen waren - entwickelte sich seit Beginn der 1890er Jahre zu einer besonders starken Stütze der Industrialisierung; in

einem kaiserlichen Erlaß vom Februar 1890 z. B. wurde es zur "Aufgabe der Staats-
gewalt" erklärt, die Dauer und Art der Arbeit so zu regeln, daß die Erhaltung der
Gesundheit, die Gebote der Sittlichkeit, die wirtschaftlichen Bedürfnisse der
Arbeiter und ihr Anspruch auf gesetzliche Gleichberechtigung gewahrt bleiben.[163]

Hierbei eröffnete die lokal-staatliche Arbeitsteilung als eine traditionelle Form der
Politikverflechtung den staatlichen Ebenen - insbesondere in der Verwaltung - er-
hebliche Interventionsmöglichkeiten, die Gestaltungsspielräume auf dezentraler
Ebene mit auszufüllen; Professionalisierungstendenzen der Binnenstruktur der
Kommunalverwaltungen dürften die staatlichen Eingriffsmöglichkeiten noch verbes-
sert haben.

Die Entwicklung der gebietskörperschaftlichen Sozialpolitik seit Mitte des 19. Jhs.
zeigt in der Tendenz, daß nicht die staatlichen Instanzen primär Ausgangspunkt öffentlicher Aufgabenfindung und -wahrnehmung waren. Vielmehr bewirkte die beschleunigte Ausdehnung der kapitalistischen Industriewirtschaft, daß zunächst genossenschaftlich wahrgenommene Aufgaben zunehmend in die Verantwortung
lokaler Gebietskörperschaften übergingen, was in speziellen Bereichen auch eine
genossenschaftlich-körperschaftliche   Arbeitsteilung   z. B.   zwischen   Verei-
nen/Verbänden und Gemeinden nicht ausschloß. Erst zeitlich danach folgte eine
Indienstnahme der zentralen Staatsebene für sozialpolitische Aufgaben, deren
gemeinsame gebietskörperschaftliche Zielsetzung, nämlich die Reproduktion der
Arbeitskraft zu verstetigen, in funktionaler Differenzierung der lokalen, staatlichen
und genossenschaftlichen Verantwortungsebenen erreicht werden sollte. Exemplarisch hierfür stand die Gesundheitspolitik: "Der Unterschied (im Vergleich zur
kommunalen Gesundheitspolitik, Anm. der Verf.) zum externen Nutzen staatlicher
Gesundheitsmaßnahmen lag nicht nur in ihrem wesentlich geringeren Ab-
straktionsgrad, der im staatlichen Gesundheitswesen durch die Anbindung an
staatliche Machtmonopole und die Umsetzung in den Formen legitimer Herr
schaftsausübung gegeben ist, sondern auch darin, daß neben dem sozial- und gesell-
schaftspolitischen Kalkül ein erheblicher Spielraum für freiwillige und caritative
Liebes- und Hilfstätigkeit sowie für selbstbestimmte Aktionen blieb - eben der
Raum, in dem wohltätige Organisationen als sozial- und gesundheitspolitische
Experimentatoren arbeiten."[164]

---

[163] Zitiert nach Brockhaus' Konversations=Lexikon, 14. vollständig neu bearbeitete
       Auflage, Bd. 5, Leipzig u.a., 1901.
[164] Alfons Labisch, Gemeinde und Gesundheit, a.a.O., S. 289.

Tabelle 8:   Die Verteilung des Aufwandes der öffentlichen Armenpflege in
              Leistungsgruppen

Auf den Kopf der Bevölkerung entfällt an Kosten der öffentlichen Armenpflege überhaupt in Mark	Zahl der Städte	Namen der Städte nach preußischen Provinzen bzw. nach Bundesstaaten, innerhalb derselben in der Ordnung nach der Höhe der Kopfquote
bis 1.99	16	Königshütte, Schweidnitz, Insterburg, Stargard, Weißenfels, Hamm, Recklinghausen, Gelsenkirchen, Malstatt-Burbach, Pirmasens, Ludwigshafen, Kaiserslautern, Plauen, Glauchau, Weimar, Oldenburg
2.00 - 2.99	32	Oppeln, Kattowitz, Ratibor, Elbing, Cottbus, Guben, Kirdorf, Forst, Altona, Hannover, Göttingen, Erfurt, Cassel, Hanau, Witten, Dortmund, Meiderich, Neunkirchen, Rhend, Altenessen, Barmen, Duisburg, Freiburg i.Br., Mannheim, Pforzheim, Worms, Heilbronn, Chemnitz, Freiberg i.S., Gera, Dessau, Lübeck
3.00 - 3.99	23	Greifswald, Stolp, Neumünster, Hildesheim, Halberstadt, Nordhausen, Halle, Wiesbaden, Iserlohn, Oberhausen, Elberfeld, Karlsruhe, Mainz, Darmstadt, Offenbach, Stuttgart, Fürth, Nürnberg, München, Leipzig, Gotha, Bernburg, Schwerin
4.00 - 4.99	13	Breslau, Danzig, Kiel, Linden, Frankfurt a. M., Hagen, Münster i.W., Essen, M.-Gladbach, Krefeld, Düsseldorf, Dresden, Bremen
5.00 und mehr	5	Koblenz, Bonn, Aachen, Straßburg, Hamburg
Zusammen	89	

Quelle: Heinrich Silbergleit, Finanzstatistik der Armenverwaltungen, a.a.O., S. 29

Auf dem Hintergrund der Genesis gebietskörperschaftlicher Sozialpolitik im Kapitalismus ist erstaunlich, warum die sozialpolitische Funktion der Gemeinden im Staat und in der Gesellschaft sowie deren Bedeutung für die kommunale Selbstverwaltung nur relativ geringen Niederschlag in der sozial-, resp. politikwissenschaftlichen Literatur nach 1945 gefunden haben, ein Defizit, das erst seit rund zwanzig Jahren allmählich abgebaut wird. Neben dem Aspekt der Entstehungsgeschichte ist es vor allem der Gesichtspunkt der gebietskörperschaftlichen Arbeitsteilung, der in der Literatur lange Zeit stark vernachlässigt wurde; die kommunale Armenfürsorgepolitik als ein defizitär thematisierter Bereich kann in diesem Zusammenhang als anschauliches Exempel dienen.[165] Dieser Mangel hat den Blick für die Wesensgleichheit von Gemeinde, Staat und Reich grundlegend getrübt (vgl. dazu auch weiter unten), ebenso wie er den Aspekt der territorialen Unterschiedlichkeit und damit verbundener Funktionsdifferenzen zwischen den Gebietskörperschaften verdeckt hat. Erst in der neueren politischen Praxis und politikwissenschaftlichen Theoriebildung spielt der Gesichtspunkt der Verräumlichung ökonomischer, politischer und sozialer Prozesse wieder eine innovative Rolle.[166] Besonders spannend ist die Re-Thematisierung der räumlichen Dimension, weil sie in eine Phase verstärkter Globalisierungstrends fällt, die jede Bindung ökonomischer, sozialer und politischer Faktoren an Raumkategorien auf den ersten Block überflüssig erscheinen lassen. Ein analytischer Blick auf die Prozesse der Enträumlichung zeigt jedoch, daß die Wirkungskraft der Gesellschaft als "zuallererst ein raumgestalterisches Ereignis"[167] grundlegend erhalten geblieben ist.

4.3   Soziale Leistungsverwaltung

Insbesondere in der verwaltungswissenschaftlichen Literatur wird bei der Analyse öffentlicher Aufgaben eine stufenweise Entwicklung systematisch unterschieden, wonach die Gebietskörperschaften im 19. Jh. vorwiegend Ordnungsaufgaben und im 20. Jh. primär Leistungsaufgaben wahrgenommen haben sollen. Wie wir bisher ge-

---

[165] Ausnahme bildet hierzu allerdings z.B. die jüngere Studie von Christoph Sachse/Florian Tennstedt, Geschichte der Armenfürsorge in Deutschland. Vom Spätmittelalter bis zum 1. Weltkrieg, Stuttgart 1982.

[166] Vgl. z.B. Adrienne Héritier (Hrsg.), Policy-Analyse. Kritik und Neuorientierung (PVS-Sonderheft 24/93), Opladen 1993.

[167] Wolf Dieter Narr/Alexander Schubert, Weltökonomie. Die Misere der Politik, Frankfurt/M. 1994, S. 261.

sehen haben, widersprechen jedoch die Entwicklung der Gemeindeaufgaben selbst
ebenso wie die sich schon relativ früh im 19. Jh. konstituierende staatlich-kommunale Aufgabenteilung einer solchen scharfen Trennung von Ordnungs- und Leistungsverwaltung im Vergleich zwischen dem 19. und 20. Jahrhundert. Der geneti-
sche Aspekt der sozialpolitischen Entwicklung wird in zeitnahen Betrachtungen,
deren Standpunkte vom aktuellen Entwicklungsstand und dem entsprechenden
Normengefüge geprägt sind, häufig zu gering gewichtet. Hierbei wird der Begriff der
Leistungsverwaltung als derjenige Bereich der "öffentlichen Verwaltungstätigkeit
bezeichnet ..., in dem die öffentliche Hand, zu welchen Zwecken und in welchen
(Handlungs- oder Organisations-) Formen auch immer, durch die Gewährung
'offener', d.h. nicht lediglich in der Beseitigung von Belastungen bestehender und
über die bloßen Hilfsgeschäfte der Verwaltung hinausreichender Sach-, Geld- oder
Dienstleistungen dem Bürger einen Vorteil zuwendet".[168] Der Begriff von der
kommunalen Daseinsvorsorge ist zwar für das soziale Aufgabenspektrum im 19. Jh.
auch anwendbar, unter spezifisch kommunalem Aspekt erscheint die Bezeichnung
der Leistungsverwaltung aber präziser und für die Beschreibung der Fülle direkter
und indirekter sozialer Leistungen angemessener: "Die kommunale Leistungsverwaltung ist ..., was nach ihrer Entstehungsgeschichte nicht weiter ver-
wundern kann, noch heute eine klassische Domäne der gemeindlichen Selbstverwaltung."[169]

Wichtiger struktureller Bestandteil der sozialen Leistungsverwaltung in den Kommunen war die Wohnungsbaupolitik, die zudem als typisches Beispiel genossen-
schaftlich-gebietskörperschaftlicher Arbeitsteilung im Sozialbereich gelten kann.
Das Angebot an privat produziertem Wohnraum war angesichts des Zustroms von
Arbeitskräften vom Land in die Stadt und der Vermehrung der städtischen Bevölkerung selbst im Verlauf des 19. Jhs. immer weniger in der Lage, den Bedarf an
Wohnungen zu decken; Dennoch konnte eine öffentliche Wohnungsbaupolitik nur
allmählich und in relativ geringem Umfang Platz greifen, wofür eben auch das Ge-
nossenschaftswesen im Wohnungsbau verantwortlich war; im Jahr 1885 gab es bereits 33 Baugenossenschaften, deren anfänglicher Schwerpunkt allerdings im Bau
von Eigenheimen bestand[170] und daher dem Bedarf der Industriearbeiter nach
preisgünstigen Mietwohnungen nicht gerecht wurde. Erst um die Jahrhundertwende

---

[168] Hendrik Gröttrup, Die kommunale Leistungsverwaltung, a.a.O., S. 89.
[169] Ebenda, S. 95.
[170] Hans Jürgen Teuteberg, Eigenheim oder Mietskaserne: Ein Zielkonflikt
       deutscher Wohnungsreformer 1850-1914, in: Heinz Heineberg (Hrsg.),
       Innerstädtische Differenzierung und Prozesse im 19. und 20. Jahrhundert,
       a.a.O., S. 22 ff.

setzte im Genossenschaftsbau ein Strukturwandel ein, in dessen Verlauf dann auch vorwiegend Mietshäuser errichtet wurden: bis Ende 1915 entstanden durch Baugenossenschaften rund 125 000 Mietswohnungen.[171]

Nach dem I. Weltkrieg begann der Trend zur Munizipalisierung des Wohnungsbaus, nachdem sich über einen Zeitraum von rund 50 Jahren die private Erstellung und Verteilung als unfähig erwiesen hatte, den gesellschaftlichen Bedarf generell und den der Industrie- und Landarbeiter im besonderen nach adäquatem Wohnraum zu decken. Dabei hatte die defizitäre Wohnungsbaupolitik zu Beginn der Hochindustrialisierung besonders krasse Folgen für Wohnungssuchende und Mieter, wie folgendes Beispiel zeigt: "Die Zahl der überbevölkerten Ein- und Zweizimmerwohnungen, solcher also die mehr als sechs bzw. zehn Insassen beherbergten, stieg von 4 752 auf 5 751. Es kam 1867 in der Stadt und in den Vororten nur in 1 127 Wohnungen vor, daß mehr als eine Familie dasselbe Gelaß benutzte, 1873 dagegen in 2 310, 1874 in 2 630 Wohnungen. Im Jahre 1873 bereits trat die Wohnungsnot so akut zutage, daß zum erstenmal wirklich Obdachlose in größerer Anzahl durch Eingreifen der öffentlichen Organe zeitweilig unter Dach und Fach gebracht werden mußten."[172] So gab es noch 1925 zum Beispiel in München rund 15 000 Wohnungen, in Breslau 10000, in Nürnberg rund 13 000 Wohnungen, in denen zwei und mehr Haushaltungen untergebracht waren, und zwar mit fünf bis zehn Personen in einer Wohnung.[173] Letztlich konnten selbst der unerträgliche Problemdruck in den Städten um die Jahrhundertwende - zu dieser Zeit setzte bereits wieder eine Stadt-Land-Bewegung ein - und die Demokratisierungsprozesse im politisch-institutionellen Gefüge kommunaler Politik nur allmählich den Weg für eine auch an sozialen Erfordernissen orientierten kommunalen Wohnungsbaupolitik ebnen.

Dazu wurden erst nach 1918 griffige Instrumente geschaffen wie die Hauszinssteuer, Wertzuwachssteuer, öffentliche Darlehen, öffentliche Grundstücksfonds oder sozialisierte Baubetriebe. Waren dies im Sinne einer sozialen Wohnraumpolitik wichtige Schritte zur Stärkung der Selbstverwaltung, so wirkte die spezifische Nachkriegssituation auch dämpfend gegenüber allzu großen Hoffnungen: "Wieweit man auch auf diesem Gebiete (dem Wohnungsbau, Anm. d. Verf.) Bewegungsfreiheit für die

---

[171] Deutscher Werkbund (Hrsg.), Beispiel - Experimente - Modelle. Neue Ansätze im Wohnungsbau und Konzepte zur Wohnraumerhaltung, Darmstadt 1981, S. 175.

[172] H. Lauffenberg, Geschichte der Arbeiterbewegung in Hamburg und Umgebung, Bd. 1, Hamburg 1911, zitiert nach: ebenda, S. 40.

[173] A. Gut, Artikel "Wohnungswesen", in: J. Brix/H. Lindemann u.a. (Hrsg.), Handwörterbuch der Kommunalwissenschaften, a.a.O., S. 1462.

gemeindliche Selbstverwaltung wünschen mag, so können doch die Landesregierun-
gen, selbst die Reichsregierung in den wesentlichen Punkten auf eine wirksame Ein-
flußnahme nicht verzichten. Das ganze System der Bauförderung zielt nach der In-
flationszeit bewußt und mit Recht auf eine allmähliche Überleitung zu normalen
freiwirtschaftlichen Formen im Wohnungsbau ab. Der Abbau der Subventionspolitik
(z. B. der Hauszinssteuerhypotheken) muß naturgemäß **einheitlich** durchgeführt
werden; rein **örtlich** ist er undenkbar."[174] Die Wohnungsbaupolitik kann in ihrer
Entstehungsgeschichte als zunächst örtlich gebundenes und entsprechend zu lö-
sendes Problemfeld, das zusehends zum staatlichen Regulierungsbereich wird, als
typisch für den Verstaatlichungsprozeß gelten, der sich im Verlauf des 20. Jhs.
durchsetzte. Die Begründung für die Verstaatlichung, nämlich eine
Vereinheitlichung im Normengefüge zu erreichen, verdeckte die eigentliche
Ursache: das Ziel einer politischen Schwächung der kommunalen Ebene generell,
an deren Gestaltung das Industrieproletariat und Kleinbürgertum sowie bis 1918
ausgeschlossene soziale Gruppen immer mehr Anteil hatten.

Auch das hauptsächlich ins Feld geführte Gegenargument gegen ein frühzeitiges,
stärkeres Engagement der Gemeinden im Wohnungsbau, die kommunale Finanz-
schwäche, war nur teilweise stichhaltig. Denn mit dem Aufschwung der Sparkassen
und ihrer wachsenden Bedeutung für die kommunale Aufgabenfinanzierung wäre im
letzten Drittel des 19. Jhs. eine breite Grundlage für einen öffentlich finanzierten
Wohnungsbau gegeben gewesen. Bestanden 1850 in Preußen 234 Sparkassen, so
stieg ihre Anzahl bis zur Jahrhundertwende auf 1.500 und bis 1913 auf 1.765. Begünstigend hierfür hätte die Tendenz wirken können, daß die finanzielle Handlungsfähigkeit der Sparkassen stetig dadurch erweitert wurde, daß die Grenzen der zuläs-
sigen Einzahlungen kontinuierlich gelockert wurden.[175] Die Sparkasse als Institution
wäre auch funktionell und legitimatorisch besonders geeignet gewesen, den sozialen
Wohnungsbau zu finanzieren, weil sie "hauptsächlich auf das Bedürfnis der ärmeren
Klasse berechnet ist, welcher Gelegenheit zur Anlegung kleiner Ersparnisse
gegeben werden soll", wie es noch im Preußischen Sparkassenreglement von 1838
normativ formuliert war.

Die soziale Wohnungsbaupolitik war zwar eine wichtige Strukturkomponente der
sozialen Leistungsverwaltung auf kommunaler Ebene, quantitativ wirkte sie sich jedoch eher in bescheidenem Umfang auf die kontinuierliche Erweiterung der sozia-

---

[174] W. Mewes, Artikel "Wohnungsbau", in: ebenda, S. 1446.
[175] Vgl. dazu Josef Hoffmann, Kommunales Sparkassenwesen, in: Hans Peters
        (Hrsg.), HdKWP, Bd. 3, Berlin u.a. 1959.

len Leistungsverwaltung und deren insbesondere personellen Ausbau aus. Hierbei fand das Berufsbeamtentum einerseits zusehends Eingang in die Kommunalverwaltung, es konnte andererseits jedoch die kommunale Laienverwaltung nicht völlig verdrängen (vgl. dazu auch Tabelle 9)[176]. Das ehrenamtliche Element blieb Strukturkomponente der kommunalen Selbstverwaltung, wohingegen das genossenschaftliche Element einem starken Erosionsprozeß ausgesetzt war; es ging immer mehr im gebietskörperschaftlichen Element auf. Hiermit verlor auch der "Dualismus zwischen der Gemeinde als administrativer Einheit einerseits und ursprünglich genossenschaftlich verfaßter Bürgergemeinde andererseits" an Relevanz.[177] Einem damit im Zusammenhang stehenden Auflösungsprozeß im 19. Jh. unterworfen war auch der theoretische Dualismus von Staat und Gemeinden (vgl. dazu auch später in diesem Band), es entstanden vielmehr die Grundlagen für die kommunal-staatliche Arbeitsteilung im modernen Leistungsstaat, der den klassenübergreifenden Integrationsprozeß in der Gesellschaft nachhaltig in Gang setzte.

Der damit auch einhergehende Prozeß wechselseitiger Abhängigkeit zwischen Staat und Gemeinden wurde von einer wachsenden Identifizierung des Bürgertums mit dem Staat begleitet, auch wenn dessen Selbstverständnis diesem Prozeß zunächst widersprach. Denn das Bürgertum ordnete sich selbst "politisch in großen Teilen außerhalb des Staates stehend" ein.[178] Diese Selbstzuordnung des Bürgertums zur gesellschaftlichen Sphäre war auch eines der Argumente, mit denen die Dualismus-These von Staat und Gesellschaft einerseits sowie von Staat und Gemeinde andererseits durch eine Überbetonung des Aspektes der Staats-Form wissenschaftlich begründet wurde. Danach war für die Disparität zwischen Staat und Gemeinden vor allem die verfassungsmäßige Verankerung der kommunalen Selbstverwaltung im Sinne eines anti-staatlichen Grundrechts maßgebend; die Aufhebung dieses Grundsatzes wird mit der "Etablierung einer demokratisch-parlamentarischen Staatsordnung" nach 1918/19 gleichgesetzt.[179] Eine solche zentrale Orientierung an formalen Aspekten verkennt, daß die reale Entwicklung der Staats- und Kommunalpolitik, besonders unter dem Aspekt der materiellen Aufgabenwahrnehmung und der Integration aller sozialen Klassen und Schichten in Staat und Gesellschaft bereits im 19.

---

[176] Einzelne Belege bei: Eckart Sturm, Die Entwicklung des öffentlichen Dienstes in Deutschland, in: Carl C. Ule (Hrsg.), Die Entwicklung des öffentlichen Dienstes, a.a.O., S. 43.

[177] So z.B. Hendrik Gröttrup, Die kommunale Leistungsverwaltung, a.a.O., S. 33.

[178] Ebenda, S. 34.

[179] Ebenda, S. 35.

Jh. den 'ursprünglichen' Gegensatz von Staat als Obrigkeitsstaat und Gemeinde als freie Bürgergemeinde überwand.[180]

Tabelle 9:   Einwohnerschaft, Zahl der Beamten und Besoldungsaufwand in Mannheim von 1870 bis 1905*

Jahr	Einwohner-zahl	Zahl der Beamten	1 Beamter entfällt auf Einw.	Besoldungs-aufwand in Mark	Besoldungs-aufwand pro Kopf der Bevölkerung
1870	39 600	48	825	61 000	1,53
1875	46 500	91	511	143 000	3,08
1880	53 500	120	446	177 000	3,31
1885	61 000	129	475	212 000	3,46
1890	79 000	191	414	380 000	4,81
1895	91 000	366	249	615 000	6,75
1900	141 000	536	263	938 000	6,64
1905	155 000	717	216	1 341 000	8,64

* Zu berücksichtigen ist, daß die Bevölkerungszahl in der Stadt Mannheim von 39 600 (1870) auf 155 000 (1905) gestiegen ist.

Quelle: Eckart Sturm, Die Entwicklung des öffentlichen Dienstes in Deutschland, in: Carl C. Ule (Hrsg.), Die Entwicklung des öffentlichen Dienstes, a.a.O., S. 43.

---

[180] Selbst im modernen Begriff der Bürgergemeinde war das gesellschaftliche und genossenschaftliche Element, das städtische mit dem agrarischen bereits im Ansatz miteinander verbunden. Die Gemeinde bedeutete ursprünglich den Grund und Boden, den ein Verband von Rechtsgenossen benutzen durfte, während damit bereits im 18. Jh. die Ortschaft mit all ihren Bewohnern bezeichnet wurde. Demgegenüber meint der Begriff vom Bürger den Bewohner der Stadt, die ein mit Mauern und Graben befestigter Ort war, in dem der Bewohner ein hohes Maß an Freiheiten hatte. Im Begriff der Bürgergemeinde ist also die verstädterte Gesellschaft vorweggenommen.

4.4 Kommunale Sozialpolitik als gebietskörperschaftliches Element

Auch wenn die kommunale Sozialpolitik im 19. Jh. klassen- und schichtenspezifischen Prioritätensetzungen folgte und aufgrund der Machtstruktur in Legislative und Exekutive auch folgen mußte, wurden mit ihr die Grundlagen einer "organisierten Vielheit" (Hugo Preuß) der Gemeinden geschaffen. Unter genetischem Aspekt war - in Übereinstimmung mit Preuß - nicht die Gesellschaft als "individualrechtliches Verhältnis", sondern die Genossenschaft als "sozialrechtlicher Verband" für die ursächliche Entstehung der Gemeinde als Gebietskörperschaft wesentlich. Aus der körperschaftlichen Organisation von Aufgaben entwickelte sich die gebietskörperschaftliche Existenz. Auf kommunalem Gebiet vollzog sich jene "dingliche Einheit des Sozialrechts, welche in ihrem Entstehen und Bestehen mit der Verdichtung einer Genossenschaft zur körperschaftlichen Einheit unlöslich verknüpft" war.[181] Auch wenn der Hauptstrang in bezug auf die Genesis der kommunalen Gebietskörperschaften in der genossenschaftlichen Sphäre zu verankern ist, bedeutet dies aber nicht, daß der Weg zur öffentlichen Aufgabenübernahme durch Gemeinden generell über die Genossenschaft als Systemebene führte. Die Entwicklung im 19. Jh. zeigt vielmehr - worauf bereits verwiesen worden ist - daß öffentliche Aufgaben auch den direkten Weg aus der privaten Organisiertheit nahmen.

In der kommunalen Allzuständigkeit war - begrifflich und real - die Frühform staatlicher Allgemeinwohlorientierung zu sehen. Entstehungsgeschichtlich bedeutet dies, nicht die staatliche Gebietshoheit mit ihrem kommunalen 'Anhängsel' zum analytischen Ausgangspunkt für das Verhältnis von Staat und Gemeinde zu machen, sondern Gemeinden aus dieser besonderen Verquickung mit dem Staat zu lösen; erst damit wird der analytische Weg frei für eine Betrachtung von der - territorial gesehen - engsten zur weitesten Gebietskörperschaft und erst dann kann auch die Verflechtung von Staat und Gemeinden angemessen analysiert werden. Das Gemeinde-**Gebiet** wird damit nicht mehr **nur** als räumliche Einheit verstanden, vielmehr werden territoriales und sozialrechtliches Element in unauflöslichen Zusammenhang zur politisch agierenden Gebietskörperschaft gebracht.

Insbesondere ein Großteil zeitgeschichtlicher Literatur aus dem kommunalwissenschaftlichen Spektrum erklärt die Existenz der Gemeinde aus der Existenz des Staates heraus und begründet diese Sichtweise v.a. mit den wachsenden Aufsichts- und Kontrollfunktionen auf zentralstaatlicher Ebene. Diese Einschätzung des ordnenden

---

[181] Hugo Preuß, Gemeinde, Staat, Reich als Gebietskörperschaften, a.a.O., S. 321.

Staates ist zwar zutreffend, rückt jedoch die wesensmäßige Entwicklung der kommunalen Gebietskörperschaften in den Hintergrund. Ein grundsätzlicher kommunaler Aufgabenwandel wird demgemäß häufig erst für die Zeit nach 1918 gesehen,[182] wobei hierfür v.a. verfassungsrechtliche Argumente zugrundeliegen.[183] Gerade die Entwicklung im sozialpolitischen Bereich läßt die These vom erst nach 1918 erfolgten Strukturwandel kommunaler Aufgaben fragwürdig erscheinen. "Mit Unrecht erblicken die Verwaltungsmänner in diesen (die gesamte Bevölkerung erfassenden sozialpolitischen Dimensionen, Anm. des Verf.), allerdings mit elementarer Gewalt auf die einstürmenden Vorgänge etwas qualitativ Neues. Historisch sind alle sozialpolitisch bedeutsamen Einrichtungen der Gemeinde durch Verselbständigung von dem allgemeinen Nothilfs-Gedanken der Armenpflege entstanden (selbst die unentgeltliche Volksschule war ursprünglich 'Armenschule')."[184] Es galt der Grundsatz, daß sich neue Problemlagen zuerst auf niederen sozialen Organisationsstufen zeigten und einen neuen Handlungsbedarf insbesondere auf seiten der gebietskörperschaftlichen Ebene erforderten. Nach diesem für das 19. Jh. bereits geltenden Prinzip **muß** die unterste Einheit intervenieren, der zentrale Staat **kann** eingreifen.

Die soziale Aufgabenexplosion in Gemeinden war für sie selbst und den Staat unter funktionalem Aspekt widersprüchlich. Denn einerseits wurde die Selbstverwaltung gestärkt, andererseits wuchs die Staatseinbindung der Kommunen. Die wechselseitigen Prozesse der Kommunalisierung des Staates und der Verstaatlichung der Kommunen führten auch in der politisch engagierten Arbeiterschaft der Gewerkschaften und Sozialdemokratie dazu, "die Normen des ethischen Sozialismus und dessen Bestimmung des Staates als Mittel zur Verwirklichung von sozialer Gerechtigkeit in Wirtschaft und Gesellschaft" zur Geltung zu bringen.[185] Selbstverständlich war es nicht die soziale Frage als solche, die zur Aufgabenübernahme durch die Gebietskörperschaften führte, sondern in erster Linie die sozialdemokratische Massenbewegung. Daher bewegte sich das Ringen um den Ausbau des "Sozialstaates" im Spannungsfeld von "vorwärtsdrängenden Kräften einerseits, die fundamentalen Probleme der sozialen Ungleichheit in der reichsdeutschen Klassengesellschaft

---

[182] So z.B. H. Gröttrup, Die kommunale Leistungsverwaltung, a.a.O., S. 37ff.; Jürgen Reulecke (Hrsg.), Die deutsche Stadt im Industriezeitalter Wuppertal 1978.

[183] Z.B. Hans-U. Hilles, Der gesellschaftliche und politische Wandel in Deutschland und seine Auswirkungen auf die kommunale Selbstverwaltung, a.a.O., S. 23ff.

[184] O.V. Jastrow, "Sozialpolitik", in: Hans Peters (Hrsg.), Handwörterbuch der Kommunalwissenschaften, a.a.O., S. 1200.

[185] Ernst-Ulrich Huster, Ethik des Staates. Zur Begründung politischer Herrschaft in Deutschland, Frankfurt/New York 1989, S. 74.

durch die staatliche Sozialpolitik abmildern oder entschärfen wollten, und wider-
strebenden Kräften andererseits, die jedes weitere Entgegenkommen gegenüber den
'Staatsfeinden' (aus der Sozialdemokratie, Anm. d. Verf.) für politisch und ökonomisch völlig verfehlt hielten".[186] Folgerichtig war die Politik der Gebietskörperschaften in der zweiten Hälfte des 19. Jhs. auch immer weniger mit der Vorstellung
des klassischen Liberalismus von einem enthaltsamen Staat identisch - inwieweit der
klassische Wirtschaftsliberalismus tatsächlich einen unabhängigen Staat propagierte,
ist ohnehin fraglich - und auch für das kommunale Bürgertum war immer stärker das
Gesamtinteresse an der Gesellschaft zentral, aus dem heraus auch eine
Interessengemeinschaft mit den herrschenden Eliten auf staatlicher Ebene vereinbar war. Damit richtete sich die Politik des Bürgertums zusehends auch gegen die
liberale Idee der kommunalen Selbstverwaltung, deren gesellschaftliche Basis der
freie und gleiche (allerdings auch besitzende) Gemeindebewohner war - eine Basis,
die im Verlauf der Industrialisierung durch den sozial-strukturellen Wandel immer
brüchiger wurde.

Struktur und Funktion gebietskörperschaftlicher Sozialpolitik und hier insbesondere
die materielle Dimension auf kommunaler Ebene im 19. Jh. - die selbstverständlich
im Vergleich zur aktuellen Situation relativ bescheiden ausgeprägt war - waren für
die Legitimation des politischen Systems lebensnotwendig. Denn es geriet unter
einen zunehmenden Anforderungsdruck, ökonomische Folgeprobleme im lokalen
Raum und soziale Disparitäten zu lösen bzw. zu nivellieren, was abschließendes Zitat zur Lage der Reichshauptstadt Berlin im 19. Jh. noch einmal vor Augen führt:

"Dem durch den unendlichen märkischen Sand heran pilgernden Reisenden, kommt
nahe an der Barriere ein pestilenzialischer Geruch entgegen, denn die Berliner
laden allen ihren Unrat nahe vor den Toren ab; an der Straße von Frankfurt ist es
auch damit noch nicht genug; sondern hier hat der Schneider selbst seine Werkstatt
aufgeschlagen. Jeder kann sich also vorstellen, welch ein liebliches Gemisch von
Gestank die Exkremente von Berlin und das Aas der krepierten Haustiere dem Reisenden hier entgegendufteten. Hat man im Tore die unleidliche Revision der
Akzisebeamten überstanden und dem wachhabenden Offizier seine hundert Fragen
beantwortet, damit er die öffentliche Neugierde befriedige ..., so sieht man sich in
der Mitte ärmlicher Hütten, Wiesen und Felder versetzt..., oft sieht man aber nichts,
denn der kleinste Zephyr erregt einen so unerträglichen Staub, daß man die Augen
fest zudrücken muß. Straßenpflaster und Straßenreinigung sind unter jeder Beschreibung. In die Rinnsteine leert man die Nachtstühle und allen Unrat der Küche

---

[186] Hans-Ulrich Wehler, Deutsche Gesellschaftsgeschichte, Bd. 3, a.a.O., S. 1087.

aus und wirft krepierte Haustiere hinein ... Hat es geregnet, so werden die
Kothaufen in den Straßen zusammengeworfen, und da diese oft Tag und Nacht auf
den Abholer warten müssen, so kann man es im Finstern sehr leicht versehen, hinein
zu geraten und bis an die Knie verunreinigt zu werden."[187] Darüber hinaus macht die
großstädtische Realität im 19. Jh. deutlich, daß die Großstadt "zum Fokus der
gesellschaftlichen Probleme und Veränderungen des Zeitalters wie auch der
sozialen Gegensätze" geworden war.[188] Mit der weiteren Ausdehnung des kapitalistischen Wirtschaftssystems im Verlauf des 20. Jhs. hat sich dann allerdings auch
die Stadt als besonders soziales und wirtschaftliches System aufgelöst.

---

[187] Beschreibung Berlins durch den Kriegsrat v. Cölln, zitiert nach Hugo Preuß, Die
Entwicklung des deutschen Städtewesens, a.a.O., S. 284f.
[188] Horst Matzerath, Urbanisierung in Preußen 1815-1914, a.a.O., S. 380.

5. Kommunale Selbstverwaltung und Finanzen

Wie bereits mehrfach erwähnt vollzogen sich die Prozesse der Industrialisierung und Urbanisierung in Deutschland nach 1870 im territorialen Vergleich sehr unterschiedlich. Disparitäten galten nicht nur für die Stadt-Land-Ebene, sondern auch innerhalb der Stadt-Größenklassen waren ökonomische und soziale Entwicklungsprozesse von großen Abweichungen gekennzeichnet, wie die zwischen kleinen, mittleren und gossen Städten oder auch einzelnen Stadttypen wie "jungen" und "alten" Industriestädten.[189]

Wegen des hohen Grades an interkommunalen Differenzierungsprozessen insbesondere im Finanzwesen sind allgemeine Aussagen über das kommunale Haushaltsgebaren im engeren Sinne nur vorsichtig zu formulieren. Erschwerend kommt hinzu, daß es breit angelegte Untersuchungen über die Entwicklung der Kommunalfinanzen kaum gibt, wenngleich in den vergangenen zehn Jahren ein gewisser Defizitausgleich in bezug auf die Entwicklung zu Beginn des 20. Jhs. stattgefunden hat.[190] "Versuche, das **Gesamtgefüge der gemeindlichen Finanzen** oder doch wenigstens der **Einnahmen und Ausgaben** in einer bestimmten Periode und Stadt darzustellen, sind... bislang nur für drei Städte seitens ihrer statistischen Stellen unternommen worden."[191] Für das Thema des vorliegenden Bandes von besonderem Interesse sind wegen des Hineinwachsens der Kommunen in den Staat die staatlich-kommunalen Verflechtungen, bei denen in der politischen Praxis bisweilen der Eindruck entsteht, als seien sie aktuelle Zeiterscheinungen. Die Entwicklung der Finanzen selbst ebenso wie die politische Auseinandersetzungen über Einnahmengebaren und Ausgabenverhalten belegen vielmehr, daß die Konflikte der verschiedenen Politikebenen um eine adäquate Finanzausstattung der Kommunen im Kern nicht nur säkular, sondern seit gut 100 Jahren kontinuierlich vorhanden sind.[192] Dabei ist evident, daß die Frage nach dem realen Stellenwert der kommunalen Selbstverwaltung nur unter wesentlicher Berücksichtigung des finanziellen Spielraumes

---

[189]   Jürgen Reulecke, Geschichte der Urbanisierung in Deutschland, Frankfurt/M. 1985, S. 117 f.

[190]   Z.B. ebenda, oder Horst Matzerath, Urbanisierung in Preußen 1815-1914, a.a.O.

[191]   Otto Most, Gemeindefinanzen, Bd. 2: Die Gemeindefinanzstatistik in Deutschland, Leipzig 1910, S. 97.

[192]   Aus der Vielzahl an Literatur vgl. frühere Bände wie Heinz Zielinski, Kommunale Selbstverwaltung und ihre Grenzen, Frankfurt/New York 1977; Günter Püttner (Hrsg.), Handbuch der kommunalen Wissenschaft und Praxis, Bd. 6, Berlin 1985 (2. Aufl.); Rüdiger Voigt, Die Auswirkungen des Finanzausgleichs zwischen Staat und Gemeinden auf die kommunale Selbstverwaltung von 1919 bis zur Gegenwart, Berlin 1975.

beantwortet werden kann, der seinerseits zusehends in den Kontext des staatlichen Regulierungskomplexes geriet. "Sehr allgemein zeigt sich hier, daß immer mehr Aufgaben der oben angedeuteten Art (bei den Gemeinden finanziell mitbelastet werden, Anm. des Verf.) finanzielle Lasten für die dahingehörenden Einrichtungen und Anstalten, ganz vom Staate über- und auch vielfach den Gemeinden, zu deren Tätigkeitsgebiet sie früher gehörten, abgenommen worden sind oder daß, wo sie den Gemeinden verblieben oder von ihnen neu übernommen wurden, ihnen die Finanzlasten dafür vom Staate abgenommen oder wenigstens zur Deckung dieser Lasten staatlicher Beiträge - mitunter auch solche der höheren Selbstverwaltungs-körper, Provinz, Kreis - gewährt worden sind."[193]

5.1 Entwicklungsaspekte bei den Einnahmen

Neuere kommunalwissenschaftliche Analysen, welche die zeitgeschichtliche Fi-nanzentwicklung nach 1945 zum Gegenstand haben, behaupten im Kern einen steti-gen Prozeß der Erosion kommunaler Selbstverwaltung. Dieser Erosionsprozeß wird gleichermaßen auf der Einnahmen- und auf der Ausgabenseite gesehen und auf einen wachsenden Einfluß staatlicher Ebenen auf formale und materielle Bedingun-gen der Kommunalhaushalte zurückgeführt. Tatsächlich geriet nach 1945 der An-spruch auf einen demokratischen Aufbau von 'unten' nach 'oben' zusehends in Wi-derspruch zur Realität interventionistischer Staatspolitik.

Ähnlich wie in der Phase der Hochindustrialisierung wurden auch während und nach der Restaurationsphase nach 1945 die wachsenden Staatseingriffe in Kommu-nalpolitik normativ mit der Notwendigkeit gerechtfertigt, wirtschaftliche und soziale Disparitäten zu nivellieren oder darüber hinaus gleichwertige Lebensverhältnisse zwischen den Regionen zu schaffen. Ähnliche ernsthafte Bestrebungen eines staatlich finanzierten Lastenausgleichs zwischen armen und reichen Städten und entsprechender Legitimationsdruck bestanden - wie in diesem Band dargelegt - bereits Ende des 19. Jhs., als die Unterschiede in der kommunalen Leistungskraft bedrohliche Züge für die gesamte Gesellschaft annahmen; auch diese Bemühungen um mehr Verantwortung für den modernen Steuerstaat wurden von partikularen Interessen auf kommunaler Seite stark unterstützt.[194] Während der Entwicklung in

---

[193]   Adolph Wagner, Die finanzielle Mitbeteiligung der Gemeinden an kulturellen Staatseinrichtungen und die Entwicklung der Gemeindeeinnahmen, Jena 1904, S. 2.

[194]   Jürgen Reulecke, Geschichte der Urbanisierung in Deutschland, a.a.O., S. 117 f.

der Weimarer Republik, insbesondere in der Anfangsphase, haben die Kommunen ihr Drängen nach einem stärkeren Staat zurückgestellt, nicht der Ausbau eines staatlichen Finanzausgleichs, sondern die Stärkung der eigenen Finanzkraft stand für die kommunale Ebene im Vordergrund. In der wechselhaften Geschichte polarisierender Trends von kommunaler Autonomie und staatlicher Intervention bestehen in jüngster Zeit Anzeichen für ein neues Kapitel. Im Lichte von Regionalisierungstendenz und öffentlicher Finanzmisere greift die Forderung nach einer Kommunalisierung von Lebensverhältnissen und Verselbständigung von Gemeindehaushalten wieder stärker Platz, es bestehen in Wissenschaft und Praxis gar Anzeichen für eine neue Qualitätsfindung verräumlichter, auf Kommunen und Regionen aufbauender Politik. Kehrseite dieser Entwicklungstendenzen ist die Hintanstellung eines Abbaus räumlicher und sozialer Disparitäten.

Gerade der wechselvolle politische Wandel im Spannungsfeld von Kommunalisierung und Verstaatlichung stützt die These, daß der Grundsatzkonflikt zwischen den Ansprüchen auf eine Nivellierung sozio-ökonomischer Entwicklungen im zwischengemeindlichen Vergleich einerseits und dem Postulat nach einer Stärkung kommunaler Selbstverwaltung andererseits schon seit den Anfängen des modernen Nationalstaates besteht. Dabei ging und geht es um das politische Gewicht der Gebietskörperschaften ebenso wie um die Befriedigung sozialer Interessen, die gleichermaßen auf der Einnahmen- wie Ausgabenseite nach vorrangiger Berücksichtigung strebten und weiterhin streben. Insofern erscheinen die sozialen Interessen der Gemeindebewohner nur mittelbar als Ergebnisse institutionalisierter Finanzpolitik.

Unter Zugrundelegung eines längerfristigen Zeitvergleichs gilt, daß die "kommunale Finanzpolitik (auf der Einnahmenseite, Anm. des Verf.) in erster Linie Steuer- und Gebührenpolitik, an zweiter Stelle Vermögens- und Schuldenpolitik (ist)"[195] und als Tendenz bereits für die Entwicklung des Gemeindehaushalts in der zweiten Hälfte des 19. Jhs. galt. Da die Gemeinden aber bei der Finanzierung von Aufgaben weitgehend auf sich allein gestellt waren - der markanteste Unterschied zur aktuellen kommunalen Finanzstruktur betrifft das staatliche Dotationssystem - waren die Probleme in der Hochindustrialisierungsphase geprägt von dem kommunalen Bemühen, die Aufgabenfülle durch Extensivierung vorhandener Einnahmen sowie durch neue Formen örtlicher Quellenerschließung bewältigen zu können. Hierbei fiel auch

---

[195] Günter Schmölders, Kommunale Finanzpolitik, in: Hans Peters (Hrsg.), Handwörterbuch der kommunalen Wissenschaft und Praxis, Bd. 3, a.a.O., S. 59.

das konjunkturelle Entwicklungselement im lokalen Raum als Störfaktor stark ins Gewicht, enorm schwankende Einnahmen bei Steuern und Zöllen veränderten die Finanzstruktur in kurzen Zeiträumen erheblich. Trotz der raumstrukturell vorhandenen Disparitäten in der kommunalen Finanzstruktur standen - wie angedeutet - Steuern (sowie Zuschläge auf die Staatseinkommensteuer) und Gebühren im Mittelpunkt der gemeindlichen Einnahmen (vgl. dazu auch Tabelle 10, wobei zu berücksichtigen ist, daß Vergleiche zwischen den Gemeinden durch unterschiedliche Verwaltungsgliederungen nur eingeschränkt angestellt werden können).

Die aus der Industrialisierung und Urbanisierung resultierenden Anforderungen an Kommunen, v.a. in wirtschaftlichen und sozialen Bereichen zu investieren, versuchten sie durch eine stetige Erhöhung der Steuereinnahmen gerecht zu werden getreu dem auch aus der Wissenschaft heraus formulierten Prinzip, "daß die Gemeinden ihre Ausgaben in erster Linie aus Gebühren, Beiträgen und eigenen Erwerbseinkünften zu finanzieren hätten".[196] Wichtigstes Instrument blieb über viele Jahrzehnte der Zuschlag zur staatlichen Einkommensteuer, der z. B. in Städten mit über 10.000 Einwohnern (nur in Preußen) im Jahr 1891 76% der gesamten Steuereinnahmen ausmachte.[197] Dabei stießen die Reformbemühungen zur Umstrukturierung des kommunalen Steuersystems auf den Widerstand der Grundstücks- und Gebäudeeigentümer sowie Gewerbetreibenden, die sich gegen weitere Belastungen wandten.

Der weitgehend erfolgreiche Widerstand größerer Teile des städtischen Bürgertums vor allem in den kommunalpolitischen Entscheidungsorganen gegen Realsteuer-Erhöhungen beschleunigte das Wachstum bei staatlichen Zuschlägen und den Integrationsprozeß der Kommunen in den Staat zu Lasten einer autonomen Gemeindepolitik; diese Entwicklung nützte denjenigen Teilen des städtischen Bürgertums, die bereits im letzten Drittel des 19. Jhs. und dem beginnenden 20. Jh. nach stärkerer Beteiligung an der staatlichen Macht - erfolgreich - strebten. Wichtige Voraussetzung für die wachsenden Interdependenzen gesellschaftlicher Interessen auf staatlichen und kommunalen Ebenen im parlamentarischen Bereich war die Verflechtung zwischen administrativen Organen, wobei die administrativ mitgetragene Fiskalpolitik in der zweiten Hälfte des 19. Jhs. zunehmend wirtschafts- und sozialpolitisch

---

[196] Ebenda.
[197] Jürgen Reulecke, Geschichte der Urbanisierung in Deutschland, a.a.O., S. 110.

orientiert war, während "von Anbeginn der kapitalistisch-ökonomischen Entwicklung in Deutschland... Wirtschaftspolitik Fiskalpolitik war".[198]

Tabelle 10: Einnahmen ausgewählter Gemeinden, in 1000 M.,
nach Verwaltungszweigen

Verwaltungszweig	Altona			Bonn			Breslau		
	1888	1898	1908	1888	1898	1908	1888	1898	1908
Kämmerei-verwaltung	121	836	1207	11	17	72	176	325	543
Allgem. Verwaltung	3	2	12	148	184	454	451	1145	2087
Steuerverwaltung	1945	3970	5915	640	1397	3124	4950	9727	17027
Verwaltung der öff. Sicherheit	30	69	251	6	11	22	269	190	393
Verwaltung städtischer Werke und Markthallen	295	3065	6994	388	734	2445	1275	2351	3309
Bildungs- und Kunstinstitute	280	974	1204	70	91	152	569	1358	2197
Bauverwaltung	177	944	1066	43	30	198	45	69	105
Armen-, Waisen-Krankenhaus-verwaltung	327	405	602	109	112	200	487	474	832
Schuldenverwaltung	1258	899	1487	-	-	-	753	1432	2793
Sonst. Verwaltungen	111	244	237	11	6461	12722	112	234	228
Überhaupt	4548	11412	18979	1428	9040	19390	9089	17309	29516

Quelle: Heinrich Silbergleit (Hrsg.), Preußens Städte, Berlin 1908, S. 482.

Machtverschiebungen auf dem Hintergrund sozialstruktureller Wandlungsprozesse fanden aber nicht nur auf dem Weg von kommunaler auf staatliche Ebene statt, son-

---

[198] Ulrich K. Preuß, Nachträge zur Theorie des Rechtsstaates, in: Mehdi Tohidipur (Hrsg.), Der bürgerliche Rechtsstaat, I. Band, Frankfurt/M. 1975, S. 90.

dern staatlicher Einfluß drang auch zunehmend in die kommunale Sphäre v. a. institutionalisierter Politik ein, in der Arbeiter, Bauern und Kleingewerbetreibende nach 1870 das Machtmonopol des Bürgertums aufzuweichen begannen. Das Bürgertum seinerseits trachtete danach, eigene Machtverluste zugunsten der auf Partizipation drängenden Klassen und Schichten dadurch zu kompensieren, daß auch die tradierten steuerlichen Belastungen - die den immensen Deckungsbedarf in den Kommunalhaushalten nicht ausgleichen konnten - zunehmend auf alle Klassen und Schichten ausgedehnt wurden. Während dieses interessenspolitisch determinierten Prozesses vollzog sich eine Umstrukturierung vom traditionellen Äquivalenzprinzip zur Besteuerung nach der Leistungsfähigkeit. Persönliche Leistungsfähigkeit und Äquivalenz (zwischen steuerlicher Belastung und daraus zu ziehendem Nutzen) wurden insbesondere beim kommunalen Besteuerungssystem versucht zu verwirklichen; die Miquelsche Finanzreform von 1891 war ein Meilenstein. Doch trotz heftiger sozialer Auseinandersetzungen und intensiver Bemühungen schritt die Machtteilhabe der Arbeiter, Bauern und Kleinhandwerker an der institutionellen Kommunalpolitik im Verlauf des 19. Jhs. nur ähnlich langsam voran wie der Ausdehnungsprozeß in der fiskalischen Belastung der Gesamtbevölkerung. Trotz der relativen Verbesserung der Realeinkommen blieben z. B. zu Beginn der neunziger Jahre rund fünfundsiebzig Prozent unter der Grenze des niedrigsten Jahreseinkommens, jenseits derer die Besteuerung überhaupt erst einsetzte.

Über das allgemeine Interesse des Bürgertums hinaus, die Besteuerung über das Kriterium persönlicher Leistungsfähigkeit hinaus auszuweiten, womit auch eine Besteuerung auf eine möglichst hohe Anzahl von Gemeindebewohnern beabsichtigt war, bestanden auch innerhalb des Bürgertums und der Gewerbetreibenden unterschiedliche Interessen, die kommunale Finanzstruktur zu verändern. Haus- und Grundbesitzer drängten angesichts des hohen Anteils ihres Steueraufkommens auf eine stärkere Beteiligung der Gewerbetreibenden an den gemeindlichen Realsteuern. Wie einige ausgewählte Beispiele zu einem schon fortgeschrittenen Zeitpunkt (hier 1911) zeigen (vgl. dazu Tabelle 12), lag der Anteil der Gewerbesteuer relativ niedrig; das zu einem Zeitpunkt als die Hochindustrialisierungsphase abgeschlossen war. In der Großstadt Berlin z. B. betrug die Gewerbesteuer nicht einmal die Hälfte der Grund- und Gebäudesteuer und nur 15 v. H. der gesamten Steuereinnahmen.[199]

---

[199]   Zur Entwicklung der kommunalen Finanz- und Steuerstruktur nach 1945 vgl. z.B. Heinz Zielinski, Kommunale Selbstverwaltung und ihre Grenzen, a.a.O., oder Oscar W. Gabriel (Hrsg.), Kommunalpolitik im Wandel der Gesellschaft, Königstein 1979.

Die Einnahmestruktur der Gemeinden setzte sich nach der Finanzreform Anfang der 90er Jahre aus folgenden Posten zusammen :

- 33 v. H. Steuern von Einkommen und Vermögen,
- 25 v. H. Steuern von Grund und Gewerbe,
- 23 v. H. Verwaltungseinnahmen,
- 14 v. H. Erwerbseinkünfte.[200]

Tabelle 11: **Gemeindesteuereinnahmen, Einnahmen aus Betrieben (ordentlicher Haushalt) und Summe ordentlicher Einnahmen, in Mark, in den Jahren 1911/12**

Stadt	Gesamtbetrag der erhobenen Gemeindesteuern (1)	Städtische Betriebe insgesamt (2)	Summe ordentl. Einnahmen (3)	(1) + (2) in % v. (3)	
				(1)	(2)
Cöln	22 880 322	19 852 914	72 951 000	31,3	27,2
Breslau	20 369 254	21 909 883	52 407 644	38,9	41,9
Frankfurt/M.	25 680 012	26 317 896	79 131 247	32,5	33,3
Düsseldorf	15 636 694	20 500 365	49 671 178	31,5	41.3
Charlottenburg	16 352 284	16 016 363	58 531 633	27,9	27,4
Hannover	10 850 768	7 316 964	25 128 432	43,2	29,1
Essen	13 032 827	5 820 201	25 947 072	50,2	22,4
Magdeburg	11 038 764	9 713 206	26 765 583	41,2	36,3
Halle	6 821 307	6 152 784	15 991 000	42,7	38,5
Wiesbaden	5 398 110	7 128 297	18 322 922	29,5	38,9
München	25 106 635	37 491 283	87 160 378	28,8	43,0
Straßburg	6 038 088	3 355 387	13 147 342	45,9	25,5
Dresden	18 224 147	33 935 867	69 280 594	26,3	49,0
Mannheim	8 793 970	11 519 500	25 688 211	34,2	44,8

Quelle: Eigene Zusammenstellung nach M. Neefe (Hrsg.), Statistisches Jahrbuch deutscher Städte, Breslau 1914, S. 296 ff., 860 ff. und 864ff.

---

[200] Friedrich-Wilhelm Henning, Die Industrialisierung in Deutschland 1800 bis 1914, 1976 (3. Auflage), S. 263.

Tabelle 12:   Kommunale Steuerstruktur in ausgewählten Städten, in Mark, in den Jahren 1911/12

Stadt	Grund- und Gebäudesteuer	Gewerbesteuer [1]	Einkommensteuer	Gesamtbetrag der Steuern [2]
Breslau	5 129 048	2 082 685	11 235 337	20 369 254
Berlin	28 528 193	13 956 158	40 566 650	90 956 930
Charlottenburg	5 047 262	933 551	8 732 634	16 352 284
Cöln	4 743 758	3 063 288	12 274 520	22 880 322
Dortmund	2 073 807	1 070 327	4 762 270	8 958 241
Düsseldorf	3 532 064	1 457 751	8 511 247	15 636 694
Hannover	2 777 000	1 218 368	5 524 863	10 850 768
Magdeburg	2 550 929	1 139 685	6 406 530	11 038 764

1) Gewerbesteuer nur von stehenden Betrieben einschl. Warenhaussteuer
2) Darin sind v.a. noch enthalten: Aufwandsteuern (z. B. Hundesteuer), Verkehrs- steuern (z. B. Steuer von Grundbesitzwechsel, Wertzuwachssteuer) und Ver- brauchssteuern

Quelle: Eigene Berechnung nach M. Neefe (Hrsg.), Statistisches Jahrbuch deut- scher Städte, Breslau 1914, S. 296f.

Auch wenn die gesellschaftlichen Interessen an potentiellen Veränderungen der kommunalen Finanzstruktur unter Bedarfsaspekten notwendigerweise in unter- schiedliche Richtungen drängten, und erhebliche Finanzierungsdefizite für die Kommunalhaushalte charakteristisch waren, ist dennoch die allgemeine Behauptung zutreffend, "daß bis zum Anfang des 1. Weltkrieges die Gemeinden eine relativ hohe finanzielle Selbständigkeit besaßen".[201] Der damit verbundene hohe Stellenwert autonomer Kommunalpolitik für die gesellschaftliche Entwicklung insgesamt in der Zeit zwischen etwa 1870 und 1914 wird noch unterstrichen durch den kommunalen

[201]   Lothar Beinke/Rainer Frey, Kommunale Finanz- und Wirtschaftspolitik, in: R. Frey (Hrsg.), Kommunale Demokratie, a.a.O., S. 229.

Anteil am öffentlichen Gesamthaushalt: dieser lag durchschnittlich bei 40 v. H. (Reich und Länder jeweils 30 v. H.).

Wichtigste Voraussetzung für den Erhalt von kommunalpolitischen Handlungsspielräumen trotz enormen Ausgabenbedarfs war das anhaltende Wachstum von Industrie, Dienstleistung und Handel, wodurch die fiskalische Abschöpfung eines allmählich wachsenden Teils der Beschäftigten erst ermöglicht und verstetigt werden konnte. Kontinuierliches und hohes Wirtschaftswachstum schufen zudem die Voraussetzung für eine extensive Schuldenpolitik in Gemeinden. Die geradezu sprunghafte Entwicklung bei der Schuldenaufnahme wird im Vergleich zwischen dem Jahr 1881 und 1907 sehr deutlich: Die Pro-Kopf-Verschuldung der Gemeinden im Reich (hier der über 10000 Einwohnern) stieg von 82 Mark auf 241 Mark,[202] wobei das hohe Anwachsen im Zeitraum von 1901 bis 1907 noch einmal besonders auffällig war.

Tabelle 13:   Zahl der Gemeinden und Schulden von 1881 bis 1907

Jahr	Zahl der Gemeinden	Schulden in Mill. M.	Schulden pro Kopf in M.
1881	300	771,8	82
1891	373	1 400,5	109
1901	470	3 097,7	162
1907	523	5 295,7	241

Quelle: Johannes Pfitzner, Die Entwicklung der kommunalen Schulden in Deutschland, Leipzig 1911, S. 53 und eigene Berechnungen.

Noch deutlicher wird der Zusammenhang von Wirtschaftsentwicklung und kommunaler Schuldenaufnahme unter Zugrundelegung eines langfristigen Entwicklungstrends, wobei daran zu erinnern ist, daß die Zeit von 1849 bis etwa 1875 von sehr starken Auf- und Abwärtsbewegungen trotz generell prosperierender Entwicklungstrends in der Gesamtwirtschaft gekennzeichnet war. Anhand der für 60 Gemeinden des deutschen Reiches verfügbaren Zahlen betrug die Pro-Kopf-Verschul-

---

[202] Johannes Pfitzner, Die Entwicklung der kommunalen Schulden in Deutschland, Leipzig 1911, S. 53.

dung im Jahr 1849 = 28 Mark, 1876 = 76 Mark, 1887 = 97 Mark und 1905 = 205
Mark. In den ersten 27 Jahren lag das Wachstum also bei 48 Mark, in den nächsten
11 Jahren bei 21 Mark und in den folgenden 18 Jahren bei 108 Mark: das sind im
Jahresdurchschnitt 1,7 Mark, 1,9 Mark und 6 Mark, wobei noch das hohe Bevölke-
rungswachstum seit den 1870er Jahren zu bedenken ist.[203]

Im wesentlichen war die seit Mitte des 19. Jhs. hohe und nach 1870 sehr stark gestie-
gene Kommunalverschuldung allerdings Folge der Diskrepanzen zwischen Aufgabenwachstum und Finanzierungsmöglichkeiten, so daß im Jahr 1914 die Verschuldungshöhe der Kommunen mit 7,5 Mrd. Mark über dem Schuldenstand des Reiches
mit nur 5 Mrd. Mark lag.[204] Der Finanzbedarf in den Kommunen war naturgemäß
durch ökonomische Faktoren - Wirtschaftsstruktur, Wirtschaftswachstum etc. - soziale, hier insbesondere sozialstrukturelle, demographische und kulturelle Faktoren
begründet, die ihrerseits Steuerkraft und Finanzkraft mitbestimmten, so daß sich im
interkommunalen Vergleich markante und im Verlauf der Industrialisierung stark
beschleunigte Unterschiede in der Verschuldung herausbildeten. Interessanterweise
bestand keine Korrelation zwischen Verschuldungshöhe und Gemeindegröße in
dem Sinne, daß die Verschuldung mit wachsender Bevölkerungszahl einer Gemeinde auch größer wurde. Die deutlichsten Unterschiede wiesen hingegen Gemeinden in Nachbargrößenklassen auf, so z. B. die Städte mit einer Einwohnerzahl
von 12 500 bis 25 000. Die größten Steigerungen im Zeitraum von 1849 bis 1905 ver-
zeichneten die kleinen Städte mit der Folge, daß aufgrund des Kriteriums der Pro-
Kopf-Verschuldung eine Annäherung vor allem zwischen kleinen und großen Städten stattfand.[205]

So hatte Frankfurt/M. im Jahr 1900 Schulden in Höhe von 107 Mill. Mark, Dresden
64 Mill., Leipzig 83 Mill. oder Mannheim von 43 Mill. Mark,[206] wobei für die hohe
Verschuldung vor allem der Finanzbedarf an wirtschaftlicher Infrastruktur, für Was-
ser- und Gaswerke, Schlacht- und Viehhöfe, Entwässerungs- und Abfuhranstalten,
den Straßen- und Schulbau ausschlaggebend war.[207]

---

[203] Eigene Berechnungen nach ebenda, S. 61.
[204] Jürgen Horatz, Kommunalfinanzen gestern und heute, Essen 1930.
[205] Im Gegensatz dazu etwa Johannes Pfitzner, Die Entwicklung der kommunalen
       Schulden in Deutschland, a.a.O., S. 61.
[206] Ebenda, S. 8.
[207] Ebenda, S. 164.

**Tabelle 14:   Städtische Verschuldung nach Größenklassen, pro Kopf,
von 1849 bis 1905**

Städte mit Einwohnern	Pro-Kopf-Schulden in den Jahren, in Mark				Steigerung 1849 = 100
	1849	1876	1887	1905	
10 000 - 12 500	12	42	54	185	1 541
12 501 - 15 000	13	49	51	171	1 315
15 001 - 25 000	38	68	86	231	607
25 001 - 50 000	22	55	70	225	1 023
über 50 001*	39	95	73	208	533

*ohne Berlin

Quelle: J. Pfitzner, Die Entwicklung der kommunalen Schulden in Deutschland, Leipzig 1911, S. 61.

Die hohe Kommunalverschuldung war - wie bereits angedeutet - auch ein Zeichen für den hohen kommunalen Finanzbedarf im Vergleich zu den staatlichen Gebietskörperschaften. Zwar lag die größte Steigerung in der Verschuldung zwischen 1880 und 1905 beim Reich (vgl. dazu Tabelle 15), denn sie stieg von 100 auf einen Index von 1322, doch das Reich hatte eine deutlich niedrige Ausgangsgröße. Die Kommunalverschuldung stieg von 100 auf 634 Punkte, während die Staaten einen Vergleichs-Index in der Steigerung von 235 im Jahr 1905 aufwiesen. Das relativ geringe Wachstum bei den Einzelstaaten war auf die hohe absolute Kredithöhe bereits zum Ausgangszeitpunkt zurückzuführen, als sie mit 5,3 Mrd. Mark bereits sechs Mal so hoch wie die Gemeinden und 20 Mal so hoch wie das Reich verschuldet waren.

Tabelle 15:   Die Entwicklung der öffentlichen Schulden in Deutschland (in Mill.
              Mark), von 1877 bis 1905

Jahr	Reich	Bundes-staaten	52 Groß-städte	Übrige Gem. mit mehr als 10 000 E	Übrige Gem. mit weniger als 10 000 E	Pro Kopf insges.
1877	72	4 200*	400	180	90*	115
1880	268	5 306*	480	230	125*	144
1885	440	7 700*	680	330	200*	203
1890	1 318	9 256*	900	430	275*	251
1895	2 125	11 050*	1 180	640	400*	299
1900	2 396	10 987*	1 859	970	600*	305
1905	3 544	12 495	2 746	1 550	1 000*	

*Geschätzte Zahlen

Quelle: Johannes Pfitzner, Die Entwicklung der kommunalen Schulden in
Deutschland, Leipzig 1911, S. 36

Neben dem hohen Finanzbedarf in Gemeinden war es die rasant wachsende Verschuldung, die in Wissenschaft und Praxis dazu führten, nach vermehrten Staatsein-
griffen in die kommunale Finanzautonomie zu rufen, wobei für viele Kritiker insbesondere die Großstädte mit ihrer weitgehend autonomen und mit der Zeit immer
mehr expansiven Kreditpolitik wesentlicher Anknüpfungspunkt waren. Forderungen
nach Restriktionen in der kommunalen Schuldenpolitik wurden besonders um die
Jahrhundertwende laut, als die Schulden wesentlich schneller wuchsen als die Steuereinnahmen. Als Argument für einen stärkeren Staat wurden die interkommunalen
Disparitäten (Forderungen nach einem Lastenausgleich!) und die mit der Verschuldung verbundenen volkswirtschaftlichen Konsequenzen, insbesondere die Belastung
des Kapitalmarktes angeführt. "Das Ziel, das die staatliche Aufsicht über die Schul-
denentwicklung im Auge behalten muß, ist ... die Herbeiführung einer einigermaßen
gleichmäßigen kommunalen Besteuerung. Bisher hat sich der Staat eine schier
unglaubliche finanzielle Privilegierung der leistungsstarken Gemeinden und eine
ganz unverzeihliche finanzielle Vernachlässigung der leistungsschwachen Gemeinden zuschulden kommen lassen." Die Hinzufügung des sozialstrukturellen
Aspekts hatte dabei mehr ideologischen Charakter: "Das laisser faire aller des Staa-

tes hat auf diesem Gebiete wie auf anderen Gebieten zur Unterdrückung der volkswirtschaftlichen Schwachen geführt."[208] Argumente, die angesichts des modernen Dotationssystems im Finanzwesen und den vielfältigen Versuchen in der politischen Praxis, raumübergreifende Finanzierungssysteme abzubauen und die Verflechtung politisch agierender Gebietskörperschaften zu entkoppeln, eher antiquiert klingen.

5.2 Gebietskörperschaftliche Verflechtungen

Auch unter Zugrundelegung des Kriteriums der Aufgabenfinanzierung fehlt es der - mehrfach zitierten - Charakterisierung des Gemeinde-Staat-Verhältnisses als einer dualistischen Beziehung an zutreffenden Grundlagen. Dies gilt in besonderem Maße für den Bereich der Steuereinnahmen, wobei sekundär ist, ob es sich um direkte oder indirekte Steuern handelt. Steuern als wesentliche Deckungsinstrumente des öffentlichen Finanzbedarfs waren wichtigste Quelle der finanziellen Konkurrenz zwischen den Gebietskörperschaften - letztlich zum Schaden der betroffenen Steuerzahler; denn Gemeinde- und Staatsbürger wurden von beiden Konkurrenten in wachsendem Maße zur Steuerpflicht herangezogen. Besonders deutlich wurde die Wettbewerbssituation zwischen Gemeinden und Staat beim Zuschlag zur Einkommensteuer, der kommunal erhoben wurde und zu einer immer wichtigeren Einnahmequelle innerhalb der Kommunalfinanzen wurde. Andererseits zeigt aber gerade der Charakter der Steuererhebung in der Form des Zuschlags oder auch seine finanztechnische Definition als "staatlich für Kommunalzwecke erhobene Steuern", daß sich im öffentlichen Finanzwesen trotz der Konkurrenz ein Prozeß wechselseitiger Durchdringung vollzog, ein Prozeß des realen Arrangements zwischen Gemeinden, Staaten und Reich. Die Voraussetzungen, sich politisch durchzusetzen, waren dabei zwar für staatliche Ebenen günstiger, da sie nun einmal über ausschlaggebende verfassungsrechtliche Kompetenzen verfügten, doch die Gemeinden hatten andererseits angesichts ihrer materiellen Aufgabenwahrnehmung und der damit verbundenen Legitimation für Staat und Gesellschaft eine zentrale Position inne. Das Grundproblem staatlich-kommunaler Kompetenzverteilung stand jedenfalls seit Mitte des vorigen Jahrhunderts auf der Tagesordnung, nämlich den Gegensatz "zwischen vorwiegend ökonomisch begründeten **Zentralisierungstendenzen** einerseits sowie Elementen eines spezifisch politisch als erwünscht

---

[208] Ebenda.

erscheinenden, darüber hinaus oft auch verfassungsmäßig gebotenen **Föderalismus** ... andererseits" zu überwinden.[209]

Stetig steigender Bedarf nach öffentlichen Leistungen und allgemein wachsende Einnahmen führten in der kommunalen Finanzierungsstruktur zu Bedeutungsverlusten der indirekten Steuern, wobei es in dieser Hinsicht im zwischenstaatlichen Vergleich große Unterschiede gab. In den süddeutschen Staaten und Sachsen war die Bedeutung der indirekten Verbrauchsbesteuerung (sog. Akzise, Oktroi) für die Gemeinden im 19. Jh. weitestgehend erhalten geblieben. In den norddeutschen Staaten wurde diese indirekte Besteuerung zugunsten staatlicher Zolleinnahmen in ihrer Bedeutung zurückgefahren. Trotz der zwischenstaatlichen Unterschiede wurde die allgemeine Funktion der indirekten Verbrauchssteuern für die Aufgabenfinanzierung beibehalten. Die Nachteile der indirekten Verbrauchssteuern als Kommunalsteuern sind bereits um die Jahrhundertwende "nach ihrer angenommenen, aber nicht ausreichend erwiesenen, belastenden Wirkung auf die Konsumenten, besonders, die kleinen Leute, ... öfters übertrieben, namentlich zu sehr verallgemeinert, die finanziellen Vorteile nicht genügend gewürdigt worden".[210] Im übrigen ist interessant, daß eine Reihe spezifischer Steuerarten, deren Bestehen nur von kurzer Dauer sein sollte, bis heute erhalten geblieben ist.

Die Problematik der Steuergerechtigkeit, insbesondere der Belastungsfähigkeit der unteren sozialen Klassen und Schichten durch Steuern begleitet die Entwicklung des modernen Staatswesens schon seit dem ausgehenden 18. Jh. Im Verlauf des 19. und beginnenden 20. Jhs. haben die politischen Auseinandersetzungen um eine gerechte Besteuerung, die auf dem Hintergrund einer wachsenden fiskalischen Abschöpfung unterer und mittlerer Einkommensgruppen und vor allem enorm steigender Kosten zur Sicherung der Existenzgrundlagen zu sehen ist - bis zum Beginn des I. Weltkrieges stieg der Ausgabenanteil eines Arbeiterhaushaltes für Wohnung, Licht, Kanalisation und Heizung auf 30 v. H. des Einkommens - [211] leistete also der politische Kampf um gerechte Steuern der Bildung eines staatlich-kommunalen Finanzverbundes ebenso wie einer immer engeren Interessenverflechtung Vorschub. Im

---

[209] Fritz Neumark, Einführung: Probleme und Aspekte einer Finanzreform, in: Die Finanzreform und die Gemeinden, mit Beiträgen von W. Hecht, J. Köble u.a., Stuttgart u.a. 1966, S. IX.

[210] Adolph Wagner, Die finanzielle Mitbeteiligung der Gemeinden an kulturellen Staatseinrichtungen und die Entwicklung der Gemeindeeinnahmen, a.a.O., S. 30.

[211] Weitere Daten hierzu in: Friedrich-Wilhelm Henning, Die Industrialisierung in Deutschland 1800 bis 1914, a.a.O.

Verlauf der Zeit wurde allerdings die sozialstrukturelle durch eine mehr finanztechnische Betrachtungsweise verdeckt, und das in zunehmendem Maße mit den immer
wichtigeren Massensteuern. "Der Vorteil, dann weniger andere, indirekte Steuern zu
brauchen, schon deswegen minder drückend und technisch administrativ besser
einrichten zu können, wird dabei ebenfalls nicht genügend gewürdigt."[212]

Die Zwitterstellung der Kommunen als autonome Handlungsinstanzen einerseits
und integrierter Teil des Staatsganzen andererseits hat auch das Kommunalabgabengesetz von 1893 hervorgehoben. Mit diesem Gesetz wurden die Gemeindefinanzen neu strukturiert. Gemeinden sollten danach den Finanzbedarf aus ihrem
Vermögen, Gebühren und den Einkünften aus kommunalen Betrieben decken. Nur
ein Deckungsrest sollte durch Realsteuern und Zuschlägen zur Staatseinkommensteuer erbracht werden. Das Instrument der Zuschläge ist mit diesem neuen Gesetz
in seiner Bedeutung für die Kommunalfinanzen stark reduziert worden, womit
wiederum bessere Nutzungsmöglichkeiten der Einkommensteuer als staatlicher
Finanzquelle geschaffen worden sind. Kommunen ihrerseits konnten bei der Fest-
legung der Grenze für die Steuerfreiheit weiter nach unten gehen als dies bei der
Staatseinkommensteuer der Fall war, wodurch sich die fakultative Besteuerungsba-
sis für die Gemeinden verbreiterte. Diese Entwicklungstendenz lag durchaus im
Interesse politischer Eliten auf lokaler Ebene, weil mit der Erweiterung der steuer-
zahlenden Basis auch die Vorstellung von relativen Steuer-Entlastungen für bürgerliche Klassen und Schichten verbunden wurden. In besonderem Maße galt dies bei-
spielsweise für eine kommunale Besteuerung von Grund und Boden, dem schon
damals ein fahrlässiger Umgang in der Besteuerung nachgesagt wurde: "Hier lägen
Schätze auf offener Straße, die die Gemeinden nur für sich aufzuheben die Energie
und den Mut gegenüber entgegenstehenden Personalinteressen haben müßten, um
den Gemeindesäckel mehr und leichter zu füllen."[213]

Im Rahmen der komplexen Wettbewerbslage zwischen Gemeinden und Staat verlief
die Trennlinie aber nicht klar zwischen den Ebenen. Partielle Formen von Zusammenarbeit und Gemeinsamkeit bestanden vielmehr auch zwischen staatlich verankerten Interessen, die Eigenständigkeit der Kommunen im Finanzwesen zu unter-
graben, und dominanten bürgerlichen Interessen in den Gemeindeparlamenten.
Staatliche Verwaltungen drängten die Gemeinden, die Zuschlagsmöglichkeiten zur
Staatseinkommensteuer stärker auszuschöpfen, um ihrerseits den Zugriff auch auf

---

[212] Ebenda, S. 31.
[213] Ebenda, S. 49.

die kommunalen Realsteuern erhöhen zu können. "Das kam wiederum den Wün-
schen der in den meisten Stadtparlamenten weit überproportional vertretenen
Hausbesitzer und Gewerbetreibenden entgegen, konnten sie doch durch die höhere
Belastung aller Einkommensbezieher mit Steuern für kommunale Zwecke eine
sonst notwendig gewordene stärkere steuerliche Heranziehung ihrer Grundstücke,
Gebäude und Gewerbebetriebe vermeiden."[214]

Das Kommunalabgabengesetz von 1893 erhöhte zwar die autonomen Handlungsspielräume insbesondere der Großstädte, staatliche Oberaufsicht und Eingriffsmöglichkeiten blieben aber erhalten; so konnten Gemeinden die Zuschläge zur Einkommensteuer von sich aus nicht variieren, Zuschläge über den vollen Satz der
Staatseinkommensteuer hinaus mußten von der staatlichen Aufsichtsbehörde ge-
nehmigt werden. Ein damit verbundener relativer Rückgang bei den Staatseinkom-
mensteuern (als Anteil an den Gemeindeeinnahmen) wurde durch Erhöhungen bei
den Realsteuern, Gebühren und staatlichen Subventionen angesichts des enorm
wachsenden sozialen Problemdrucks in Kommunen überkompensiert. Unmittelbar
nach Inkrafttreten des Gesetzes stieg der Anteil der Realsteuern zwar von 15%
(1894) auf 40% (1895), während der Anteil aus den Zuschlägen von 79% auf 50%
zurückging; dieser Trend wurde jedoch in der Folgezeit bis zum Ende des I. Weltkrieges wieder umgekehrt.[215] Allgemein betrachtet verbesserte die Miquelsche Ein-
kommensteuerreform "auf lange Sicht die institutionellen Vorbedingungen für die
Transferleistungen des Sozial- und Interventionsstaates. Nachdem die progressive
Einkommensteuer einmal gesetzlich anerkannt war, bot sie ganz unterschiedlichen
politischen Regimes die Möglichkeit, die Steuerschraube weiter anzuziehen."[216]

---

[214] Jürgen Reulecke, Geschichte der Urbanisierung in Deutschland, a.a.O., S. 110.
[215] Ebenda, S. 114 f.
[216] Hans-Ulrich Wehler, Deutsche Gesellschaftsgeschichte, Bd. 3, a.a.O., S. 889.

Tabelle 16:   Staatseinkommensteuer der Zensiten nach Einkommensgruppen in den Jahren 1893 und 1907

1893 / Stadt	Aachen	Barmen	Bochum	Flensburg	Solingen	Witten
Zahl der Zensiten	978 206*	803 492*	303 493*	206 342*	186 233*	131 617*
und Steuerbetrag	11 271	11 747	11 442	4 331	4 223	4 271
Einkommensgruppe 900 - 3 000 M						
Zensiten	8 759	9 700	10 636	3 579	3 646	3 935
Steuerbetrag M	167 694	185 712	111 261	61 036	59 187	48 923
3 000 - 6 000 M						
Zensiten	1 423	1 202	475	498	376	208
Steuerbetrag M	131 006	108 248	44 166	46 252	33 108	19 318
6 000 - 9 500 M						
Zensiten	476	334	168	139	98	57
Steuerbetrag M	97 816	67 892	34 056	28 024	20 028	14 696
9 500 - 30 500 M						
Zensiten	469	385	138	99	85	60
Steuerbetrag M	225 450	185 520	66 330	45 510	37 350	29 640
30 500 - 100 000 M						
Zensiten	123	119	23	16	18	11
Steuerbetrag M	212 640	214 520	35 880	25 520	36 560	22 040
mehr als 100 000 M						
Zensiten	21	7	2	-	-	-
Steuerbetrag M	143 600	41 600	11 800	-	-	-
1907 / Stadt	**Aachen**	**Barmen**	**Bochum**	**Flensburg**	**Solingen**	**Witten**
Zahl der Zensiten	1 933 772*	1 633 859*	965 117*	437 438*	425 647*	291 579*
und Steuerbetrag	26 610	37 748	32 614	10 968	12 575	9 033
Einkommensgruppe 900 - 3 000 M						
Zensiten	22 441	34 291	30 507	9 551	11 495	8 437
Steuerbetrag M	368 532	495 909	490 885	150 324	160 075	125 119
3 000 - 6 000 M						
Zensiten	2 447	2 105	1 405	915	698	383
Steuerbetrag M	214 522	185 752	124 632	83 934	60 046	33 322
6 000 - 9 500 M						
Zensiten	689	556	337	254	153	84
Steuerbetrag M	139 478	115 488	68 780	49 820	30 196	17 008
9 500 - 30 500 M						
Zensiten	772	574	304	212	193	100
Steuerbetrag M	366 420	276 810	145 080	96 960	87 210	46 890
30 500 - 100 000 M						
Zensiten	210	183	55	35	29	25
Steuerbetrag M	373 020	324 500	94 340	52 200	45 720	46 890
mehr als 100 000 M						
Zensiten	51	39	6	1	7	4
Steuerbetrag M	471 800	235 400	41 400	4 200	42 400	22 400

* Jahresbetrag der veranlagten Steuer

Quelle: Heinrich Silbergleit, Preußens Städte. Berlin 1908, S. 426 ff. und eigene Berechnungen.

Eine allgemeine materielle Verantwortung staatlicher Ebenen gegenüber Gemeinden war jedoch mit den Strukturveränderungen im Finanzsystem und der Oberaufsicht in der Entwicklung bis zum I. Weltkrieg nicht verbunden. Auch dadurch bedingt wies die von der Wirtschafts- und Sozialstruktur determinierte Steuerstruktur im interkommunalen Vergleich weiterhin starke Disparitäten auf. Im interkommunalen Vergleich unterschiedliche Handlungsspielräume führten nicht nur zur Ausschöpfung aller örtlich gegebenen Einnahmequellen, sondern zwangen vor allem die ärmeren Gemeinden, zusehends mehr staatliche Finanzhilfen zu fordern, um wenigstens teilweise die Unterschiede im Steueraufkommen nivellieren und den Bedarfsdruck mildern zu können (vgl. dazu Tabelle 17). Besonders große Probleme bereiteten den Kommunen die Bedarfsdeckung im Schul- und Bildungswesen, ein Aufgabenbereich mit stark steigender gesamtgesellschaftlicher Bedeutung. Verstärkte Anforderungen finanziell schwach ausgestatteter Gemeinden an eine Ausweitung des staatlichen Finanzausgleichs konfligierten seit der Jahrhundertwende in zunehmendem Maße mit staatlichen Bemühungen - sowohl des Reiches als auch der Einzelstaaten -, den eigenen Finanzbedarf auszudehnen und den Druck auf Gemeinden zu erhöhen, wirtschaftlicher und sparsamer mit dem Haushalt umzugehen. Auf der Ebene des Reiches floß der Löwenanteil der Ausgaben - zwischen 1870 und 1914 - mit einem Anteil von 70 bis 75 v. H. der Gesamtausgaben in die Finanzierung von Heer und Marine, was einmal den Charakter der staatlichen Politik als Aufrüstungspolitik und zum anderen die stark arbeitsteilige Funktionstrennung zwischen staatlicher Ordnungspolitik und kommunaler Leistungsverwaltung unterstreicht. Legen wir die Gesamtausgaben von Reich, Einzelstaaten und Kommune zugrunde, so lag der Anteil der direkten und indirekten Militärausgaben in der Zeit von 1873 bis 1913 bei 25 v. H..[217]

Die Entwicklung im letzten Drittel des 19. und beginnenden 20. Jhs. mit den charakteristischen Merkmalen der Industrialisierung, Urbanisierung sowie der Kommunalisierung und Verstaatlichung gesellschaftlicher Aufgaben und damit verknüpfter gesellschaftlicher Auseinandersetzungen gestattete zumindest unter strukturellem Gesichtspunkt einen Vergleich mit der aktuellen Situation: "Die existentiellen Nöte, die durch den Anstieg der Massen- und Dauerarbeitslosigkeit und den Abbau sozialstaatlicher Sicherungen ausgelöst werden, brechen im alltagsweltlichen Handlungsfeld der lokalen Ebene unmittelbar auf, werden hier in ihrer ganzen individuellen Dramatik erlitten. Was auf der zentralen Handlungsebene und aus hier gegen-

---

[217] Friedrich-Wilhelm Henning, Die Industrialisierung in Deutschland 1800 bis 1914, a.a.O., S. 263f.

wärtig dominierender ordnungspolitischer Perspektive und gesellschaftspolitischer
Gesamtstrategie zur abstrakten statistischen Stellgröße verfremdet und als in der
gesamtwirtschaftlichen Entwicklungslogik unvermeidlich, wenn nicht notwendig hingestellt werden mag, das erweist in der Ballung sich vertiefender individueller und
sozialer Misere auf der lokalen Ebene als eine sozialpolitische Herausforderung, der
die Kommunen kaum ausweichen können, selbst wenn sie dies wollten."[218] Die
strukturelle Parallele zwischen der ökonomischen und politischen Raumeinheit
"Kommune" im Staat des 19. und 20. Jhs. verdeckt aber nicht, daß es sich beim etwa
nach 1870 vollziehenden Ineinanderwachsen von staatlichen und kommunalen Ebenen nur um erste Ansätze gemeinsam finanzierter öffentlicher Aufgaben handelt; sie
sind nicht mit dem modernen kommunalen Finanzausgleich auf eine Stufe zu stellen, der mit seinen fiskalischen, redistributiven und stabilitätspolitischen Funktionen
eine Erscheinung des parlamentarisch-demokratischen Staatswesens nach 1918/19
ist.[219]

Tabelle 17: Gemeindesteueraufkommen pro Einwohner in ausgewählten
Gemeinden, im Jahr 1911, in Mark

Städte	Gemeindesteuer-aufkommen pro Einwohner in M.	Städte	Gemeindesteuer-aufkommen pro Einwohner in M.
1) Frankfurt/M.	62	11) Cassel	33
2) Berl.-Wilmersdorf	61	12) Cöln	44
3) Offenbach	60	13) Aachen	42
4) Charlottenburg	53	14) Halle	37
5) Elberfeld	52	15) Coblenz	31
6) Crefeld	40	16) Oberhausen	30
7) Cönigsberg	40	17) Gelsenkirchen	33
8) Magdeburg	39	18) Linden	28
9) Breslau	39	19) Herne	27
10) Berlin-Schöneberg	38	20) Königshütte	25

Quelle: Eigene Berechnungen nach "Statistisches Jahrbuch deutscher Städte",
Leipzig 1914, S. 880ff.

---

[218] Hellmut Wollmann, Stadtpolitik - Erosion oder Erneuerung des Sozialstaats
"von unten"?, a.a.O., S. 80.
[219] Vgl. näher dazu Karl-Heinrich Hansmeyer, Finanzwissenschaft und
Kommunalwissenschaften: Eine Bestandsaufnahme an ausgewählten Beispielen,
in: Joachim J. Hesse (Hrsg.), Kommunalwissenschaften in der Bundesrepublik
Deutschland, a.a.O., S. 185.

5.3   Entwicklungsaspekte bei den Ausgaben

Während der Blütezeit der Selbstverwaltung im letzten Drittel des 19. und zu Beginn des 20. Jhs. war das kommunale Ausgabenverhalten theoretisch vorwiegend
Gegenstand in den Finanz-, Rechts- und Verwaltungswissenschaften.[220] Politikwissenschaftliche Fragestellungen - sie wurden explizit erst im Zuge der Revitalisierung
der Kommunalwissenschaften vor rund 25 Jahren thematisiert - wurden in jenen
kommunalwissenschaftlichen Fachgebieten mit aufgeworfen und unter den
jeweiligen fachsystematischen Aspekten behandelt. Das Interesse sozialer Wissenschaften an Problemen öffentlichen, resp. kommunalen Ausgabenverhaltens ist jedoch unabhängig von fachspezifischen Schwerpunktsetzungen evident, werden nun
einmal über den Hebel der Ausgaben die gesellschaftlichen Interessen innerhalb der
jeweiligen politischen Ebene ebenso wie in der vertikalen Struktur der Politikebenen durchgesetzt, wobei die verschiedenen gesellschaftlichen Kompromisse -
sofern sie berücksichtigt werden - auf dem Weg von der Artikulation zur Durchsetzung von Interessen hinter dem Zahlenwerk verborgen bleiben; es bleibt im wesentlichen eine outputorientierte Identifizierung. Dies gilt in besonderem Maße für die
Zeit der Hochindustrialisierung und damit der Entfaltung des modernen Steuer- und
Sozialstaates. Dennoch hat es vielfach Einwände gegen alle aufgabenorientierten
Betrachtungen in den Sozialwissenschaften gegeben, Max Weber war z. B. einer der
führenden Kritiker.[221]

Ähnlich wie bei der Finanzierungsseite, bei der sozialstrukturelle Abschöpfung und
damit einhergehende redistributive Effekte im Mittelpunkt stehen, sind für den vorliegenden Untersuchungszeitraum auch bei den kommunalen Ausgaben Vergleiche
nur mit Vorsicht zu handhaben, da es bis zum Kommunalabgabengesetz von 1893
lange Zeit kein einheitliches kommunales Haushaltsrecht gab; die Struktur der
Haushalte in den einzelnen Kommunen war daher teilweise sehr unterschiedlich.
Erst allmählich im Verlaufe des 19. Jhs. entwickelten sich Tendenzen zur Vereinheitlichung im Haushaltswesen, auch indem Sonderhaushalte oder städtische Stif-
tungsfonds aufgelöst wurden, die in Bereichen sozialer und kultureller Aufgabenwahrnehmung eine beträchtliche Rolle spielten. Im Bereich der Kommunalbetriebe
hingegen wurde der Prozeß der Bildung von Sonderhaushalten als eine tradierte
Form der Externalisierung von Aufgaben aus dem Bereich kommunalparlamentari-

---

[220]   Vgl. z.B. Günther Schmölders, Kommunale Finanzpolitik, in: Hans Peters
         (Hrsg.), HdKWP, Bd. 5, Berlin u.a. 1959.
[221]   Vgl. z.B. Thomas Ellwein, Der Staat als Zufall und als Notwendigkeit, Bd. 1,
         Opladen 1993.

scher Verantwortung eher verstärkt; trotz der genannten Einschränkungen haben die Generalisierungen und die interkommunalen Vergleiche zum Haushaltsgebaren der Gemeinden im Staat politische Aussagekraft, insbesondere was die inhaltliche Gestaltung des normativen Selbstverwaltungsspielraumes betrifft.

Dies liegt auch daran, daß die kommunalwissenschaftliche Literatur in der sich entfaltenden Blütezeit der Selbstverwaltung stark praxisorientiert war. Hierfür prägnant war das Bestreben, eine sozialpolitische Komponente beim kommunalen Ausgabenverhalten in den Vordergrund zu rücken und das Problem wirtschaftsnaher Aufgaben eher an den Rand theoretischer und praktischer Diskussionen zu stellen. Kommunale Ausgaben im sozialen Bereich hatten normativ und faktisch unterschiedliche Funktionen zu erfüllen, einmal sollten sie die ökonomisch determinierten sozialstrukturellen Unterschiede politisch nivellieren und zum anderen, die aus der räumlichen Segregation resultierenden Probleme entschärfen. Da die verschiedenen Problemdimensionen, v.a. die sozialer und räumlicher Segregation sowie daraus resultierende Folgeprobleme, in der Regel kumulierten, war die institutionelle Kommunalpolitik während der Industrialisierungs- und Urbanisierungsphase einem hohen gesellschaftlichen Anforderungsdruck ausgesetzt. Da es bei der Lösung von unterschiedlichen Segregationsproblemen bereits im 19. Jh. nur um die politische Entschärfung sozio-ökonomischer Grundprobleme ging, sind die strukturellen Verteilungsmuster in den lokalen Räumen im übrigen bis heute erhalten geblieben.

Der latente Grundsatzkonflikt öffentlichen Ausgabenverhaltens, zwischen wirtschaftlichen und sozialen Erfordernissen politische Prioritäten setzen zu müssen, wurde in besonderem Maße in den Kommunen greifbar, denn in der Gemeinde "handelt es sich um die unmittelbarsten wirtschaftlichen Interessen", in ihr "ist es am schwersten, der Sache der sozialen Gerechtigkeit zu dienen".[222] Das Grundproblem, eine den gesellschaftlichen Erwartungen an eine sozial akzentuierte Kommunalpolitik realiter gerecht zu werden, wurde bereits im 19. Jh. um eine binnenstrukturelle Dimension vergrößert: dem Drängen aller gesellschaftlichen Klassen und Schichten an der institutionell verankerten Macht in der Kommunalpolitik, dem generellen Anspruch auf Demokratisierung also gerade auf kommunaler Ebene auch wirklich zu entsprechen.

---

[222] Adolph Damaschke, Aufgaben der Gemeindepolitik, Jena 1901 (4. Auflage), S. 1.

Die Entwicklung der Kommunalausgaben seit Mitte des 19. Jhs. - sowohl auf einzelne Gemeinden bezogen als auch generell betrachtet - belegt eindrucksvoll, in
welchem Maße sich die politische Streitmasse vergrößerte, wobei signifikante Aus-
gabensteigerungen auf die Zeiträume zwischen 1865 bis 1885 und zwischen 1885 und
1906, wenn auch wiederum lokal sehr unterschiedlich verteilt waren - eine Entwicklung, die angesichts der territorialen Diversifikation der Produktivkräfte geradezu
'naturgemäß' war (vgl. dazu auch Tabelle 18). Bei der Ausgabenentwicklung
ausgewählter Gemeinden fällt auf, daß solche Kommunen, die hohe Zuwachsraten
bereits zwischen 1865 und 1885 aufwiesen, auch anschließend vergleichsweise in
noch stärkerem Maße zulegten; ein Trend, der für die deutsche Gemeindeentwicklung in diesem Zeitraum typisch war. Das absolute Tempo im Ausgabenverhalten war rasant, wie am Beispiel Aachens deutlich wird, das 1865 gerade einmal 0,22 Mill.Mark und 1908 bereits 23,11 Mill. Mark ausgegeben hatte, oder Han-
novers, das seine Ausgaben von 0,89 auf 26,76 Mill. Mark (1865 - 1908) steigerte.

Die Phase der enormen Ausgabenzuwächse in Gemeinden nach 1870 wurde begleitet auch von Auseinandersetzungen zwischen lokaler und staatlicher Ebene über die
Aufgabenerledigung generell und - wie gezeigt - spezieller Finanzierungsmöglichkeiten; dies um so mehr, als auch staatliche Aufgaben und damit verknüpfter Finan-
zierungsbedarf im Zuge einer gewaltigen militärischen Aufrüstungspolitik stark ausgedehnt wurden. So haben sich die Rüstungsausgaben im Zeitraum zwischen etwa
1875 und 1913 um 360 Prozent vermehrt. Dennoch stieg der Anteil des
Zentralstaates an den "Staatsausgaben" insgesamt (zwischen 1872 und 1913) nur von
dreißig auf vierzig Prozent.[223] Da auch die Gliedstaaten stark darauf achteten, daß
der Zugang des Reiches zu den finanziellen Ressourcen begrenzt blieb, lag die
hauptsächliche Belastung bei den Gemeinden. In der Konkurrenz zwischen den
Gebietskörperschaften hatte sich bereits seit dem Ende des vorigen Jahrhunderts
die staatliche Aufgabenzuweisung an Gemeinden ohne adäquate Finanzierungsmöglichkeiten als systemisches Element staatlich-kommunaler Arbeitsteilung zumindest in Ansätzen herausgebildet, so daß die Reaktion auf die Forderung geradezu historisch erscheint, "den Gemeinden gegenwärtig und für die nächste Zukunft
eine reichlichere finanzielle Ausstattung zu geben, und Kommunen einen relativ
größeren Anteil an der Gesamtsteuermasse (zu) überlassen".[224]

---

[223] Hans-Ulrich Wehler, Deutsche Gesellschaftsgeschichte, Bd. 3, S. 887 ff.
[224] Fritz Neumark, Probleme und Aspekte einer Finanzreform, a.a.O., S. XIIf.

Tabelle 18: Steigerung der ordentlichen und außerordentlichen Ausgaben in ausgewählten Städten in den Jahren 1865, 1885 und 1905 (1865 bzw. 1885 = 100), nachrichtlich in Tsd. Mark

Stadt	(in Tsd. Mark, 1865)	Steigerung				(in Tsd. Mark, 1908)
		1865	1885	1885	1908	
Aachen	(220)	100	968	100	1 085	(23 112)
Brandenburg	(408)	100	149	100	638	(3 901)
Charlottenburg	(119)	100	1 065	100	3 230	(40 965)
Cölbe	(1 624)	100	322	100	805	(42 021)
Crefeld	(404)	100	446	100	782	(14 071)
Dortmund	(121)	100	2 017	100	827	(20 208)
Düsseldorf	(1 632)	100	865	100	733	(103 515)
Berlin	(16 882)[1]	100	303	100	311	(159 082)
Elberfeld	(696)	100	421	100	881	(25 789)
Hamm	(50)	100	566	100	921	(2 606)
Hannover	(894)	100	340	100	880	(26 757)
Kiel	(436)	100	470	100	954	(19 558)
Koblenz	(258)	100	395	100	245	(2 500)
Kottbus	(169)	100	537	100	740	(6 709)
Oberhausen	(23)	100	1 330	100	1 361	(4 165)
Osnabrück	(401)	100	230	100	660	(6 082)
Siegen	(71)	100	339	100	627	(1 510)
Trier	(528)	100	145	100	900	(6 864)

1) Gilt für 1870

Quelle: Eigene Berechnungen nach Heinrich Silbergleit, Preußens Städte, Berlin 1908, S. 480f.

Ob in einem damit angedeuteten historischen Vergleich gegenwärtige Entwicklungstrends, die eine wachsende Regulierungsunfähigkeit ökonomischer und sozialer Bedingungen des Steuerstaates erkennen lassen,[225] dazu führen, die dezentrale materielle Handlungsfähigkeit zu Lasten zentraler Ebenen wirklich zu stärken, wird spannend zu beobachten sein und nicht zuletzt davon abhängen, ob die häufig

---

[225] Vgl. z.B. für die wachsende Regulierungsunfähigkeit des zentralen Staates: Fritz W. Scharpf, Optionen des Föderalismus in Deutschland und Europa, a.a.O.

geforderte Bürgernähe und Partizipation an kommunalen Entscheidungsprozessen als Kriterien gebietskörperschaftlicher Politik herangezogen werden - ähnlich wie es das Partizipationsverlangen des kommunalen Bürgertums im 19. Jh. für sich in Anspruch genommen hatte.

Die aktuelle Forderung nach bürgernaher Wahrnehmung von Gemeindeaufgaben und somit der in Haushaltsentscheidungen sich manifestierende wirtschaftliche, soziale und kulturelle Bedarf eines großen Teils der Bevölkerung waren bereits in der Phase der Hochindustrialisierung Gegenstand einer seinem Wesen nach autonomen Kommunalpolitik; hierbei setzten die Kommunen, insbesondere die Städte sehr unterschiedliche Schwerpunkte im Ausgabenverhalten. Soweit generalisierende Aussagen möglich sind (vgl. dazu Tabelle 19), lagen Schwerpunkte bei den "Städtischen Werken", den "Bildungsausgaben" (resp. Schulwesen), der "Bauverwaltung" sowie dem "Armen-, Waisen- und Krankenhauswesen". Mit relativ gleich hohen Anteilen ist der Bereich "Bildungs- und Kulturinstitute" in den ausgesuchten Kommunen sowie der Bereich "Armen-, Waisen- und Krankenhausverwaltung" vertreten, die insgesamt durchschnittlich ein Drittel der Ausgaben aufzehrten (vgl. dazu auch Tabelle 20). Bei den Ausgaben im Bereich der Bauverwaltung gibt es zwischen den Gemeinden beträchtliche Schwankungen; am größten sind die Ausgabenunterschiede im interkommunalen Vergleich bei den "Städtischen Werken", wobei sicherlich die unterschiedliche Rechtsform der Unternehmen, und damit ihre formale Integration in die Kommunalhaushalte eine wichtige Rolle spielte.

Tabelle 19: Ausgaben ausgewählter Gemeinden nach Verwaltungszweigen, in den Jahren 1888, 1898 und 1908, in 1 000 M.

Städte	Etat-jahr	Kämmerei-, Steuer- und allgemeine Verwaltung	Polizeiverwaltung und öffentliche Sicherheit	Verwaltung städtischer Werke	Bildungs- und Kunstinstitut	Bau-verwaltung
Altona	1908	761	962	6 549	3 371	2 105
	1898	418	473	3 232	2 046	1 825
	1888	177	226	239	755	668
Breslau	1908	6 571	2 725	652	9 044	1 015
	1898	4 029	1 285	269	5 164	781
	1888	1 661	1 095	333	2 651	452
Cöln	1908	2 183	1 037	5 962	6 999	6 956
	1898	1 219	474	2 781	3 329	3 966
	1888	786	225	468	1 836	1 169
Elberfeld	1908	2 022	790	8 517	3 859	3 941
	1898	1 489	394	6 608	3 517	1 279
	1888	148	231	-	893	201
Halle	1908	1 286	991	2	2 618	624
	1898	664	500	25	1 334	312
	1888	355	216	-	641	188
Königsberg i. Pr.	1908	1 657	2 107	9 897	3 447	1 479
	1898	751	541	3 291	1 516	843
	1888	380	384	1 005	746	311
Osnabrück	1908	1 067	191	1 368	1 993	63
	1898	465	75	578	383	26
	1888	293	39	231	81	17
Berlin	1908	18 967	7 851	4 263	29 700	24 531
	1898	9 815	5 891	2 242	18 479	20 069
	1888	6 009	3 051	2 504	11 556	14 707

Fortsetzung Tabelle 19

Städte	Etatjahr	Armen-, Waisen- Kranken- hausver- waltung	Schulden- verwaltung	Sonstige Verwaltungs- zweige	Überhaupt
Altona	1908	1 423	2 463	1 344	18 979
	1898	939	1 684	792	11 412
	1888	789	1 519	173	4 548
Breslau	1908	3 588	5 109	808	29 516
	1898	1 932	3 586	260	17 309
	1888	1 080	1 705	107	9 089
Cöln	1908	5 048	10 790	3 041	42 021
	1898	1 955	2 780	1 010	17 517
	1888	1 779	2 497	570	9 334
Elberfeld	1908	1 867	3 735	1 056	25 789
	1898	1 025	1 103	637	16 058
	1888	532	759	500	3 265
Halle	1908	767	1 814	1 088	9 193
	1898	439	873	514	4 664
	1888	248	406	442	2 499
Königsberg i. Pr.	1908	1 211	3 352	1 943	25 097
	1898	693	590	1 162	9 390
	1888	537	611	849	4 827
Osnabrück	1908	414	723	260	6 082
	1898	315	324	43	2 212
	1888	229	203	-	1 094
Berlin	1908	32 057	28 147	13 562	159 082
	1898	16 908	19 047	5 580	98 034
	1888	9 679	10 905	3 733	62 147

Quelle: Eigene Zusammenstellung nach: Heinrich Silbergleit, Preußens Städte, Berlin 1908, S. 482 bis 495.

Auf die Sektoren Bildung/Kunst, Bauwesen und Armen-/Krankenhauswesen entfielen in den vorliegenden Beispielen etwa die Hälfte der Ausgaben; ein Faktum, das nach vorliegenden Statistiken für einen Großteil der Städte verallgemeinbar erscheint. Schließlich sind die anteilsmäßigen Veränderungen in den Städten - vergleiche z. B. die Veränderungen in Berlin und Altona im Armenwesen oder im Bauwesen zwischen Cöln und Berlin - in dem dargestellten Zeitraum unterschiedlichen Schwankungen unterworfen, was wiederum die mittelbare Wirkung unterschiedlicher wirtschaftlicher und sozialer Bedingungen im Zeitablauf unterstreicht.

Tabelle 20: **Anteilsmäßige Ausgaben ausgewählter Verwaltungen in ausgewählten Städten in den Jahren 1888, 1898 und 1908, in v. H.**

Stadt	Jahr	Ausgaben für in v. H.				
		Bildung/Kunst	Bauwesen	Armen-, Waisen-, Krankenhausverwaltung	städtische Werke	zusammen
Altona	1908	17,8	11,1	7,5	34,5	70,9
	1898	17,9	16,0	8,2	28,3	70,4
	1888	16,6	14,7	17,3	5,3	53,9
Breslau	1908	30,6	3,4	12,2	2,2	48,4
	1898	29,8	4,5	11,2	1,6	47,2
	1888	29,2	5,0	11,9	3,7	49,8
Cöln	1908	16,7	16,6	12,0	14,2	59,5
	1898	19,0	22,6	11,2	15,9	68,7
	1888	19,7	12,5	19,1	5,0	56,3
Berlin	1908	18,7	15,4	20,2	2,7	57,0
	1898	18,8	20,5	17,2	2,3	58,8
	1888	18,6	23,7	15,6	4,0	61,9

Quelle: Eigene Berechnungen nach Heinrich Silbergleit (Hrsg.), Preußens Städte, Berlin 1908, S. 482.

Trotz staatlicher Rahmengesetzgebung war im 19. und beginnenden 20. Jh. das fakultative Element in der Aufgabenwahrnehmung, und mit der Aufgabenfindung auch der Grundsatz von einer autonomen Kommunalpolitik - autonom dann auch im Sinne begünstigter sozialer Interessen - stärker als in der Entwicklung nach 1945

ausgeprägt. So betrugen z. B. die "Staatsbeiträge im Schulwesen" als gemischt fi-
nanzierte öffentliche Aufgabe in (für das Jahr 1911):[226]

Cöln	= rd. 150 000 M.
Breslau	= rd. 230 000 M.
Kiel	= rd. 160 000 M.
Halle	= rd. 100 000 M.
Bielefeld	= rd. 120 000 M.

Generell war die tendenzielle Abhängigkeit kommunalen Ausgabenverhaltens von
staatlichen Ebenen zwar im 19. Jh. noch schwach ausgeprägt, entwickelte sich aber
mit beginnendem 20. Jh. zusehends stärker. Wesentlicher Hintergrund war die steu-
erstaatliche Abhängigkeit des Strukturtyps "Kommune"[227], die im wesentlichen eine
Widerspiegelung der ökonomischen Leistungsfähigkeit einer Kommune darstellte.
Die Forderungen nach einem Ausgleich der aus den ökonomischen Disparitäten
resultierenden, durch die Kommunalausgaben bisweilen noch verstärkten unterschiedlichen Lebensbedingungen (bis hin zur Bildung von "Vorzugsgemeinden"[228])
war die Basis für eine wachsende staatliche Interventionspolitik und damit auch die
Erosion kommunaler Selbstverwaltung im Verlauf des 20. Jhs. Ein Ausweg wurde
auch von Protagonisten der kommunalen Selbstverwaltung darin gesehen, ökonomisch und sozial bevorzugte Gemeinden stärker zu belasten: "Das Ergebnis dieser
Erörterungen ist die **Anerkennung der prinzipiellen Berechtigung** der Forderung,
daß die 'Vorzugsgemeinden' in irgend einer Form für Aufgaben, Einrichtungen und
Anstalten ... **finanziell mitbelastet** werden",[229] um somit Extravorteile auszugleichen.
Industrialisierung und Urbanisierung sowie die sie begleitenden raumstrukturellen
Effekte waren ausschlaggebend für ein grundlegendes, bis heute geltendes Dilemma
der kommunalen Selbstverwaltung: Unter institutionellem Aspekt fordern
Gemeinden eine weitgehende Unabhängigkeit vom Staat während sie als gebietskörperschaftliche Einzelerscheinung ein möglichst hohes Maß an staatlicher Unterstützung zur Bewältigung sozialer und kultureller Aufgaben einklagen. In der politischen Realität wurde dieses Dilemma zu Lasten einer auf mehr Eigenverantwortung

---

[226]   Statistisches Jahrbuch deutscher Städte für 1911, Breslau 1914, S. 872.
[227]   Vgl. dazu mit aktuellen Bezügen: Rolf-Richard Grauhan/Rudolf Hickel (Hrsg.),
        Krise des Steuerstaats, a.a.O.
[228]   Adolph Wagner, Die finanzielle Mitbeteiligung der Gemeinden an kulturellen
        Staatseinrichtungen und die Entwicklung der Gemeindeeinnahmen, a.a.O., S. 5.
[229]   Ebenda, S. 7.

und mehr Unterschiedlichkeit setzenden kommunalpolitischen Autonomie und zugunsten einer an Egalisierungsforderungen orientierten Staatspolitik entschieden.

In besonderem Maß initiierend wirkte in diesem Zusammenhang - nämlich der Forderung nach einem staatlich regulierten Finanzausgleich zwischen Gemeinden - die Stadt-Land-Disparität, wie ein Beispiel zu den Haushaltsausgaben für 1883/84 zeigt (vgl. dazu Tabelle 22). Über das Stadt-Land-Gefälle hinaus kristallisierte sich ein regionales Gefälle, auch innerhalb der Provinzen immer deutlicher heraus. Tatsächlich erwiesen sich im Zeitraum von 1870 bis 1914 die Prozesse der Industrialisierung und Kapitalisierung weitaus stärker - als im Vergleich zu heute - als an lokale Grenzen gebunden, waren damit aber noch nicht von kommunalpolitischen Instanzen grundlegend steuerbar. Dies schien allein durch den zentralen Interventionsstaat begrenzt möglich zu sein. Frühe Versuche zur Bildung kommunaler Zweckverbände oder zur Einrichtung eines kommunal gesteuerten interkommunalen Finanzausgleichs, um auf diesem Weg zur ökonomischen und sozialen Optimierung beim Ressourceneinsatz auf regionaler Ebene zu gelangen, hatten keinen Erfolg.

Ein weiteres Beispiel der beträchtlichen Strukturdisparitäten auch zwischen Regionen im Verlauf des Industrialisierungsprozesses und damit in Zusammenhang stehender kommunaler Leistungen liefert Tabelle 21. Am Beispiel der Ausgaben für Volksschulen wird zudem sichtbar, wie stark die anteilsmäßigen Belastungen zu Buche schlagen.

Für den Bereich der kommunalen Aufgabenwahrnehmung als einem der zentralen Politikbereiche ist generell festzuhalten: Die Entlokalisierung des Kapitals und die Entörtlichung öffentlicher Aufgaben gehen im geschichtlichen Prozeß Hand in Hand. Erste Voraussetzungen hierfür waren die Entprivatisierung und Entindividualisierung gesellschaftlicher Aufgaben sowie ihre Übernahme durch die Kommunen als sozialrechtlicher Gebietskörperschaften, z. B. im Bildungs-, Wohlfahrts- und Infrastruktursektor. Dadurch erhielten eine Vielzahl individuell oder auch gesellschaftlich wahrgenommener Aufgaben erst einen sozialen Wert, wurden damit aber auch in die Disposition gebietskörperschaftlicher Politik generell gestellt. In einigen Bereichen, wie den städtischen Werken war der Prozeß öffentlicher Aufgabenübernahme bis 1914 so gut wie abgeschlossen. Wie sehr jedoch die öffentlichen Aufgabenerledigung von Kommune und Staat von historischen Konstellationen abhängt, zeigt die gegenwärtige Entwicklung, in der die säkulare Autonomie der Gemeinden in wichtigen Politikbereichen zur Disposition steht.

Tabelle 21: **Städtischer Haushalt und Volksschule im Jahr 1911, in ausgewählten preußischen Städten**

Städte	Gemeinde-steuer-aufkommen in 1000 M.	Gemeinde-steuer pro Einwohner in M.	Gemeinde-schulden pro Einwohner in M.	Anteil der VS-Kosten am Gem.St.aufk. in %	VS-Kosten pro Einw. in M.	VS-Kosten pro Volksschüler in M.
"junge" Industriestädte						
Gelsenkirchen	5699,6	33,33	152,48	37,12	13,14	67,31
Herne	1575,9	27,33	128,48	41,05	13,82	69,43
Königshütte	1825,0	24,97	74,06	45,10	13,46	67,50
ältere Industriestädte						
Barmen	7581,5	44,79	392,06	21,50	13,24	90,58
Elberfeld	8785,6	51,64	352,28	18,71	14,82	107,58
Krefeld	5194,7	40,08	363,50	19,82	10,34	77,87
"Renterstädte"						
Wiesbaden	5398,1	49,71	538,44	14,65	9,15	114,02
Wilmersdorf	6774,0	60,64	438,80	14,50	8,12	138,13

Quelle: Jürgen Reulecke, Geschichte der Urbanisierung in Deutschland, Frankfurt/M. 1985, S. 211.

Tabelle 22: **Die Haushalte (Ausgaben) preußischer Gemeinden, in den Jahren 1883/84**

	Stadt		Land	
	in 1000 Mark	je Kopf der Bevölkerung	in 1000 Mark	je Kopf der Bevölkerung
östl. Provinzen	21 224	16,45 Mark	8 900	3,20 Mark
mittl. Provinzen	136 427	29,53 Mark	22 258	3,91 Mark
westl. Provinzen	61 446	27,18 Mark	43 590	11,12 Mark
neue Provinzen	53 114	37,99 Mark	26 044	7,90 Mark
Preußen	272 211	28,75 Mark	100 883	6,42 Mark

Quelle: Horst Matzerath, Urbanisierung in Preußen 1815-1914, Stuttgart u.a., 1985, S. 365.

Der Verstaatlichungsprozeß der Kommunen, der sich seit rund 100 Jahren vollzogen hat, wurde von einflußreichen Teilen des Bürgertums, die auf eine Partizipation an staatlicher Macht drängten, forciert, die damit auch Machtverluste auf kommunaler Ebene zu kompensieren suchten. Ganz besonders galt dies für die Haus- und Grundstücksbesitzer. Systematisch verstärkt wurde der Verstaatlichungsprozeß auch durch die organisierten Interessen der Arbeiterschaft, die sowohl eine politische Emanzipation auf lokaler als auch auf staatlicher Ebene anstrebten. Insofern bestand in der Frage der zentralstaatlichen Orientierung als zukunftsweisender Politikoption - in zunehmendem Maße nach 1870 - ein grundlegender Konsens zwischen Arbeiterschaft und Bürgertum, sieht man einmal von den zeitlich wesentlich später sich vollziehenden politischen Emanzipationsbestrebungen der Arbeiterschaft ab. Letztlich gab es über das soziale Spannungspotential hinaus einen auf Politik und Ökonomie hin ausgerichteten systemerhaltenden Grundkonsens, an dessen Entstehen und Beibehaltung Kommune und Staat großen Anteil hatten. Der deutschen Sozialpolitik gelang "im Prinzip eine innovatorische Problemlösung, welche die institutionellen Grundlagen für eine ausbau- und steigerungsfähige Daseinsvorsorge und ein dichter gewebtes soziales Sicherheitsnetz legte".[230]

5.4   Formalisierung des kommunalen Integrationsprozesses

Bis heute gibt es in der Literatur prinzipiell keine ernsthaften Zweifel darüber, daß von eigenverantwortlicher Aufgabenerfüllung nur gesprochen werden kann, wenn Gemeinden aus eigenem Recht ihre Einwohner zu den durch die Aufgabenerfüllung entstehenden Lasten auch heranziehen können. Die Finanzverantwortung ist Kernstück der kommunalen Selbstverwaltung, ebenso wie ihre historische Entwicklung die Stellung der Gemeinden als eigenständige Subsysteme in Staat und Gesellschaft widerspiegelt. So sind die Veränderungen bei den Kommunalfinanzen im weiteren Verlauf der 1920er Jahre - v.a. durch die Erzbergersche Finanzreform - Ausdruck einerseits der verfassungsrechtlichen Verankerung der kommunalen Selbstverwaltung (in der Weimarer Verfassung) andererseits aber auch des damit verbundenen Integrationsprozesses der Gemeinden in den Staat. Mit dieser Reform "mußte zwangsläufig eine empfindliche Beschränkung der kommunalpolitischen Handlungsfreiheit auf dem Felde der Finanzwirtschaft einhergehen, denn sie hatte sich bis dahin gerade bei der Gestaltung der Einkommensteuer in einer Weise bestätigen

---

[230] Hans-Ulrich Wehler, Deutsche Gesellschaftsgeschichte, Bd. 3, a.a.O., S. 1090.

können, die für einen großen Teil der Bürgerschaft unmittelbar spürbar gewesen war".[231]

Mit dem Strukturwandel der kommunalen Selbstverwaltung in den zwanziger Jahren des 20. Jahrhunderts kann der Verstaatlichungsprozeß der Gemeinden weitgehend als abgeschlossen gelten. Die Interpretation der Selbstverwaltung als vollzogene Integration, als Endpunkt einer jahrzehntelangen Entwicklung widerspricht der Einschätzung, daß sich erst nunmehr (in den zwanziger Jahren) ein Bruch in der Entwicklung des Dualismus von Staat und Gemeinden vollzogen habe.[232] Demgegenüber enthält die Definition der Gemeinde als "ursprüngliche Gebietskörperschaft" den entscheidenden Hinweis auf die Entstehung des modernen Staates aus der Gemeinde heraus, nach dem "historisch gesehen die Gemeinden älter sind als der moderne Staat".[233]

Die Veränderung der kommunalen Selbstverwaltung in den zwanziger Jahren betraf in erster Linie ihre Form, ihre Rechtsstellung im Staat. Die Integration der Kommunen als dritte Ebene in das System der Gebietskörperschaften beendete damit eine Entwicklungsphase, in der allein die Vorstellung von der Selbstverwaltung als staatsfreie Sphäre zur Entfaltung des Bürgertums aufrechterhalten wurde. Berücksichtigen wir jedoch die reale Entwicklung der Kommunen in Staat und Gesellschaft, so bilden die vielfältigen rechtlichen Veränderungen in der Zeit zwischen 1918 und 1932 die formale Ergänzung eben der mittlerweile erreichten materiellen Stellung der Gemeinden. Die Entwicklung von Finanzbedarf und Aufgabenwahrnehmung insbesondere hat deutlich gemacht, daß die kommunale Subordination unter die Interessen eines modernen Sozialstaates nicht nur staatlich vorangetrieben wurde. Begleitet und getragen wurde die Zentralisierungstendenz in der Binnenstruktur der Gebietskörperschaften grundsätzlich von allen sozialen Klassen und den politischen Parteien, die damit auch - gewollt oder ungewollt - die Ideologie der Selbst-

---

[231] Karl-Heinrich Hansmeyer (Hrsg.), Kommunale Finanzpolitik in der Weimarer Republik, Stuttgart u.a. 1973, S. 28.

[232] In der politischen Praxis der 20er Jahre gab es allerdings heftige Auseinandersetzungen über die Selbstverwaltung im allgemeinen und die finanzielle Selbstverwaltung im besonderen, die sich primär am Problem der Gemeindeeinnahmen, der Steuern und Kreditwirtschaft entzündeten, die auch deutlich werden ließen, daß die mangelnde Präzision der kommunalen Selbstverwaltung erhebliche Interpretationsspielräume offen ließ.

[233] Heinrich Scholler, Grundzüge des Kommunalrechts in der Bundesrepublik Deutschland, a.a.O., S. 17 f.

verwaltung als exklusiv bürgerschaftliche Grundlage politischer Mitwirkung im Staat stabilisierten.[234]

Der verfassungsrechtlich verankerte Widerspruch zwischen Anspruch und Wirklichkeit kommunaler Selbstverwaltung im Staat wurde nach 1918 erst in den 60er Jahren mit dem "kooperativen Föderalismus" auf eine veränderte formale Basis gestellt. Insofern besteht ein enger Zusammenhang mit der Entwicklung in den zwanziger Jahren, trug doch die Finanzreform von 1919/20 der "industriellen und großstädtischen Entwicklung Rechnung, die eine Lösung des kommunalen Finanzsystems von den besitzbürgerlichen örtlichen Strukturen und reichseinheitlichen Regelungen der kommunalen Finanzverhältnisse erforderlich machte, um eine gleichmäßigere Versorgung der Bevölkerung über die örtlichen Grenzen hinweg zu gewährleisten".[235] Die Finanzreform als wesentlicher Teil der Nachkriegsveränderungen im vertikalen Politiksystem der zwanziger Jahre war vorläufiger Endpunkt einer ökonomisch, sozial, legitimatorisch und ideologisch begründeten, wechselseitig sich vollziehenden Abhängigkeit zwischen Staat und Gemeinden seit Beginn des 19. Jahrhunderts; sie beendete formal einen Prozeß der Integration der Gemeinden in den Staat und der Kommunalisierung des Staates, der sich faktisch seit etwa 1870 vollzogen hat. Auf dieser Grundlage hat sich nach 1945 eine - im internationalen Vergleich - immense Verfeinerung des kommunalen Finanzausgleichs entwickelt. Normativ an dem Grundsatz der Schaffung gleichwertiger Lebensverhältnisse orientiert hat sich im Verlauf dieses Prozesses durch die Bildung immer neuer Ausgleichskriterien der staatliche Einfluß stark ausgebreitet. Ein damit einhergehender, von Einheitsvorstellungen stark geprägter Föderalismus hat nicht nur die Komplexität gebietskörperschaftlichen Handelns enorm gesteigert, sondern auch die kommunale Selbstverwaltung im Sinne der politisch handelnden Einzelgemeinde zusehends ausgehöhlt und damit auch regionale Entwicklungspotentiale erst gar nicht zur Entfaltung kommen lassen.

---

[234] Zur Kommunalpolitik der politischen Parteien vgl. ausführlich: J. Brix/H. Lindemann u.a. (Hrsg.), Handwörterbuch der Kommunalwissenschaften, a.a.O., S. 783 ff.

[235] Wilhelm Ribhegge, Die Systemfunktion der Gemeinden, in: Rainer Frey (Hrsg.), Kommunale Demokratie, a.a.O., S. 35.

6. Elemente einer politisch definierten kommunalen Selbstverwaltung

6.1 Gemeinwohlorientierung der kommunalen Selbstverwaltung

Seit Anfang des 19. Jhs. haben sich formale Grundlage und materielle Ausgestaltung als systematisierte getrennte Ebenen gebietskörperschaftlicher Politik diskontinuierlich entwickelt. Im Vordergrund der Entwicklung stand zunächst die rechtliche Ebene, wobei der Städteordnung (neben Agrarreform, Gewerbefreiheit, Adelsreform) eine zentrale Funktion zukam. Mit der kommunalen Selbstverwaltung der Landgemeinden, Kreise und Städte sollte die eigentliche Basis für die Reformierung des gesamten Staatsgebäudes geschaffen werden. Im Verlauf der Entwicklung in der zweiten Jahrhunderthälfte, insbesondere nach 1870 rückte die materielle Seite staatlich-kommunalen Handelns in den Mittelpunkt institutioneller Politik, wobei die lokale Ebene eine herausragende Bedeutung hatte.

Wirtschaftliche und soziale Aufgabenwahrnehmungen in den kommunalen Gebietskörperschaften hatten den Aufbau einer Infrastruktur zur Folge, mit der auf der Grundlage neugestalteter Rechtsverhältnisse die postulierte Demokratie als Lebensform für alle Gemeindebewohner erst materielle Gestalt annahm. Gebietskörperschaftliche Sozial- und Infrastrukturpolitik waren zunächst lokal, dann auch von zentralstaatlicher Ebene begleitet, darauf ausgerichtet, das ökonomisch determinierte Auseinanderklaffen sozialer Klassen und Schichten wenigstens partiell zu kompensieren. Die demokratisierende Wirkung kommunalpolitischen Handelns bestand trotz der - aus heutiger Sicht - undemokratischen parlamentarischen Organe, da die politische Macht selbst unter formalem Aspekt vom materiellen Vermögen des Individuums bestimmt war. Kommunale Politik hatte trotz des diskriminierenden Dreiklassenwahlrechts eine entscheidende Legitimationsfunktion für das gesamte System, die kommunale Selbstverwaltung ist bereits im 19. Jh. wesentlicher Bestandteil des Demokratisierungsprozesses geworden.

Wenn die formelle und materielle Seite als gleichwertige Elemente des Demokratisierungsprozesses verstanden werden, die auf die aktive Teilhabe des Volkes an politischen Entscheidungen abzielen, so haben Begründungsversuche der modernen Demokratie von der kommunalen Ebene auszugehen. Mit der kommunalen Selbstverwaltung wurde zu Beginn des 19. Jhs. das Verständnis von sozialstaaticher Demokratie entwickelt, das bis vor rund zweihundert Jahren von der Aristotelischen

Staatsformenlehre geprägt war. "Demokratie bedeutet fortan nicht mehr bloß eine Verfassungsform, die der Monarchie und Aristokratie alternativ gegenübersteht, sondern sie ist die geschichtsphilosophische Chiffre für die Summe bürgerlich-liberaler Autonomie und Mitbestimmungsforderungen wie für die Bestrebungen und Ideen zur sozialen Gleichheit. Sie wird zum zentralen Impuls und zu einem wesentlichen Element der gesamten modernen Verfassungsentwicklung".[236]

In der Entwicklungsphase der wesensmäßigen Herausbildung des politischen Repräsentativsystems im Verlauf des 19. Jhs. und der Entstehung auch neuer Formen mittelbarer Demokratie spielte die kommunale Ebene eine zentrale Rolle. Denn Gemeindepolitik bot in wachsendem Maße Anschauungsunterricht dafür, daß eine nicht mehr nur elitäre, sondern auf breitere soziale Mitwirkung aufbauende Willensbildung möglich war und letztlich erfolgreich dazu beitrug, das monarchische Regierungssystem in eine parlamentarische Demokratie zu verwandeln. Insofern bildete die kommunale Ebene den Ausgangspunkt für neue Formen horizontaler und sektoraler (v. a. gebietskörperschaftlich verankerter) Selbstbestimmung in der Massendemokratie. Die systematische Integration des Staatsbürgers in "seine" öffentlichen Einrichtungen bei dem geistigen Vater der Städteordnung, dem Freiherrn vom Stein, macht deutlich, daß Reformen trotz aller enthaltenen Grenzen auf eine verantwortliche Beteiligung der Bevölkerung am politischen Geschehen im gesamten Staat ausgerichtet waren. Die Kommune verlor nicht erst nach 1918/19 ihre Funktion als "ein privilegiensichernder Schonraum des Bürgertums gegenüber Ansprüchen von 'unten'".[237]

Die im Verlauf der zweiten Hälfte des 19. Jhs. bahnbrechende Allgemeinwohlorientierung kommunaler Politik war zwar wesentlich in der Aufgabenentwicklung verankert, hatte aber auch ihre Inputseite. Denn sie gründete ebenso auf der intensivierten und erweiterten Belastung der Gemeindebewohner, um den Finanzbedarf decken zu können. Im besonderen war diese Tendenz an den Steuereinnahmen ablesbar. Während in der ersten Hälfte des 19. Jhs. noch eine große Vielfalt an Gemeindesteuern bestand, wurden in der Folgezeit die Kommunalsteuern immer stärker dem Typus der Staatssteuer angepaßt und entwickelten sich damit zur mo-

---

[236] Bernd Guggenberger/Thomas Stein (Hrsg.), Die Verfassungsdiskussion im Jahr der deutschen Einheit. Analysen, Hintergründe, Materialien, München/ Wien 1991, S. 71.

[237] Adelheid von Saldern, Geschichte der kommunalen Selbstverwaltung in Deutschland, in: Roland Roth/Hellmut Wollmann (Hrsg.), Kommunalpolitik, a.a.O., S. 6.

dernen Form der Massensteuern.[238] So betrugen die direkten Kommunalsteuern (die Angaben gelten nur für Stadtgemeinden, in Mark) im Jahr bzw. in den Jahren:

	1869	1876	1880/81	1883/84	1891/92
in M.	15.976 163	84.077 062	99.754 021	108.493 068	156.241 173

Der hohe Finanzbedarf in Kommunen verstärkte auch den Druck, mit der Verbreiterung der steuerlichen Basis gleichzeitig die soziale Komponente zu berücksichtigen, Elemente der Steuergerechtigkeit also finanzpolitisch zu installieren. Dies betraf zum Beispiel die städtischen Grundbesitzer, die im Verlauf des 19. Jhs. immer weniger ihre Neigung praktisch umsetzen konnten, "bis zum Maße des Möglichen, die Kommunallasten von den Eigentümern auf die Mieter, auf die breiteren Schichten der Bevölkerung und am liebsten ... auf die Fremden abzuwälzen".[239]

Die schrittweise Durchsetzung der modernen Gemeinwohlidee auf lokaler Ebene war mit den wirtschaftlichen und sozialen Privilegien und den Rechtsminderungen der Stände nicht mehr vereinbar. Ihre Eliminierung schuf für den bürgerlichen Staat des 19. Jhs. das hauptsächliche Problem, bürgerliche Rechtsgleichheit mit den aus der Produktionsweise resultierenden Ungleichheiten in Einklang zu bringen. Für die Umsetzung der Gleichheitsidee spielte die kommunale Selbstverwaltung eine zentrale Rolle, auch wenn sie nach ihrer Einrichtung im Verlauf des 19. Jhs. immer wieder Rückschläge zu verzeichnen hatte. Nach der Reichsgründung und ihr folgender Urbanisierungswelle näherte sich "der Siegeszug der städtischen Einwohnergemeinde als einer allen Staatsbürgern zugänglichen Gebietskörperschaft"[240] unaufhaltsam seinem Ziel, ihre Geschichte war schon im 19. Jh. nicht mehr "rein bürgerlich geprägte Selbstverwaltung und Honoratiorenherrschaft".[241]

---

[238]   Rudolf v. Gneist, Die nationale Rechtsidee von den Ständen und das preußische Dreiklassenwahlsystem, Darmstadt 1962 (Nachdruck der Ausgabe von 1894), S. 200.

[239]   Ebenda, S. 198.

[240]   Hans-Ulrich Wehler, Deutsche Gesellschaftsgeschichte Bd. 3, S. 17.

[241]   Adelheid von Saldern, Geschichte der kommunalen Selbstverwaltung in Deutschland, in: Roland Roth/Hellmut Wollmann, Kommunalpolitik, a.a.O., S. 15.

In den Gemeinden lag der Ursprung des Wandels vom Obrigkeitsstaat zum modernen Leistungsstaat. Damit entfernte sich auch die liberale Idee der Freiheit als Freiheit vom Staat immer mehr von der politischen Realität, wobei allerdings bereits auf der Ideenebene die kommunale Selbstverwaltung mit der absoluten Freiheit vom Staatsganzen nicht vereinbar war. So stand in der Vorstellung des Freiherrn vom Stein die Veränderung staatlicher Gebietskörperschaften aus der Existenz der Gemeinden heraus im Vordergrund, die Veränderung des Staates durch das liberale Bürgertum war also erklärte Absicht. Stein hatte klar den Aufbau des Gesamtstaates von der lokalen Ebene ausgehend über die Provinzialstände bis hin zu den Reichsständen vor Augen. Er wollte durch die stärkere Teilnahme bestimmter Bevölkerungskreise an der Erfüllung öffentlicher Aufgaben "mehr Sach- und Ortskenntnis, mehr tätiges Interesse für den verwalteten Bezirk und die verwalteten Personen in die Kollegien bringen als durch die Zusammensetzung aus lauter Staatsdienern entsteht".[242]

Stein befindet sich mit dieser Position einer neudefinierten wechselseitigen Abhängigkeit von Gemeinden und Staat auch in der Tradition des Wirtschaftsliberalismus, der für die Relation von privater Wirtschaft und politischer Regulierung durchaus sensibel war, wie dies selbst für einen Adam Smith nachzuweisen ist , einen der Gründerväter des klassisch-liberalen Wirtschaftsmodells. Schon er war nicht der Repräsentant des Laisser-faire-Prinzips, als der er überwiegend hingestellt wird. "Eine Marktwirtschaft ohne einen normal funktionierenden Staat, der seine klassischen Aufgaben erfüllt, ist für Smith ebenso undenkbar wie unrealistisch."[243] Erst recht sind das Verhältnis von Markt und Staat und damit Struktur und Umfang öffentlicher Aufgaben unter den sich verändernden Bedingungen im Verlauf des 19. Jhs. wissenschaftlich und praktisch neu zu bestimmen. Die Vorstellung vom enthaltsamen Staat und der Garantie des Volkswohlstandes auf der Grundlage individueller Freiheit war mit der modernen Selbstverwaltungsidee nicht vereinbar, wie der exemplarische Vergleich mit den Vorstellungen eines von Humboldt unterstreicht: "Überhaupt wird der Verstand des Menschen doch, wie jede andre seiner Kräfte nur durch eigne Tätigkeit, eigne Empfindsamkeit oder eigne Benutzung fremder Erfindungen gebildet. Anordnungen des Staates aber führen immer mehr oder minder Zwang mit sich, und selbst wenn dies der Fall nicht ist, so gewöhnen sie den Men-

---

[242] Freiherr vom Stein, Schreiben an Minister Schroetter vom 25.8.1808, in: Erich Botzenhart (Hrsg.), Briefe und amtliche Schriften, Bd. II 2. Teil (neu bearbeitet von Peter G. Thielen), 1960, S. 835.

[243] Horst C. Recktenwald (Hrsg.), Adam Smith. Der Wohlstand der Nationen, Würdigung, München 1988 (4. Auflage), S. LXXVI.

schen zu sehr, mehr fremde Belehrung, fremde Leistung, fremde Hilfe zu erwarten, als selbst auf Auswege zu denken".[244]

Mit der Entwicklung des Strukturtyps "Kommune" zur sozialrechtlichen Gebietskörperschaft unter staatlicher Oberaufsicht im 19. Jh. wird auch die These fragwürdig, daß es sich bei der kommunalen Tätigkeit selbst um einen staatsfreien Raum gehandelt habe, wobei diese wesentlich aus der normativen Definition der bürgerlichen Selbstverwaltung herrührt. Entscheidend ist aber, daß diese These von einem Wesensunterschied zwischen kommunalen und staatlichen Ebenen ausgeht, der unter Zugrundlegung der realen Aufgabenwahrnehmung nicht mehr bestanden hat, zumindest für die in diesem Band hauptsächlich analysierte Phase von 1870 bis 1914. Staatliche und kommunale Aufgabenwahrnehmung hatten den wesentlich gleichen gesamtgesellschaftlich orientierten Charakter, das allein ausschlaggebende Unterscheidungskriterium war das der Gebietshoheit, des Territoriums selbst. Zentraler Staat und Gliedstaaten haben im Verlauf des 19. Jhs. trotz heftiger Konkurrenz um den Einsatz der Ressourcen eine wesensmäßig gleiche, zunehmend interventionistische Qualität angenommen, auch mit Blick auf die Eingriffe in die kommunale Sphäre. Insofern knüpfte übrigens die Entwicklung nach 1870 an die im Zeitraum zwischen 1810 und 1848 an, als sich interventionistische Trends schon einmal abzeichneten.

Eine zentrale Rolle im Prozeß der wechselseitigen Durchdringung von Staat und Gemeinden spielte die administrative Systemebene, der auch Stein eine wichtige Funktion in der Verwirklichung kommunaler Selbstverwaltung zugeordnet hatte. Kommunale Selbstverwaltung und staatliches Aufsichtsrecht wurden administrativ und bürokratisch sozusagen harmonisiert. "Damit war denn freilich der Weg zu einem Kompromiß schon angedeutet, indem der Feudalismus der Bürokratie die Bevormundung, die Bürokratie dem Feudalismus die partrimoniale Rückbildung konzedierte".[245] Stein hatte mit Nachdruck darauf verwiesen (vgl. Westfälische und Nassauer Denkschriften), daß die politische Freiheit eines Volkes nicht allein in seiner Verfassung, sondern fast noch stärker in seiner Verwaltung begründet sei. "Das von der englischen **Verfassung** abgeleitete Idealbild der gewaltenteilenden Monar-

---

[244] Wilhelm von Humboldt, Ideen zu einem Versuch die Grenzen der Wirksamkeit des Staates zu bestimmen, a.a.O., S. 32.

[245] Hugo Preuß, Die Entwicklung des deutschen Städtewesens, a.a.O., S. 313.

chie wird von dem aus der englischen **Verwaltung** abgeleiteten Idealbild der sich selbst verwaltenden Gemeinschaft freier Eigentümer ergänzt."[246]

Die Bürokratisierung aller Lebensbereiche als Begleiterscheinung zur fortschreitenden Vergesellschaftung des Menschen vollzog sich gerade in der Hochindustrialisierung auf kommunaler Ebene. Damit fand auch das professionelle Element zunehmend Eingang in die Kommunalverwaltung, womit einerseits der Staatseinfluß größer wurde, aber auch soziale Privilegien des Bürgertums auf kommunaler Ebene zurückgedrängt wurden. Die herausgehobene Stellung des kommunalen Ehrenbeamten Gneistscher Prägung, der durch die Wahrnehmung des Richteramtes wesentlicher Bestandteil der Selbstverwaltung sein sollte, war spätestens um die Jahrhundertwende (vom 19. zum 20. Jh.) in der Praxis bereits soweit geschwächt, daß das Ehrenamt selbst als **Leitbild** administrativer Organisationen kaum mehr fungierte. Der Prozeß zunehmender Gemeinwohlorientierung wurde auf kommunaler Ebene begleitet von Tendenzen der Ausdifferenzierung (von Verwaltungsbereichen), Professionalisierung und Bürokratisierung, die damit auch als Grundlagen einer weitergehenden Demokratisierung fungierten.

Für die Herausbildung des historischen Kompromisses zwischen Kapital und Arbeit hatte die lokale Verwaltung als Kernstück der kommunalen Selbstverwaltung eine entscheidende Funktion. Auch wenn sich die Vorstellung Steins nicht völlig verwirklichte, die Staatsverwaltung durch die bürgerliche Selbstverwaltung grundlegend zu verändern, so war die sozialrechtliche Gebietskörperschaft Kommune doch wesentliche Voraussetzung dafür, daß "der soziale Minimalkonsens der späteren 'Weimarer Koalition' von Sozialdemokratie, fortschrittlichem Liberalismus und dem der katholischen Soziallehre verpflichteten Zentrum der Sache nach formuliert" wurde.[247]

Denn ökonomische Prosperität und kommunales Aufgabenwachstum waren Grundlagen auch für den nach 1870 erstarkenden Nationalstaat, was wiederum den Widerstand gegen eine selbstbewußte lokale Ebene minderte, die nur auf gesunder wirtschaftlicher und sozialer Basis blühen konnte. Die fiskalischen Kompetenzgewinne staatlicher Ebenen (vgl. Tabelle 23) veranlaßten zentrale Instanzen allerdings kaum, eine Politik des Lasten- oder Finanzausgleichs zwischen Regionen, Provinzen oder

---

[246] Erich Botzenhart/Gunther Ipsen (Hrsg.), Freiherr vom Stein. Ausgewählte politische Briefe und Denkschriften, a.a.O., S. 139.

[247] Ernst-Ulrich Huster, Ethik des Staates, a.a.O., S. 78.

sehr grob zwischen Stadt und Land in nennenswertem Umfang zu betreiben. Die Stadt-Land-Unterschiede wurden weder real noch formal abgebaut, denn der Versuch, das platte Land von der Patrimonialität zu befreien, war - insbesondere in Preußen - zunächst gescheitert, eine Reform der Landgemeinde- und Kreisordnung gelang in Ansätzen erst nach 1870,[248] eine Demokratisierung ganz Preußens war also nur bedingt erfolgreich. Nicht zuletzt deswegen vollzogen sich - im Vergleich zwischen den Provinzen - Urbanisierung und Demokratisierung in sehr unterschiedlicher Geschwindigkeit; die westlichen Provinzen eilten den östlichen weit voraus. Insofern setzte sich auch die Gemeinwohlidee als Kernstück des modernen Leistungsstaates im interkommunalen und -regionalen Vergleich sehr unterschiedlich durch.

Tabelle 23:   **Staatseinkommensteuer in ausgewählten Städten, in den Jahren von 1893 bis 1907, in Mark**

Stadt	1893	1897	1900	1907
Aachen	1 076 230	1 427 164	1 788 188	2 231 581
Barmen	817 189	1 043 527	1 337 898	1 771 797
Bochum	488 165	378 049	810 595	1 133 117
Charlottenburg	1 531 334	2 581 611	4 071 190	8 108 742
Elberfeld	1 164 364	1 371 687	1 882 706	2 620 358
Koblenz	369 440	417 236	538 296	696 392
Trier	262 204	295 910	381 697	462 329

Quelle: Heinrich Silbergleit, Preußens Städte, Berlin 1908, S. 422ff.

Die in diesem Band vertretene These der Entstehung des modernen Sozialstaates aus der Kommune heraus, die der Verwirklichung der Idee vom allgemeinen Wohl der Gesellschaft primär durch den politischen Strukturtyp Kommune relativiert auch die These von der stufenweisen Entwicklungsgeschichte des modernen Staates.[249] Danach habe sich zunächst der hoheitliche Staat im modernen Sinne mit Gewaltenteilung, Sicherung der Grund- und Menschenrechte gegründet, dem der moderne

---

[248] Vgl. hierzu z. B. Karlheinz Kitzel, Die Herrfurthsche Landgemeindeordnung, Stuttgart 1957.

[249] Vgl. z. B. Dirk Berg-Schlosser/Theo Stammen, Einführung in die Politikwissenschaft, München 1992 (5. neubearbeitete Aufl.).

Verfassungsstaat mit Volkssouveränität und allgemeinem Wahlrecht folgte, der erst in einer weiteren Stufe durch die sozial- und wohlfahrtsstaatliche Komponente ergänzt wurde. Die aufgabenbezogene Entwicklung insbesondere auf lokaler Ebene widerspricht dieser Annahme einer Stufenentwicklung und ist eher Ausdruck dafür, daß sich moderner Rechtsstaat und moderner Wohlfahrtsstaat seit beginnendem 19. Jh. in Prozessen wechselseitiger Verschränkung erst allmählich, dann vehement entfaltet haben. Mit der Entstehung des hoheitlichen Staates im modernen Sinne profilierte sich bereits die sozialstaatliche Komponente durch die lokale Ebene, polity und policies standen in einem engen Interdependenz-Verhältnis.

Für die systemtheoretische Identifizierung der lokalen Ebene in Staat und in der Gesellschaft wird es besonders spannend, wenn wir als weitere Stufe der normativen und faktischen Staaten-Bildung die ökologische und lebensweltliche Unversehrtheit mit einbeziehen. Denn eine solche zeitnahe Staatszielbestimmung unterstreicht die Hypothese von der Primärfunktion der Kommunen im modernen Staat; es besteht eine Kontinuität vom Beginn des 19. Jhs. bis in die aktuelle Entwicklungsphase hinein, in der den Kommunen auch bei der Entfaltung der sozial-ökologischen Qualität in der Gesellschaft eine zentrale Bedeutung zukommt. Kommunalpolitik war dabei immer und ist es bis heute durch die aus eigenem Blickwinkel formulierte Dialektik von **selbstgesetzter Autonomie** und **staatlicher Fremdbestimmung** charakterisiert.

6.2   Gemeindefreiheit versus Staatsabhängigkeit

Im Ergebnis können wir trotz aller über einen längeren Zeitraum betrachteten Brüche in der Entwicklung von der freien Stadt des Mittelalters bis zur Entstehung der kommunalen Selbstverwaltung als Symbol und Norm freier Gemeinden zu Beginn des 19. Jhs. und trotz längerer Phasen der absoluten Unterordnung von Gemeinden im Fürstenstaat eine systemische Kontinuität in der Entwicklung der untersten Politik- und Verwaltungsebene festhalten, die vor allem von der Frage nach der Integration bzw. der Unterordnung in übergeordnete Instanzen bestimmt gewesen ist. Die zunächst territorial definierte Politik-Einheit "Kommune" war immer Bestandteil einer sie umgebenden und zugleich durchdringenden größeren Gebietseinheit. Aus dieser Doppelexistenz der Kommune begründen sich bis heute die ausschlaggebenden Spannungen, für die in erster Linie unterschiedliche gesellschaftliche Interessen ursächlich sind, deren Thematisierung für demokratisch-föderalistische Systeme

konstitutiv ist.[250] Auf die für die kommunale Selbstverwaltung charakteristische
Doppelnatur hat bereits die französische Revolutionsgesetzgebung des Jahres 1789
abgehoben, "denn auf der einen Seite wurde den Gemeinden die Funktion zur Regelung eigener Angelegenheiten übertragen und zum anderen die Ausführung
staatlicher Angelegenheiten zur Aufgabe gemacht[251]."

Der wesentliche Unterschied zwischen dem neu entwickelten Leitbild der kommunalen Selbstverwaltung zu Beginn des 19. Jhs. und den unterschiedlichen Formen
der bis zu diesem Zeitpunkt bestehenden Stadt- und Gemeindefreiheit lag darin,
daß die moderne kommunale Selbstverwaltung als Grundlage für die Gestaltung
und Veränderung des gesamten Staatswesens von "unten" nach "oben" verstanden
wurde. Der freie Bürger sollte durch Partizipation das Staatsganze in seinem Sinne
gestalten und damit gesellschaftliche Prozesse in öffentlicher Verantwortung steuern
können. So stand auch ein Freiherr vom Stein trotz der starken Betonung der
dezentralen Komponente einem einheitlichen, zentralen Staatsgebilde freundlich
gegenüber: "Alle diese Wahrnehmungen (resp. der städtischen Funktionsverluste,
Anm. des Verf.) haben die Gesichtspunkte zu der Bearbeitung der neuen Städteordnung gegeben... Die Bürgerschaft bekommt die ungeteilte Verwaltung ihres
Gemeinwesens. Die ganze Entwicklung des Staates beschränkt sich auf die bloße
Ansicht, daß nichts gegen den Zweck des Staates vorgenommen werde und die bestehenden Gesetze befolgt werden."[252]

Eines der wichtigsten Argumente für den vor allem in der zeitgeschichtlichen Literatur vertretenen Dualismus von Staat und Gemeinde und einer damit intendierten
antistaatlichen Orientierung der kommunalen Ebene wurde für das 19. Jh. vorrangig
in der Verwaltung gesehen, insbesondere in der Gegenüberstellung des profes-
sionellen Elements auf staatlicher Ebene einerseits und des ehrenamtlichen Elements auf kommunaler Ebene andererseits. Abgesehen davon, daß sich professionelle und ehrenamtliche Elemente im Rahmen des für beide charakteristischen Prozesses der Bürokratisierung in Gemeinde und im Staat immer stärker wechselseitig
durchdrangen, waren die bürgerschaftlichen Interessen auch auf administrativer
Ebene nicht grundsätzlich antistaatlich orientiert. Sie waren gegen den obrigkeitli-

[250] Vgl. z. B. Georg-C. von Unruh, Ursprung und Entwicklung der kommunalen
Selbstverwaltung im frühkonstitutionellen Zeitalter, in: Günter Püttner (Hrsg.),
HdKWP Bd. 1, a.a.O., S. 19 ff.
[251] Heinrich Scholler, Grundzüge des Kommunalrechts, a.a.O., S. 3.
[252] Erich Botzenhart/Gunther Ipsen, Freiherr vom Stein. Ausgewählte politische
Briefe und Denkschriften, a.a.O., S. 174 f.

chen Staat und die sie tragenden Interessen zwar ausgerichtet, je mehr jedoch auch das Bürgertum in die Staatssphäre eindrang, desto geringer wurde auch sein Widerstand gegen die Formierung zentralstaatlicher Kompetenzen.

Gerade der neu kreierte Typus von Kommunalverwaltung nach Steinschem Muster sollte Vorbild auch für eine Neuordnung des gesamten Verwaltungsapparates sein, einer übrigens auch nach Steinscher Vorstellung im Kern eminent politischen Verwaltung. Die Kommunalverwaltungen behielten jedoch ihren zunächst anti-bürokratischen Charakter nicht bei (vgl. dazu weiter oben); im Verlauf der binnenstrukturellen Veränderungen ist es im 19. Jh. nicht gelungen, den Staatsapparat im Sinne der v.a. ehrenamtlich geprägten Kommunalverwaltung von 'unten' nach 'oben' zu verändern. Vielmehr fand ein Prozeß der - aus kommunaler Sicht bestenfalls - Angleichung zu Lasten der kommunalen Verwaltung statt. Diese Entwicklung hatte bereits zu Beginn des 19. Jhs. selbst auf normativer Ebene Befürworter gefunden, indem die Staatsteilqualität der Kommunen hervorgehoben wurde: "So die Gemeinde im Staat. Ihre Verfassung und Verwaltung muß also der Verfassung und Verwaltung des Staates untergeordnet sein und dieselbe befördern ... Die Gemeinde ist ein Teil von einem Ganzen. Die Verwaltung aller Gemeinden sind in Beziehung auf den Staat ein und dies ist ein Teil der ganzen Staatsverwaltung."[253]

Theoretische Grundlage des Dualismus von Staat und Gemeinde war die liberale Vorstellung einer Trennung von Staat und Gesellschaft, wonach die Kommune als staatsfreie Sphäre der Gesellschaft zugeordnet wird.[254] Eine damit eng verbundene populistische Vorstellung eines ökonomistisch begründeten Gegensatzes zwischen Kommunalpolitik und Staatspolitik geriet in immer stärkeren Gegensatz zur nach Mitte des Jahrhunderts sich entwickelnden Wirklichkeit. Die Prozesse der Kommunalisierung des Staates und der Verstaatlichung der Kommunen griffen realpolitisch immer mehr ineinander über. Spezifische Formen des Ineinanderwachsens der unterschiedlichen Politik- und Verwaltungseinheiten kristallierten sich heraus: "Es lag im Wesen des Staates und der Gemeinde, daß sich örtliche und nationale Interessen vielfach durchdrangen oder ohne feste Grenzen ineinander übergingen, so daß die Bedingung der Örtlichkeit des Interesses sich stets in der Beziehung und in dem

---

[253] Wilhelm Pagenstecher, Die deutsche Gemeindeverfassung, Darmstadt 1818, S. 4.

[254] Hierzu und dem folgenden, Lothar Döhn, Liberalismus, in: Franz Neumann (Hrsg.), Politische Theorien und Ideologien, Baden-Baden 1977 (2. Auflage), S. 10ff. und die dort angegebene Literatur.

Konflikt zu den Interessen der staatlichen Gesamtheit definierte. Das örtliche Interesse setzte ebensowenig die Betroffenheit sämtlicher Gemeindemitglieder voraus, wie es die Einrichtung fürsorgender Anstalten ausschloß, deren Teilnehmer vorher nicht bestimmt waren und an denen die Teilnahme nicht zu erzwingen war."[255]

Diesen Realprozessen konnten sich auch theoretische Vorstellungen in den Kommunalwissenschaften bereits zu Beginn des 20. Jhs. immer weniger entziehen, ein integrationistisches Verständnis der Selbstverwaltung im Staat breitete sich aus. "Es liegt in der Natur der Sache, daß eine völlige und uneingeschränkte Selbständigkeit der Gemeinden, die sich in einen größeren Organismus einzufügen haben, überhaupt und auch auf finanziellem Gebiete eine Utopie bleiben muß. Es ist andererseits und logisch klar und geschichtlich erwiesen, daß eine möglichst **geringe** Einschränkung der städtischen Selbstverwaltung, die eben lediglich das Gesamtwohl des Staates im Auge hat, nicht nur den Gemeinden selbst, sondern auch dem Staatsganzen Förderung bringen muß. Sache der Gesetzgebung bleibt es, die Abwägung der Interessen beider Faktoren so zu gestalten, daß sowohl das Ganze als der Teil keinen Schaden leidet".[256] Die Vorstellung einer integrationistischen Kommunalpolitik setzte sich sowohl in der Praxis als auch in der Programmatik gesellschaftlicher Gruppen, und das bedeutete seit der Jahrhundertwende vor allem in den politischen Parteien, zusehends durch. "In Erwägung, daß unter 'Gemeindesozialismus' nicht ein besonderer Sozialismus verstanden werden kann, sondern lediglich die Verlegung der allgemeinen Grundsätze des demokratischen Sozialismus auf ein besonderes Gebiet der politischen Tätigkeit; in Erwägung, daß die durch diese Tätigkeit errungenen Reformen nur als Etappe auf dem Wege zur Verwirklichung der sozialistischen Gesellschaft angesehen werden können, müssen sich die Sozialisten auf allen Gebieten der Gem. Verw. betätigen."[257]

Die moderne Wohlfahrtsidee vom gemeinschaftlich fungierenden Staatswesen wurde von der untersten Territorialebene her materiell entwickelt, wobei sich die örtliche Gemeinschaft aller Gemeindebewohner als identitätsstiftendes Element der

---

[255]   Berthold Grzywatz, Staat und Gemeinde im 19. Jahrhundert. Zum Verhältnis von kommunaler Selbstverwaltung und staatlichen Gemeindeaufgaben in Preußen, in: AfK, Heft I/1995, S. 47.

[256]   Otto Most (Hrsg.), Die deutsche Stadt und ihre Verwaltung, Band 1 (Verfassung und Verwaltung im allgemeinen; Finanzen und Steuern; Bildungs- und Kunstpflege; Gesundheitspflege), Berlin/Leipzig, 1912, S. 54.

[257]   Beschluß des Internationalen Sozialistenkongresses 1900 in Paris, in: J. Brix/H. Lindemann u.a. (Hrsg.), Handwörterbuch der Kommunalwissenschaften, Ergänzungsband H - Z, Jena, 1927, S. 785 f.

kommunalen Selbstverwaltung schrittweise entfaltete. Das politische Ziel, die ungleiche Stellung der Individuen in der Gesellschaft zu nivellieren, war dabei mehr indirekt mit sozialer Kommunalpolitik verknüpft. Im Verlauf dieses Prozesses hat allerdings die Selbstverwaltungsidee emanzipatorische Substanz gegenüber dem obrigkeitlichen Staat verloren, sie ist sozusagen staatlich geschliffen worden. Gesamtgesellschaftlich betrachtet wurde die kommunale Selbstverwaltung in mehrstufigen Entwicklungsschritten zum interessenharmonisierenden Prinzip zwischen Adel und Bürgertum und zwischen Bürgertum und Arbeiterschaft, sie war damit Grundlage der sich im gesamten Staatswesen konstituierenden modernen Interessengemeinschaft.

Interessanterweise ist der Prozeß wechselseitiger Verschränkung von Staats- und Kommunalpolitik - wie er sich bis zur nationalsozialistischen Machtergreifung vollzog - in der neueren sozialwissenschaftlichen Literatur - sieht man einmal von der Kommunalgeschichte und Verwaltungswissenschaft ab - erst in den 1970er Jahren thematisiert worden. Zu diesem Zeitpunkt wurden bereits in der politischen Praxis, trotz vieler Bemühungen, die Kommunen weiter zu verstaatlichen, die Legitimationsprobleme gebietskörperschaftlicher Politik immer größer. Der Einsatz gesellschaftlicher Ressourcen hatte mittlerweile ein solches Ausmaß erreicht, daß gesamt-staatliche Fehlleistungen immer weniger tragbar waren: das Problem der Effektivität und Effizienz staatlichen Handelns rückte in den Vordergrund.

Die Diskussionen um gebietskörperschaftliche Neuorientierungen mußten notwendigerweise Folgen für eine Intensivierung der Frage nach autonomen politischen Handlungsspielräumen in Gemeinden haben, deren Antworten auf dem Hintergrund unterschiedlicher Ansätze der insgesamt aufblühenden Kommunalwissenschaften gegeben wurden. Bei den systemtheoretisch ansetzenden Arbeiten stand die Frage nach der Abhängigkeit der Gemeinden von gesellschaftlichen und staatlichen Rahmenbedingungen im Mittelpunkt, während in anderen Untersuchungsrichtungen die Ebene der kommunalen Willensbildungs- und Entscheidungsprozesse und die der Problemverarbeitung sowie Leistungserstellung betont wurde.[258] Gegenwärtig stellt sich die Situation unter Berücksichtigung eines auf Deregulierung bedachten zentralen Staates und der Bildung eines Europa der Regionen völlig neu: die Frage nach einer grundlegenden Revision der Bundesebene im Staatsaufbau ist

---

[258] Vgl. dazu Joachim J. Hesse, Politik und Verwaltung als Gegenstand der Kommunalwissenschaften, in: Ders. (Hrsg.), Kommunalwissenschaften in der Bundesrepublik Deutschland, a.a.O., S. 117 ff.

nicht mehr tabuisiert. Nach mehr als einhundert Jahren, nach einem Prozeß der Kommunalisierung des Staates im gebietskörperschaftlichen System wird heute ernsthaft über eine neue Staatsqualität der Kommunen debattiert. Damit wird ein bereits Mitte der siebziger Jahre schon einmal formulierter Anspruch zur Reformulierung der lokalen Ebene von den Kommunalwissenschaften erneut vitalisiert. Wird damit ein neuer Entwicklungsschub für die kommunale Ebene als Trägerin der Gemeinwohlidee eingeleitet?

6.3   Kommunale Selbstverwaltung als Grundlage der Demokratie

Wie bereits mehrfach angerissen, wird die Bedeutung der kommunalen Selbstverwaltung für die politische, resp. demokratische Entwicklung im 19. und beginnenden 20. Jh. in der Literatur unterschiedlich eingeschätzt, wobei die Abweichungen auch daher rühren, daß für die wirkliche Entwicklung in diesem Zeitraum ein gegenwartsbezogenes Demokratieverständnis zugrunde gelegt wird. Ein solches methodisches Vorgehen ist legitim, wird aber weder dem strukturellen Stellenwert der kommunalen Selbstverwaltung noch ihrer Funktion im ökonomischen und sozialen Entwicklungsprozeß gerecht. Demgegenüber sind Position und Funktion der kommunalen Selbstverwaltung als Leitbild demokratischer Kommunalpolitik angemessener bestimmbar durch eine zeitgleiche Identitätsbestimmung von Norm und Realität, die unter Einbeziehung des genetischen Aspekts demokratischer Systeme generell adäquater erscheint.

Die Einrichtung der kommunalen Selbstverwaltung war in den deutschen Staaten gerade zu Beginn des 19. Jhs. mit dem Anspruch einer umfassenden Demokratisierung von Staat und Gesellschaft verbunden. Insbesondere der preußische Obrigkeitsstaat sollte zusammen mit der Beseitigung des Zunftzwanges durch die Gewerbefreiheit, die Abschaffung der Patriomonialgerichtsbarkeit und Patriomonialpolizei, die Aufhebung der Frohnden und Dienste, die Einführung der Nationalrepräsentation und durch die kommunale Selbstverwaltung fundamental verändert werden. Der Anspruch eines tiefgreifenden Wandels war in der Städteordnung von 1808 verankert: "Der besonders in neueren Zeiten sichtbar gewordene Mangel an angemessenen Bestimmungen in Absicht des städtischen Gemeinwesens und der Vertretung der Stadtgemeinde, das jetzt nach Klassen und Zünften sich teilende Interesse der Bürger und das dringend sich äußernde Bedürfnis einer wirksameren Teilnahme der Bürgerschaft an der Verwaltung des Gemeinwesens überzeugen uns von der

Notwendigkeit, den Städten eine selbständigere und bessere Verfassung zu geben, in der Bürgergemeinde einen festen Vereinigungspunkt gesetzlich zu bilden, ihnen eine tätige Einwirkung auf die Verwaltung des Gemeinwesens beizulegen und durch diese Teilnahme Gemeinsinn zu erregen und zu erhalten."[259]

Folgerichtig "mußte jede einschneidende und durchgreifende Reform, wie Stein sie vorhatte, nicht nur die Verwaltungsordnung dieses Staates berühren, sondern seine gesamte, auch seine soziale und wirtschaftliche Ordnung zutiefst verändern, mehr noch - sie mußte von einem ganz neuen Staatsbegriff ausgehen".[260] Wesentliche Elemente des Demokratisierungsprozesses sollten einmal in der Machtergreifung kommunalpolitischer Einrichtungen durch das Bürgertum und zum anderen in der Reform des Staatsapparates durch die unterste politisch-administrative Einheit liegen. Der Gegensatz von Obrigkeitsstaat und Untertan sollte auf diesem Weg überwunden und im kommunalen Gemeinwesen aufgelöst werden. Die kommunale Selbstverwaltung "sollte nicht nur den Bürokraten, sondern auch den Bürger aus seinem gewohnten Alltagstrott herausreißen, seinen Blick über den beschränkten Kreis der eigenen Interessen hinaus aufs Allgemeine lenken, ihn durch Mitarbeit zur Mitverantwortung am Staat erziehen und ihn dadurch erst zum vollen Menschen machen".[261]

Politische Mitwirkung in der Gemeinde war allerdings normativ und faktisch an Besitz und Einkommen gebunden, insofern hatte die kommunale Selbstverwaltung nach heutigem Verständnis undemokratische Züge, dennoch ist es nur formal gerechtfertigt, von der "demokratischen Gemeinde erst mit den Wahlrechtsveränderungen nach 1918/19 zu sprechen und erst danach keine Wesensunterschiede"[262] mehr festzustellen. Der materielle Prozeß der Demokratisierung vollzog sich seit beginnendem 19. Jh., wurde vom Bürgertum getragen und brachte bereits nach 1870 den "Kompromiß zwischen bürgerlich-kapitalistischer Gesellschafts- und Wirtschaftsordnung und sozialreformerischer Politik",[263] zwischen Bürgertum und

---

[259] August Krebsbach (Hrsg.), Die preußische Städteordnung 1808. Präambel der Städteordnung von 1808 (Neue Schriften des Deutschen Städtetages Bd. 1), Köln 1970.

[260] Erich Botzenhart/Gunther Ipsen (Hrsg.), Freiherr vom Stein. Ausgewählte politische Briefe und Denkschriften, a.a.O., S. 96.

[261] Ebenda.

[262] Günter Püttner, Zum Verhältnis von Demokratie und Selbstverwaltung, in: Ders. (Hrsg.), HdKWP, Band 2, a.a.O., S. 3.

[263] Ernst-Ulrich Huster, Ethik des Staates, a.a.O., S. 79.

Arbeiterbewegung hervor, auch wenn er sich in der Weimarer Republik schließlich als nicht realisierbar erwies. Die kommunale Selbstverwaltung war Merkmal des sanften Weges der Demokratisierung und nicht der Revolutionierung des Obrigkeitsstaates zum Wohlfahrtsstaat.

Die Rechtsstaatsphilosophie Kants und die Wirtschaftslehre Smiths waren theoretische Grundlagen für den freien Gemeindebürger als dem freien Bewohner einer territorial nicht mehr begrenzten Einheit, die Befreiung des Individuums war Voraussetzung für die Umwälzung des absolutistischen Polizeistaates. Durch die Mitwirkung des Bürgers am kommunalen Gemeinwesen sollte das Staatswesen demokratisiert werden. Dezentralisation und Demokratisierung waren in der Idee der Städteordnung von 1808 gemeinsam verkörpert, in Wirklichkeit hingegen entwickelten sich beide Elemente nicht parallel, die Demokratisierung führte letztlich zum Erstarken der staatlichen Ebenen, wenn auch mit eminent kommunalen Akzentuierungen. Ein wichtiger Grund hierfür lag darin, daß das Bürgertum selbst zusehends staatlich orientiert war und mit der Verteidigung seiner Privilegien auf kommunaler Ebene das Prinzip der Selbstverwaltung auch als Instrument gegen eine Teilhabe aller Klassen und Schichten an der politischen Macht einsetzte. Das Bürgertum entfernte sich damit auch von seinem Eigenverständnis, das in der Gemeinde die Vertreterin des demokratischen Prinzips glaubte erkennen zu dürfen und sie häufig auch als eine der Gesellschaft zugehörende politische Ordnung verstand - und nur deswegen Gemeindefreiheit als antistaatliches Postulat aufnahm.

Im Verlauf des Veränderungsprozesses vom Obrigkeitsstaat zum modernen Sozialstaat hat sich das von M. Weber gekennzeichnete Prinzip der "rationalen Herrschaft", mit den Elementen der Professionalisierung, Formalisierung und Bürokratisierung der Verwaltungen auch auf kommunaler Ebene durchgesetzt. Gemäß den Vorstellungen der Städteordnung von 1808 - nach der Beamte der kommunalen Verwaltungen nicht mehr Diener der absoluten Herrscher, sondern Organe des Gesamtwillens waren - sollte durch die Verknüpfung von rationaler Herrschaft und kommunaler Selbstverwaltung eine demokratische Gesellschaft entstehen. Allerdings hatte Stein bei der Verwirklichung der Selbstverwaltung noch stark auf das kommunale Ehrenamt gesetzt, das die Verwaltung dominieren sollte. Die Wiederbelebung des Bürgersinnes sollte in Anlehnung an die mittelalterliche Stadtfreiheit hergestellt werden, die kommunalen Repräsentativorgane sollten Entscheidungskompetenzen, die Verwaltung nur exekutive Funktionen haben. Ebenso wie das unmittelbare Rechtsverhältnis des Beamten zum Gemeinwesen auf das Staatsbeamtentum übertragen werden sollte, sollte die absolute Herrschaft durch die parlamentarische Demokratie abgelöst werden. "Wie die Städteordnung nur als Grundstein und Anfang der Umwandlung des alten Polizeistaates in den modernen Rechtsstaat begriffen werden kann, so begreift man die moderne Stellung des Staatsbeamtentums nur als eine Entwicklung aus dem Keime des von der Städteordnung geschaffenen kommunalen Amtsrechts".[264]

Die Geschichte des kommunalen Ehrenamtes zeigt, daß die Verbindung von Berufsbeamtentum und Laienverwaltung - die sich im Verlauf der Geschichte immer mehr von ihrer elitären Prägnanz entfernte -[265] ein wichtiger Bestandteil der kommunalen Demokratie war, ja bis heute ist. Dies gilt in besonderem Maße deswegen, weil das Nebeneinander von Professionalität und Ehrenamt nicht auf den administrativen Sektor beschränkt, sondern auch auf den gemeindlichen Rat ausgedehnt war. Die systematische Verknüpfung historischer und zeitnaher Entwicklungstrends bietet interessante Parallelen in bezug auf die Struktur von Berufs- und Laienverwaltung, durch deren Reformulierung eine Demokratisierung des institutionellen Politiksystems erreicht, ebenso wie der Verstaatlichungsprozeß der Kommunen gebremst werden soll. Die Kommunalwissenschaften haben damit erneut die Frage nach "kommunaler Gegenmachtpolitik" aufgeworfen, in der Kommunen entscheidend mit "eigenen Interventionen dazu beitragen, einen sinnentleerten technisch-ökonomischen Fortschrittsbegriff nach sozial-ökologischen Kriterien zu rekonstruieren".[266]

Im Unterschied zur politischen Substanz der kommunalen Selbstverwaltung ist die Vorstellung in der kommunal- und staatswissenschaftlichen Literatur nicht gering verbreitet, daß bis zum Beginn der Weimarer Republik ein Gegensatz von Selbstverwaltung und Kommunalpolitik bestanden habe.[267] Diese Einschätzung beruht

---

[264] Hugo Preuß, Die Entwicklung des deutschen Städtewesens, a.a.O., S. 262.

[265] Einen herausgehobenen Stellenwert in den staatstheoretischen Vorstellungen hat das unbesoldete Ehrenamt bei von Gneist. Der - allerdings staatlich eingesetzte - Ehrenbeamte ist Kernstück einer obrigkeitlichen Selbstverwaltung, die als zwischen Parlament und Staatsverwaltung angesiedelter Zwischenbau, als ein Teilsystem der ausführenden Staatsgewalt verstanden wird. Vgl. dazu: Rudolf von Gneist, Die preußische Kreis-Ordnung in ihrer Bedeutung für den inneren Ausbau des deutschen Verfassungs-Staates, o.O., 1870, S. 5.

[266] Udo Bullmann, Zur "Identität der lokalen Ebene", in: Bernard Blanke (Hrsg.), Staat und Stadt, PVS-Sonderheft 22, 1991, S. 88.

[267] Vgl. z. B. Rainer Frey/Carl Böhret, Staatspolitik und Kommunalpolitik, in: Günter Püttner (Hrsg.), HdKWP, Bd. 2, a.a.O.; Rainer Frey (Hrsg.), Kommuna-

wesentlich darauf, die kommunale Selbstverwaltung als Organisationsprinzip der kommunalen **Verwaltung** und als Teil der **föderalistisch strukturierten** gesamten Staatsverwaltung zu begreifen. Doch selbst unter dem Aspekt des **administrativen Föderalismus** ist spätestens mit der Konstituierung der Reichsebene und dem Durchbruch der Industrialisierung seit 1870/71 der politische Gehalt gebietskörperschaftlichen Handelns in Gemeinden deutlich geworden.[268] Selbst im Zeitraum zwischen 1808 und 1870 - dies haben wir skizzenhaft nachzeichnen können - fungierte die kommunale Selbstverwaltung normativ und faktisch als politisches Gestaltungsprinzip. Selbstverwaltungsorientierte Kommunalpolitik war im 19. Jh. geprägt von gesellschaftlichen Auseinandersetzungen sowohl auf kommunaler Ebene als auch im vertikalen System der Politikverflochtenheit. Dies gilt nicht nur für die großen Linien unterschiedlicher ökonomischer und politischer Ordnungsvorstellungen wie die konservativer, liberaler und sozialer Ausrichtung, sondern auch für die im Prinzip daraus resultierenden Alltagsprobleme vor Ort.

Ein reduziertes politisches Verständnis von kommunaler Selbstverwaltung beinhalten solche politikwissenschaftlichen Theorieansätze, welche die Definition des Politischen wesentlich auf die Ausbreitung der modernen politischen Parteien als Strukturelemente des Politiksystems gründen. Danach fungiert die kommunale Selbstverwaltung erst seit den zwanziger Jahren des 20. Jhs. als **politisches Leitbild**. Abgesehen davon, daß dieser Zeitpunkt auch mit besonderem Blick auf den Parteien-Aspekt zu spät angesetzt ist,[269] gilt es den grundsätzlichen Gesichtspunkt zu berücksichtigen: Politik ist grundsätzlich nicht auf Parteipolitik reduziert. Zutreffend ist allein eine im Zusammenhang mit der historischen Analyse stehende Kritik an den "ihrem Wesen nach kommunalfremden großen Parteien",[270] wie sie bereits in den 1920er Jahren formuliert wurde, zu dieser Zeit allerdings auch aus dem Grunde, um eine weitere Demokratisierung kommunaler Politik durch die Massenparteien aufzuhalten. Das eigentliche Problem im Zusammenhang von kommunaler

le Demokratie, a.a.O.; Oscar W. Gabriel (Hrsg.), Kommunalpolitik im Wandel, a.a.O.; Rainer Emenlauer/Herbert Grymer u.a., Die Kommune in der Staatsorganisation, a.a.O.

[268] Vgl. z. B. ähnlich: Klaus Stern, Die föderative Ordnung im Spannungsfeld der Gegenwart. Politische Gestaltung im Miteinander, Nebeneinander und Gegeneinander von Bund und Ländern, in: Politikverflechtung zwischen Bund, Ländern und Gemeinden (Vorträge und Diskussionsbeiträge der 42. Staatswissenschaftlichen Fortbildungstagung der Hochschule für Verwaltungswissenschaften, Speyer 1974), Berlin 1975, S. 9 ff.

[269] Hans Peters, Kommunalwissenschaften und Kommunalpolitik, in: Ders. (Hrsg.), HdKWP, Bd. 1 (2. Aufl.), Berlin u.a. 1956, S. 1 ff.

[270] Arnold Köttgen, Die Krise der kommunalen Selbstverwaltung, a.a.O., S. 22.

Selbstverwaltung und Parteienentwicklung war nicht die Unverträglichkeit von Selbstverwaltung und Parteiendemokratie, sondern die Tatsache, daß sich das allgemeine Politikinteresse mit dem Entstehen des modernen Parteienwesens schon vor der Jahrhundertwende auf die institutionelle Ebene konzentriert hat und hierbei besonders auf die der zentralen Gebietskörperschaft.[271] Auf diese Weise haben seit der Jahrhundertwende auch die Parteien den Verstaatlichungsprozeß der Kommunen beschleunigt und die Auflösung der mit der Selbstverwaltung verknüpften, lokal definierten Gemeinschaftsidee im Staatsganzen vorangetrieben.

Das für die Entwicklung der deutschen Demokratie konstitutive Spannungsverhältnis zwischen den Teilen und dem Ganzen, dem Besonderen und Allgemeinen wurde zwar verfassungsrechtlich bereits mit der Weimarer Reichsverfassung aufgelöst, politisch ist es aber bis heute erhalten geblieben. Die geschichtliche Entwicklung kann "insoweit als verläßlicher Zeuge für die enge Verbindung von Demokratie und Selbstverwaltung in Deutschland angeführt werden, als man darin das zwischen beiden prinzipiell bestehende Spannungsverhältnis um das Verhältnis der Teile zum Ganzen erkennt".[272] Es waren vor allem die für die Industrialisierung charakteristischen Faktoren wirtschaftlicher und sozialer Art, die eine isolierte Entwicklung der Teile, der territorialen Körperschaften auf unterster Ebene immer weniger zuließen. Industrialisierung und Urbanisierung erfaßten das Ganze und ließen die Selbstverwaltung im Sinne der liberalen und sozialen Idee von der Gemeindefreiheit als Freiheit von der allgemeinen zentralstaatlich definierten Wohlfahrtsidee zunehmend obsolet werden. Die demokratisierende und integrationistische Wirkung der kommunalen Selbstverwaltung steht der selbst verfassungsrechtlich zugespitzten Behauptung entgegen, daß das Selbstverwaltungsprinzip trotz der Möglichkeiten bürgerschaftlicher Mitwirkung "im Grunde im gesamten Staatsaufbau ein fremdartiges Element" geblieben sei.[273]

Unter demokratietheoretischem Aspekt findet die kommunale Selbstverwaltung sowohl in Konzepten zur identitären Demokratie als direkt vermittelter Form von Volkssouveränität als auch in denen zur liberal-repräsentativen Demokratie ihren Platz. Im Rahmen eines radikalen Demokratieverständnisses, der Willensbildung

---

[271] Vgl. dazu Josef Brix/Hugo Lindemann u.a. (Hrsg.), Handwörterbuch der Kommunalwissenschaften, a.a.O., S. 783 ff.

[272] Georg Christoph v. Unruh, Demokratie und kommunale Selbstverwaltung, in: DÖV, Heft 6/1986, S. 219.

[273] Horst Matzerath, Urbanisierung in Preußen 1815-1914, a.a.O., S. 381.

und Entscheidungsfindung von 'unten' nach 'oben' steht die kommunale Ebene im Mittelpunkt; sie widerspricht nicht der radikalen Idee von der Gleichheit und Gerechtigkeit in der Gesellschaft, sie bildet vielmehr die Voraussetzung dafür, den Untertanen im Staat aufzuheben und die Identität zwischen Regierenden und Regierten herzustellen. Ein solches, auch räumlich sinnbildliches Demokratie-Verständnis von der kleinen zur großen Raumeinheit macht an den lokalen Grenzen nicht halt, es hat vielmehr den Bedarf nach Gleichheit im Staat systematisch einzubeziehen. Die Theorie einer demokratisch entwickelten Arbeitsteilung baut aber auf dem kommunalen Fundament auf. In der politischen Wirklichkeit haben sich die an J. J. Rousseau angelehnten Demokratie-Konzeptionen[274] mit der mündigen bürgerschaftlichen Selbstverantwortung im Mittelpunkt nicht durchgesetzt. Das rechtfertigt aber nicht, die kommunale Selbstverwaltung als strukturfremdes Prinzip der repräsentativen Demokratie zu interpretieren, wie dies v.a. in den zwanziger Jahren dieses Jahrhunderts gerade mit der Absicht geschah, den Prozeß beschleunigter Demokratisierung im Staat durch die Existenz demokratischer Gemeinden aufzuhalten oder zu verlangsamen. Eine solche Definition als strukturfemdes Prinzip wollte kommunale Selbstverwaltung weiterhin an Besitz und Vermögen binden und die Vorstellung von der Massendemokratie konterkarieren. Daß die Durchsetzung solcher Vorstellungen und die Funktionalisierung der Selbstverwaltung für die liberal-repräsentative Demokratie möglich ist, zeigt die Geschichte der Demokratie in den vergangenen rund einhundert Jahren. Gerade weil die Durchsetzung sozialer Interessen in der repräsentativen Demokratie - trotz Massenparteien - an Besitz und Vermögen nach wie vor wesentlich gebunden bleibt, haben sich Partizipationsbewegungen als Formen des Protestes gegen das Repräsentativsystem in jüngerer Zeit stark entwickelt. Damit sind neue Chancen eröffnet, kommunale Selbstverwaltung in einem originär demokratischen, die Identität von Partizipant und Repräsentant anstrebenden Sinne zu verstehen. Kommunale Demokratie auf der Grundlage des Aktivbürgers und Repräsentanten erfordert "von allen denjenigen, die politische Verantwortung tragen, ein hohes Maß an Einsicht und Geschicklichkeit für die Bewahrung der angemessenen Belange der Teile im Ganzen, des verfassungsrechtlich gewährleisteten Selbstverwaltungsbereiches, von den dem Staat als dem Gemeinwesen obliegenden politischen Aufgaben".[275]

---

[274] Jean-Jacques Rousseau, Du contrat social, Paris 1977 (Edition du Senil).
[275] Georg Christoph v. Unruh, Demokratie und Selbstverwaltung, a.a.O., S. 223.

6.4   Räumliches Milieu als Bestandteil lokaler Identität

An mehreren Stellen dieses Bandes wurde auf die im Rahmen der Industriealisierung und Urbanisierung sich vollziehenden sozialen Wandlungsprozesse in den Gemeinden des 19. Jhs. hingewiesen. Der Siegeszug des kapitalistischen Wirtschaftssystems schuf neue Klassenstrukturen und generell marktmäßige Beziehungen zwischen den Individuen, differenzierte Formen ökonomischer und sozialer Arbeitsteilung ebenso wie sozialräumliche Segregationsprozesse und löste schließlich tradierte Sozialgebilde in Stadt und Land auf. In den Mittelpunkt, insbesondere in den Städten rückte das - in der Binnenstruktur vielfältig ausdifferenzierte - Bürgertum und die dazu vergleichsweise homogene Arbeiterschaft. Obwohl sich bereits im Verlauf des 19. Jhs. die Grenzen innerhalb der Klassenbildung immer mehr verschoben und die Normen der bürgerlichen Gesellschaft das individuelle Verhalten in klassen-unspezifischer Weise zusehends prägten, bewahrten die beiden großen Klassen von Bürgertum und Proletariat ein spezifisches Bewußtsein und eine spezifische Form auch nachbarschaftlichen Verhaltens. Hierfür war selbstverständlich die ausgeprägte klassenspezifische Wohnsegregation wichtige Voraussetzung, die Wohnbezirke waren im 19. Jh. zum Teil hermetisch abgedichtet. Das städtische Proletariat litt unter den Folgen der Segregation materiell besonders stark: "Die deprimierende Gleichförmigkeit miserabler Wohnbedingungen, die dominierende Erfahrung von Armut und Überfüllung, von Krankheit und Kindertod, von Verschuldung und Elend - sie haben jenes proletarische Milieu geschaffen, in dem sich die Vorstellung von einer gemeinsamen Klassenlage, schließlich auch gemeinsame Interessen und ein gemeinsames Klassenbewußtsein während einer langgedehnten Entwicklungsphase durchsetzen konnten."[276]

Die Entstehung eines gemeinsamen Klassenbewußtseins fand auf der Grundlage sich ausbreitender städtischer Milieus statt, für die auch eine ausgeprägte Nachbarschaft charakteristisch war. Nachbarschaft und Milieu substituierten nicht mehr wirksame Familienbande als soziale Auffangnetze. Nachbarschaftliche Solidarität war Teil eines funktionierenden städtischen Sozialsystems und weitergehend auch Voraussetzung für die allmähliche Entfaltung demokratischer Strukturen, Prozesse und Verhaltensweisen in den Kommunen. Die wissenschaftliche und praktische Kritik insbesondere an der Großstadt im 19. Jh., an den Erscheinungsformen städtischer Vereinzelung und Anonymität ist nur teilweise zutreffend, denn gleichzeitig

---

[276]   Hans-Ulrich Wehler, Deutsche Gesellschaftsgeschichte, Bd. 3, a.a.O., S. 25.

beinhaltete Verstädterung gesellschaftlichen Fortschritt auf der Grundlage gemeinsamer Interessen und kollektiv erlebter Stadträume. Das städtische Proletariat war - ebenso wie unmittelbar zuvor das städtische Bürgertum - treibende Kraft gegen traditionelle Autoritäten und etablierte Herrschaftsstrukturen. Gerade weil die städtischen, insbesondere proletarischen Milieus im 19. Jh. alles andere als idyllisch waren, schufen sie im Sinne von konkreten Handlungsgemeinschaften erst die Möglichkeit für gesellschaftliche Veränderungen. Generell kann für das 19. Jh. festgehalten werden, daß das Kriterium der Raumbezogenheit als Stadt gegenüber dem Land und innerhalb der Städte für die lokale Identitätsbildung wesentlich war; soziale Lebensgemeinschaften und politisches Verhalten waren im kapitalistischen Alltag räumlich verknüpft. Der sozialwissenschaftliche Begriff von Urbanität verkörperte in der Praxis - so umstritten er in der Theorie auch gewesen sein mag - den auf Gleichheit und Gerechtigkeit ausgerichteten gesellschaftliche Fortschritt.

Der Zusammenhang zwischen sozialer Nachbarschaft, dem Streben nach politischer Autonomie und Demokratie in Kommunen ist grundsätzlicher Natur, wobei der demokratische Aspekt die gesamtgesellschaftliche Dimension verkörpert. Die Gemeindeentwicklung im 19. Jh. lehrt uns, daß die Demokratisierung der Gesellschaft durch die Mitwirkung der Kommunen auf der Grundlage selbstbestimmten politischen Handelns möglich wurde, was wiederum die Abschöpfung und den Einsatz gesellschaftlicher Ressourcen voraussetzte. Die neu herausgebildete lokale Gemeinschaftsidee als Grundlage gesellschaftlichen Gemeinwohls wurde auf lokaler Ebene mitgetragen durch vielfältige Formen genossenschaftlich, verbandlich, vereins- oder parteienmäßig organisierter Gemeinwesenarbeit, die stark quartiersmäßig verankert war. Die Kommune des 19. Jhs. war - über alle sozialstrukturellen Disparitäten hinweg - Ort der Nachbarschaft, Solidarität und des demokratischen Bewußtseins.

Fortschreitende Prozesse der Urbanisierung und Industrialisierung zur Zeit der Jahrhundertwende und in den Folgejahren beinhalteten aber bereits den Kern für weitergehende Struktur-Veränderungen. Vielfältige Erscheinungsformen einer zunehmenden verstädterten Gesellschaft, wie immense Flächenerweiterungen bestehender Städte in das ländliche Umland hinein, erhebliche Verbesserungen bei der individuellen und gesellschaftlichen Reproduktion insbesondere durch kommunale Leistungen, die Verdrängung der Wohnbevölkerung an die Stadtränder, die Trennung von Gewerbe und Dienstleistungsstandorten und auch die Segregation von Ar-

beiten und Wohnen[277] setzten im Verlauf des 20. Jhs. verstärkt die gemeinschaftsför-
dernde Funktion von Stadtquartieren, das Milieu als spezifische Form städtischen
und kommunalen Gemeinlebens außer Kraft. Der Stadt wurde als sozialer und politischer Lebensraum zusehends ihre Grundlagen entzogen. Erst viele Jahrzehnte
später waren es weniger theoriegeschichtliche Assoziationen und mehr konkrete
Negativ-Erfahrungen mit dem Lebensraum Stadt sowie das Nachdenken über Stadt-
gestalt und Wohnungsbau, die in den sechziger und siebziger Jahren des 20. Jhs.
eine Aktivierung der Nachbarschaft als Gemeinschaftsidee für sinnvoll hielten und
politische Veränderungen zu ihrer Umsetzung forderten.[278] Die institutionalisierte
Kommunalpolitik war tendenziell bereits zu dieser Zeit an Grenzen gestoßen, v.a.
ökonomische und soziale Entwicklungsprozesse steuern zu können. Die Stadt als
politischer Raum, als Plattform freiheitlich orientierter demokratischer Praxis gehörte spätestens jetzt der Vergangenheit an. "Was wir in den stadtähnlichen Agglo-
meraten, die vor unseren Augen entstehen, leider betrachten, ist gerade die fortschreitende Vernichtung vieler städtischer Freiheiten, die auf uns von früher her
überkommen sind, die Herstellung neuer Privilegiertheit und Unterprivilegiertheit.
Städte sind politische Räume."[279]

Seit etwa Mitte der siebziger Jahre des 20. Jhs. verstärkten sich in der lokalen Praxis
Versuche, die Kommune als politischen Raum zurückzugewinnen; begleitet wurde
diese Entwicklung von einer kritischen Wissenschaft, die empirisch gestützt eine
Neuformulierung kommunaler Politik über den institutionellen Rahmen hinaus na-
helegten. Tendenzen des eingangs beschriebenen kommunalpolitischen Aufbruchs
und einer Demokratisierung von 'unten' breiteten sich in der Praxis aus. Im Widerspruch dazu beschleunigte sich der - wissenschaftlich zu dieser Zeit kaum wahrgenommene - Prozeß der Globalisierung, der mit weiteren - in Ergänzung zu den staatlich induzierten - Bedeutungsverlusten der konkreten, lokalen Räumlichkeit verbunden ist. In der Folgezeit hat sich eine praktische Vitalisierung des lokalen Raumes
angesichts des intensivierten Globalisierungsprozesses als sehr schwierig erwiesen,
dessen ohnehin bestehendes "schnelleres Wachstum **aller** weltmarktbezogenen Ag-
gregate gegenüber inlandsbezogenen Aggregaten" durch die Auflösung des soziali-

---

[277] Zu den vielfältigen internen Differenzierungsprozessen vgl. z. B. Heinz
Heineberg (Hrsg.), Innerstädtische Differenzierung und Prozesse im 19. und 20.
Jahrhundert, a.a.O.

[278] Vgl. z. B. Reimer Gronemeyer/Hans-Eckehard Bahr (Hrsg.), Nachbarschaft im
Neubaublock, Weinheim und Basel, 1977.

[279] Alexander Mitscherlich, Thesen zur Stadt der Zukunft, Frankfurt/M. 1971,
S. 13.

stischen Machtblocks nach 1989 eine zusätzliche Qualität erreichte.[280] Die Gefahr, daß den "politischen Subjekten von Demokratie" der ökonomische Gegenstand von Demokratie verloren geht,[281] gilt auch und in besonderem Maße für die lokale Ebene. Die Initiierung von regionalen und lokalen Gegentrends gegen die Globalisierung und der Versuch, die lokale Demokratie zu stärken, sind angesichts der Internationalisierung von ökonomischen Wachstumsbedingungen schwierig; ihre noch geringen Erfolgsaussichten haben aber auch soziale, insbesondere akteursspezifische Ursachen. Dies gilt sowohl für machtstabilisierende als auch für machtdynamisierende Akteursgruppen, die sich v.a. in bezug auf ihre lokale Gebundenheit entscheidend von der Realität des 19. und beginnenden 20. Jhs. abheben. Denn mit der Globalisierung sind neue gesellschaftliche Gruppen jenseits tradierter Klassenstrukturen entstanden, die über transnationale Konzertierungen, Standortverlagerungen etc. entscheiden, ein neuer Typ von Elite, der den bekannten lokalen Eliten und der traditionalen Bourgeoisie zuwiderläuft. Globalisierung läßt neue Räume entstehen, die überall und nirgends sind. Die Existenz neuer, nur noch provisorischer Aufenthaltsorte geht einher mit der Bildung einer neuen globalen Klasse, die bindungslos und ortlos ist.

Angesichts global wirkender ökonomischer und transnational orientierter politischen Trends hat es - wie gesagt - kommunale Politik schwer, Gegenkräfte zur Stärkung einer neuen Örtlichkeit zu entwickeln. Die Verwirklichung einer solchen Option ist noch gebremst dadurch, daß Gemeindebewohner, bedingt durch die konkreten Wohn- und Lebensverhältnisse, den Bezug zu ihrer Wohnung, ihrem Haus, ihrer Straße und zum Quartier und damit auch eine Identität mit ihrer Kommune kaum noch haben. Andererseits bildet die räumliche und lebensweltliche Identität erst eine wichtige Voraussetzung für politische Mitwirkung in der Kommune. Schließlich ist die politische, soziale und kulturelle Quartiersbildung erschwert durch die - trotz aller sozial-räumlicher Segregation - vorhandene Verflüssigung ehedem starrer sozialstrukturell determinierter Grenzen in der kommunalen Alltagswelt: vielfältige Prozesse der Durchmischung sind für die Kommune heute charakteristisch.

Gleichzeitig sind die Folgewirkungen global orientierter ökonomischer Entscheidungen, die bei der Suche nach Anlageräumen zwar weder nationalstaatliche noch sy-

---

[280] Kurt Hübner, Spielräume transnationaler Demokratie in einer globalen Ökonomie, in: Roland Erne/Andreas Gross u.a. (Hrsg.), Transnationale Demokratie, Zürich 1995, S.101.

[281] Ebenda.

stematische Grenzen kennen und statt dessen zwischen weltweit bestehenden Groß-
räumen wie Niedriglohngebieten oder Sonderwirtschaftszonen unterscheiden, in erster Linie lokal spürbar. "Umrauscht, umbrüllt von Lärm, im Schlaf wie bei der Arbeit, leben wir in ihnen, leben wir unter der Dunstglocke von Abgasen, pendeln über
verstopfte Straßen in unsere Städte hinein und abends wieder aus ihnen heraus. Es
ist ein geringer Trost zu wissen, daß man in den alten Städten bis zu den Knöcheln
im Schmutz versank, daß die Häuser der engen Gassen auch kein idealer Wohnplatz
waren."[282] Dieses schon für die Beschreibung der Stadtwirklichkeit der siebziger
Jahre geltende Zitat soll noch einmal verdeutlichen, daß es bei der Rückgewinnung
lokaler Identität als Element kommunaler Demokratie nicht um eine Idyllisierung
der Stadt im 19. Jh. geht. Wesentlich erscheint vielmehr der Hinweis auf die grundlegende Bedeutung von städtischen Milieus, von lokaler Identität der Bevölkerung,
von politischer Teilhabe an Kommunalpolitik, die sich auf ökonomische, soziale,
ökologische und kulturelle Bereiche erstreckt. Dabei kann gerade eine auch ökonomisch ausgerichtete Kommunalpolitik (Schaffung von Arbeitsplätzen, Stand-
ortentscheidungen etc.) lehrreiche Parallelen zur Entwicklung im 19. Jh. bilden. Die
Flucht nach vorne mit Hilfe historischer Anknüpfungspunkte im Sinne einer Stärkung kommunaler Verantwortungspolitik erscheint legitim, weil aus den gegenwärtig vorherrschenden Strategien der Entkommunalisierung und Privatisierung nicht
allein die entscheidenden Perspektiven entwickelt werden sollten.

---

[282] Alexander Mitscherlich, Thesen zur Stadt der Zukunft, a.a.O., S. 95.

7. Zusammenfassende Thesen und Perspektiven für Kommunalwissenschaften und Praxis

7.1 Zusammenfassende Thesen

1. Im Mittelpunkt politikwissenschaftlicher Analysen zur Entwicklung der kommunalen Selbstverwaltung steht die Frage, ob und inwieweit die **Selbstverwaltung als strukturierendes Element im Verhältnis von Kommune und Staat** gelten kann und gilt. Die weitverbreitete These vom "Dualismus von bürgerlicher Selbstverwaltung und monarchischem Staat (als) das die städtische Verwaltung des 19. Jhs. politisch prägende Moment"[283] beschreibt zwar den normativen Wandel der Selbstverwaltung vom 18. bis ins 19. Jh. - weitreichend formuliert in der Städteordnung von 1808 - aber die reale Entwicklung auf dezentraler und zentraler Ebene wird im Verlauf des 19. Jhs. damit immer weniger charakterisiert. Dies gilt in besonderem Maße für die wechselseitige Durchdringung der verschiedenen Politik-Ebenen. Die konkrete Form der kommunalen Selbstverwaltung als Leitbild kommunalpolitischen Handelns war zur Zeit der Jahrhundertwende vom 19. zum 20. Jh. nicht mehr mit der Selbstverwaltungsidee einer staatsfreien, am Stadtbürger ausgerichteten Politiksphäre identisch. Die administrative und politische Verflechtung von Staat und Kommunen verstärkte eine Entwicklung, in deren Verlauf die Staatsnorm als gesamtgesellschaftlich orientierte Zweckidee in zunehmendem Maß zur Staatswirklichkeit wurde, für welche die wirtschaftliche und soziale Gebietskörperschaft Kommune eine entscheidende praktische Voraussetzung darstellte.

Folgende Prozesse forcierten die Diskrepanz zwischen Anspruch und Wirklichkeit der kommunalen Selbstverwaltung als **staatsfreier** Sphäre. Das Geworden-Sein des Staatsganzen aus den Teilen heraus, und der Ent-Wicklungs-Aspekt der Selbstverwaltung selbst, der schon in früheren sozialwissenschaftlichen Analysen vernachlässigt worden ist. "Entweder beachtete man einseitig nur die Selbständigkeit der Gemeinden gegenüber dem Staate und rechnet sie, da man keinen anderen Gegensatz kennt, zu den Erscheinungsformen der Gesellschaft, eine Anschauung, bei welcher die in den Gemeinden vollzogene Organisierung bei der Vielheit zur Einheit unbeachtet bleibt. Oder man beachtet einseitig diese Einheit und sieht in ihr, da man als einzigen Träger des Einheitsprinzips den Staat betrachtet, den Beleg dafür,

---

[283] Wolfgang Hofmann, Zwischen Rathaus und Reichskanzlei, Stuttgart u.a., 1974, S. 35.

daß die Gemeinden lediglich Organe des Staates seien; daß folglich auch ihre Thätigkeit im Selfgovernment begrifflich staatliche Thätigkeit sei".[284]

2. Der Prozeß des komplexen Ineinanderwachsens von Gemeinde und Staat hat jedoch die **liberale Idee** von der Kommune als staatsfreiem Raum nur sehr allmählich
aufgelöst und andererseits die These von einer Trennung zwischen **genossenschaft-
licher und körperschaftlicher Selbstverwaltung** aufrechterhalten. Damit wird das
insbesondere zeitliche Nacheinander von Genossenschaft und Körperschaft verdeckt, denn erst die genossenschaftliche (bürgerschaftliche) Seite hat die körperschaftliche hervorgebracht. Beide Elemente sind Bestandteil eines allgemeinen gesellschaftlichen Interesses auf kommunaler Ebene, einer Zweiheit in der Einheit.
Die Vernachlässigung des genossenschaftlichen Elements und die starke Orientierung auf die körperschaftliche Seite haben mit dazu geführt, den Gemeinde-Begriff
im Staats-Begriff aufgehen zu lassen. Der Entfaltung des modernen Leistungsstaates
wird diese Begriffsbestimmung nicht gerecht. "Die in der Gemeinde vorgebildete
Gemeinschaftsidee und nicht die Idee des alten Territorialstaates noch die des alten
Reiches ist zum tragenden Prinzip des modernen Staats- und Reichswesens geworden".[285]

Die spannungsgeladene Entwicklung von Staat und Gemeinden zu modernen Gebietskörperschaften drängte bereits während des letzten Drittels im 19. Jh. die Frage
in der Wissenschaft nach der Unterschiedlichkeit von Gemeinden und Staat auf.
Hugo Preuß sah die grundlegende Differenz im Kriterium der Gebietshoheit
begründet, wonach Gemeinden keine Möglichkeit haben, sich selbst aufzulösen oder
zu verändern. Dieses Kriterium gilt bis heute und findet in der Form der institutionellen Garantie der kommunalen Selbstverwaltung seinen normativen Niederschlag
ebenso wie in dem gegenständlich unbeschränkten Aufgabenkreis der Kommune
und deren ausschließlichen Begrenzung durch die räumliche Komponente
("Angelegenheiten der örtlichen Gemeinschaft").

3. Die These vom **Antagonismus zwischen Staat und Kommune** als Charakteristikum für das Mehr-Ebenen-Verhältnis (in der Zeit von 1808 bis 1918) ist systematisch vergleichbar mit der Behauptung von deren Wesens-Ungleichheit. Doch von
rechtswissenschaftlichen Aspekten in der Begründung abgesehen ist eine wesens-

---

[284] Hugo Preuß, Gemeinde, Staat, Reich als Gebietskörperschaften, a.a.O., S. 220.
[285] Ebenda, S. 297.

mäßige Differenz zwischen Gemeinde und Staat nicht zu belegen, es sei denn, es wird ein theoretischer Gegensatz zwischen den Teilen und dem Ganzen, dem Besonderen und dem Allgemeinen konstruiert. "Das gegenüber der Demokratie 'strukturfremde' Element der Selbstverwaltung liegt nämlich in ihrem wesensmäßigen Gegensatz zur Egalité, weil sich durch sie und mit ihr die Eigenart des Besonderen gegenüber dem Allgemeinen manifestiert".[286] Doch eine Besonderheit der kommunalen Ebene wird nicht durch die Politik bestimmt; es bestehen zwar differierende Qualitätsstandards in den Lebensräumen und mit ihnen verbundene politische Spielräume, doch seit der Industrialisierung gelten gleiche strukturelle Wirtschaftsfaktoren, **die über Agglomeration und Deglomeration und ihre ungleichzeitige Entwicklung bestimmen und somit erst die räumlichen Disparitäten konstituieren.** Das Allgemeine staatlicher Politik ist durch ihre übergeordnete Raumbezogenheit definiert, wesensmäßig unterscheidet sich Kommune nicht vom Staat. Entscheidend ist das Kriterium der Räumlichkeit, das den Unterschied zwischen Kommune und Staat, insbesondere ihre unterschiedlichen Funktionen ebenso wie die staatlich-kommunale Arbeitsteilung bestimmen.[287] Hinzu kommt, daß staatliche Politik in der Praxis von dem Widerspruch charakterisiert ist, einerseits "den Entwicklungsvorsprung bestimmter städtischer Strukturen" noch zu verschärfen,[288] andererseits jedoch die Reproduktionsbedingungen in einem grundlegenden Sinne zu gewährleisten.

In dem Spannungsfeld von konkreten räumlichen Interventionen und der Verbesserung allgemeiner Reproduktionsbedingungen bewegt sich die staatliche Gratwanderung, wobei selbst für graduelle Veränderungen enge Grenzen bestehen, wie die Politikoption zur "Schaffung gleichwertiger Lebensverhältnisse" in der Geschichte der Bundesrepublik Deutschland exemplarisch belegt. Eine gerechte Gestaltung der Lebensräume ist offenbar staatlich nicht zu leisten. Der Gegensatz von ökonomisch herbeigeführter Disparität und politisch gewollter Egalität manifestiert sich im lokalen Raum und löst sich in ihm zugleich auf, wobei unter "Raum" hierbei die "Gesamtheit der topographisch, klimatisch, ökosystemar, gesellschaftlich und poli-

---

[286] Georg Christoph von Unruh, Demokratie und kommunale Selbstverwaltung, a.a.O., S. 223.

[287] Hierbei wird von außenpolitischen und militärischen Funktionen abgesehen.

[288] Adalbert Evers, Agglomerationsprozeß und Staatsfunktionen, in: Rolf-Richard Grauhan (Hrsg.), Lokale Politikforschung; a.a.O., S. 53.

tisch variierenden Orte bzw. 'regionalen Milieus', in denen eine öffentliche Politik in der realen Welt ihre Wirkungen entfaltet", verstanden wird.[289]

Die im vorliegenden Band vertretene Definition einer Wesensgleichheit von Kommune und Staat beinhaltet eine historisch veränderbare, spezifische Form staatlich-kommunaler Arbeitsteilung. Die Formen dieser Arbeitsteilung sind in den vergangenen rund 125 Jahren in entscheidendem Ausmaße der ökonomischen Entwicklung gefolgt, wobei dem Prozeß der wirtschaftlichen Konzentration und Zentralisation eine besondere Bedeutung zukommt. Industriearbeiter und ihre Interessenorganisationen setzten mit fortschreitender Bedeutung und zunehmender Organisationsstärke weniger auf die betriebswirtschaftliche und mehr auf die volkswirtschaftliche Schiene, was zu einer zusehends nationalen und staatlichen Orientierung führte. Die Reformierung des Kapitalismus wurde demzufolge zusehends über den Staat angestrebt, der mit Hilfe sozialer Funktionen die aus dem Produktionsprozeß entstehenden Strukturprobleme lösen oder mindern sollte. Tatsächlich hat der zentrale Staat nach 1870 Rahmenbedingungen geschaffen, die in der Arbeiterschaft zu weiteren Hoffnungen auf Sozialreformen führten. Die Forderung nach sozialer Gerechtigkeit war also verknüpft mit der erfolgreichen Herausbildung des nationalen Sozialstaates.

4. Im Verlauf des 20. Jhs. haben weder die **verfassungsrechtliche Garantie der kommunalen Selbstverwaltung** noch ihre Unterstützung durch das **städtische Bürgertum** und später die kommunale Bürgerschaft den Erosionsprozeß autonomer Kommunalpolitik aufhalten können. Der zentrale Staat v. a., weniger die dezentralen Staaten haben nach eigenen Prioritätensetzungen die Grenzen politischen Handelns zusehends bestimmt. Kommunal entstandene Vorleistungs- und Ausgleichsfunktionen wurden allmählich abgelöst von einer gesamtstaatlich orientierten Problemverarbeitung, die vor allem aufgrund einer wachsenden Entörtlichung sozio-ökonomischer Entwicklungsprozesse zur gesamtgesellschaftlichen Politikoption wurde. Obwohl das Verhältnis von kleinräumlich orientierter Gemeindepolitik und national orientierter Staatspolitik seit 1870 von konjunkturellen Schwankungen gekennzeichnet ist, besteht eine Kontinuität wachsenden Staatseinflusses, die bis in die neueste Zeit anhält.

---

[289] Peter Knoepfel/Ingrid Kissling-Näf, Transformation öffentlicher Politiken durch Verräumlichung - Betrachtungen zum gewandelten Verhältnis zwischen Raum und Politik, in: Adrienne Héritier (Hrsg.), Policy Analyse, a.a.O., S. 269.

Der säkulare Prozeß kommunaler Verstaatlichung wurde wesentlich begünstigt vom
lokalen, resp. städtischen Bürgertum. Bereits im Verlauf des 19. Jhs. entfernte sich
das Bürgertum immer mehr vom Postulat einer **Freiheit vom** Staat und forderte
eine **Freiheit im** Staat, wobei der nicht-interventionistische Staat schon in der zweiten Hälfte des 19. Jhs. ohnehin Ideologie war. Für die Entwicklung nach der geschei-
terten Revolution von 1848 war das Bündnis von Bürokratie und Bürgertum wegwei-
send, zwischen dem "die Obrigkeit personifizierenden Beamten und 'kleinen Leuten'
klaffte eine enorme soziale Distanz... Der Grad der Normierung der Gesellschaft
war... in der zweiten Hälfte des Jahrhunderts spürbar höher als zu dessen Beginn.
Die Regeln des bürokratisierten Staates intervenierten per Verwaltung in die Gemeinden sowie in andere örtliche Gemeinschaften und transformierten diese vormals relativ autonome Sphäre."[290] Forciert wurde dieser Prozeß auch durch die mit
der Industrialisierung entstehende neue Klasse der Arbeiter, die auf Partizipation an
politischer Macht auf allen gebietskörperschaftlichen Ebenen drängte.[291] In den
kommunalen Verwaltungen und Vertretungen blieb im Verlauf des 19. Jhs. die soziale Homogenität so lange gewahrt, "bis mit der gewaltigen Expansion des kommer-
ziellen und industriellen Kapitalismus gerade in der Vertretung der größeren Städte
die Bourgeoisie unmöglich mehr unter sich bleiben konnte; vielmehr ihre soziale
Komplementärerscheinung, die großindustrielle und großkommerzielle Arbeiterschaft sich hier Eingang verschaffen mußte, sei es in Gestalt der Sozialdemokratie,
sei es bei besonderen örtlichen Verhältnissen in Gestalt der Zentrumsdemokra-
tie".[292] Der historische Prozeß des Ineinandergreifens von Kommune und Staat war
nicht nur eine Folge des ökonomischen Entwicklungsprozesses, "in deren Veränderung sich die Veränderung des kapitalistischen Verwertungsprozesses durchsetzt",[293]
sondern auch eine Folge der sozialen Auseinandersetzungen, eine Frage politischer
Macht.

5. Je stärker die **funktionale Bedeutung der Kommunen** innerhalb der Struktur der
Gebietskörperschaften wurde, und staatliche Ebenen in der zweiten Hälfte des 19.
Jhs. Einfluß auf Gemeinden gewannen, desto widersprüchlicher stellte sich die
Norm vom ungleichen Wesen zwischen Kommune und Staat dar. Die Auflösung des

---

[290] Joachim Eibach, Der Staat vor Ort, Frankfurt/New York 1994, S. 164 u. 166.

[291] Gerhard A. Ritter, Arbeiterbewegung, Parteien und Parlamentarismus,
       Göttingen 1976, S. 20.

[292] Hugo Preuß, Das deutsche Städtewesen, a.a.O., S. 373.

[293] Marianne Rodenstein, Konflikte zwischen Bund und Kommunen, in: R.-R.
       Grauhan (Hrsg.), Lokale Politikforschung Band 2, a.a.O., S. 311 f.

Widerspruches wurde **begrifflich** durch eine **Doppelfunktion der Selbstverwaltung** erreicht, wonach die kommunale Aufgabenwahrnehmung systematisch unterschieden wurde nach einem eigenen und einem übertragenen Wirkungskreis. Damit wurde dem übergeordneten Staat die Möglichkeit selbst normativ eröffnet, durch das Einfallstor des übertragenen Wirkungskreises in die Kommunalpolitik einzutreten. Handlungsanleitend wurde immer weniger die Überlegung, ob den Gemeinden eine öffentliche Aufgabe belassen werden sollte, maßgebend wurde vielmehr, ob Aufgabenwahrnehmung und Finanzierung im anders gelagerten Interesse staatlich definierten Gemeinwohls verwirklicht werden sollte.

Folgerichtig ist auch der **örtliche Bedarf** als politisch definiertes Ziel zusehends auf der Strecke geblieben und auf normativer Ebene durch den staatlichen Bedarf als das in einer höheren Form auf Gleichheit ausgerichtete Politikziel ersetzt worden. Damit wurde dem örtlichen Bedarf als Bestandteil lokaler Identität ein ihm fremder Wesenszug unterstellt. Die Betonung des Elements der Gleichheit im Zusammenhang mit der staatstheoretischen Bestimmung ordnet der Kommunalpolitik das Kriterium der Ungleichheit zu. Tatsächlich liegt aber ein entscheidender Unterschied zwischen Staat und Kommune darin, daß bei der lokalen Bedarfsermittlung Form und Inhalt demokratischer Politik stärker in Einklang zu bringen sind. Örtlicher Bedarf als die kommunale Einzelerscheinung prägender Bedarf und seine entsprechende politische Durchsetzung folgen den gleichen Strukturprinzipien wie die auf staatlicher Ebene analysierten policies und politics. Allein die größere Vielfalt auf staatlicher Ebene wirkender Interessen schafft ein höheres Maß an Komplexität des Politikprozesses; ein Umstand, der allerdings auch mit dem höheren Maß an Anonymität, im Vergleich zum kommunalen Politikprozeß, ausgeglichen wird.

6. Ein politisch definierter örtlicher Bedarf an Gemeinwohl bezieht die Ebene der Verwaltung ebenso mit ein wie die des Bürgers. Die zeitgemäße Entwicklung auf lokaler Ebene läßt lehrreiche Assoziationen an die **normierte kommunale Selbstverwaltung** zu Beginn des 19. Jhs. zu, als die Verwaltung im Interesse der Bürger fungieren sollte. Die Idee von der Verwaltung im Dienst der Bürger ist nur auf lokaler Ebene realisierbar, sie ist unter heutigen Bedingungen mit Forderungen nach Entbürokratisierung, Entstaatlichung aber auch nach Transparenz, d.h. Offenlegung der zu befriedigenden gesellschaftlichen Interessen verknüpft. Erst der Verstaatlichungsprozeß der kommunalen Verwaltungen hat den Eindruck einer scheinbar nur sachlich handelnden und entscheidenden Kommunalverwaltung hervorgerufen, die

Kommunalverwaltungen standen real immer im Spannungsfeld widerstreitender Gesellschaftsinteressen.

Anknüpfungspunkte an die Entstehungsphase der kommunalen Selbstverwaltung bietet neben der Verwaltung auch der **politische Bürger** - beides politische Elemente, die heute die Forderung nach der Entwicklung endogener Potentiale auf lokaler Ebene wesentlich begleiten (vgl. dazu auch weiter unten). Bürger und Verwaltung werden als aktive Elemente der Selbstverwaltung verstanden, wobei sich die Verwaltung in den Dienst bürgerschaftlicher Interessen stellen müßte. Auf diese Weise könnte eine neue - selbstverständlich historisch adäquate - Symbiose von Berufs- und Laienverwaltung auf kommunaler Ebene aktiviert werden.[294] Die Geschichte der kommunalen Selbstverwaltung liefert hierfür die Begründung. Die Prozesse ihrer Entfunktionalisierung im Sinne autonomer Kommunalpolitik, die allgemeine Zentralisierungstendenz in der öffentlichen Aufgabenwahrnehmung haben den **sozialen Eigensinn** des Individuums, auf den das kommunale Ehrenamt wesentlich gründete, schrittweise ausgehöhlt. Eine praktische Form, in der sich diese Kooperation aktuell wieder bewährt, sind die kommunalen Beiräte oder auch netzwerkartige Kooperationen. Grundsätzlich wird die Zusammenarbeit aber nur funktionieren, wenn der kommunale Rat seine Funktion im Rahmen der Struktur des kommunalen Willensbildungs- und Entscheidungssystems so definiert, daß er sich als Bindeglied zwischen beiden Ebenen versteht. Denn der Rat hat die politischen Ziele grundsätzlich festzulegen, in die sowohl der politische Bürger (Bedarfs-Ebene), als auch die Verwaltung (Umsetzungs-Ebene) integriert sind, und die er schließlich zu kontrollieren hat.

7. Als einer der ersten in den gegenwartsnahen Kommunalwissenschaften hat Grauhan die kommunale Selbstverwaltung auch als **Gegenmacht gegenüber dem Zentralstaat** im Ansatz konturiert.[295] Er hat dazu den Begriff der "politischen Produktion" in den Mittelpunkt gerückt, der als wesentliches Element den kollektiven Konsum beinhaltet. Kollektiver Konsum bedeutet danach mehr als öffentlicher Konsum, denn er umfaßt wie dieser nicht nur die immaterielle Produktion (z.B. Ge-

---

[294] Zu einigen Beispielen vgl.: M. Menard/J. Bischoff (Hrsg.), Ökologie und Ökonomie. Dezentralisierung, Selbstverwaltung, Kleine Netze, Hamburg 1980; Mittlerweile bestehen dazu in vielen Kommunen interessante praktische Ansätze.

[295] Rolf-Richard Grauhan, Kommune als Strukturtyp politischer Produktion, in: Ders./Rudolf Hickel (Hrsg.), Krise des Steuerstaats? a.a.O., S. 229 ff.

sundheitswesen), sondern eine Erweiterung auch auf die materielle Produktion (z.B. den Wohnungsbau).

Der kollektive Konsum drücke "nur ganz am Rande eine Warennachfrage" aus und stelle "tendentiell die Einheit von Produktion und Konsum"[296] wieder her, er bilde in der Verknüpfung von Produktion und Konsum die analytische Determinante, die allerdings nicht notwendigerweise eine kollektive Form auch der Produktion voraussetze. Die Rationalität kapitalistischen Handelns und die ihr innewohnenden Folgen schaffen nach Grauhan Bedingungen, den öffentlichen Regulierungskomplex zu erweitern und in neue Formen zu überführen. Das bedeute, "daß die kapitalistische Rationalisierung der Sachgüterproduktion und ihrer Absatzsysteme nicht nur rational **im Sinne des Kapitals** ist, sondern auch ein Element **gesellschaftlicher** Rationalität enthält", womit impliziert ist, daß die "eigentliche materielle Produktion" mit dem geringsten gesellschaftlichen Kraftaufwand zu regeln sei.[297] Die Bedingungen für die "historische Reife" einer "wirklichen und rapiden Entfaltung des Kollektivkonsums"[298] seien allerdings in den einzelnen gesellschaftlichen Bereichen unterschiedlich weit gediehen, so daß die Frage nach der Form der gesellschaftlichen Versorgung mit Sachgütern im Zusammenhang mit den unterschiedlichen historischen Bedingungen zu beantworten sei. Da auf diese Weise über die Form - materieller und immaterieller Produktion - auch politisch entschieden werde, spiele die kommunale Ebene eine wichtige Rolle. Die besondere Funktion der kommunalen Selbstverwaltung bestehe darin, die **politischen Entscheidungen** über die **kollektiven Konsumbereiche möglichst eng an die Bürger** und damit an den **Ort der Bedarfsermittlung** zu binden.

8. Die von Grauhan noch theoretisch und empirisch begründete Rationalität kapitalistischen Handelns zur stetigen Ausdehnung des öffentlichen Regulierungskomplexes als Gegenstrategie zur kapitalistischen Modernisierung ist durch die Entwicklung der vergangenen Jahre ins Wanken geraten. Nicht mehr eine Erweiterung öffentlicher Regulierung, sondern ihre Eingrenzung und ihr Abbau stehen zur Diskussion und werden bereits praktiziert. Insofern hat in der Entwicklung des Verhältnisses zwischen privater und öffentlicher Produktion, zwischen privatem und kollektivem Konsum ein Bruch stattgefunden, der jedoch das Problem, in welcher Form produziert und konsumiert werden soll, nicht weniger brisant erscheinen läßt.

---

[296] Ebenda, S. 229.
[297] Ebenda, S. 231.
[298] Ebenda.

Gerade die offensichtliche Schwäche des öffentlichen Regulierungskomplexes auf
zentraler Ebene, damit auch denkbare kommunalpolitische Kompetenzgewinne
sowie lokale Strukturentscheidungen über die Form der Produktion werten den von
Grauhan geschaffenen politischen Bürger noch auf: eine am örtlichen Bedarf orientierte, vom Bürger getragene Kommunalpolitik im selbstverwaltenden Sinne könnte
damit auch theoretisch und praktisch begründet werden.

In einem zeitgemäß definierten Verhältnis zwischen institutionellem und nicht-institutionellem Politiksystem wären die **Beschränkungen politischer Mitwirkung** aufge-
hoben, wie sie die Selbstverwaltung zu Beginn des 19. Jhs. noch konstituierte. Das
kommunale Bürgertum selbst setzte in dieser Entwicklungsphase getragen von
Machtzuwächsen in Staat und Gesellschaft zunehmend auf eine Integration der
Gemeinden in den Staat. Auf diese Weise wurde das unpolitische Verständnis der
kommunalen Selbstverwaltung gefördert, das auf der strikten Trennung von administrativer und repräsentativer Ebene beruhte. "Da nun kommunale Selbstverwaltung
weniger durch politische Willensbildung als durch Sacherledigung örtlicher Angelegenheiten von unmittelbar oder mittelbar bestellten bürgerschaftlichen Organen
vollzogen wird, wirken Gemeinden und Gemeindeverbände hervorragend als 'administrative Gebilde' im konstitutionellen System der horizontalen Gewaltengliede-
rung."[299]

9. Die jüngste Entwicklung einer Wiederbelebung der dezentralen Politikebene
dürfte auch den "kooperativen Föderalismus" als Form staatlich-kommunalen Zusammenlebens strukturell beeinflussen. Der seit Mitte der sechziger Jahre propagierte, auf Zusammenarbeit der Politikebenen setzende Föderalismus hat zentral-
staatliche Kompetenzgewinne zu Lasten unterer Politikebenen nicht verhindern
können, so daß zu Recht auch von einer imperialistischen Politikverflechtung gesprochen wurde. Die reale Entwicklung im Rahmen des kooperativen Föderalismus
war überwiegend davon gekennzeichnet, daß "im Staat-Gemeinde-Verhältnis abgesehen von Prozessen der Problemabwälzung 'nach unten' auch relativ häufig der
äquifunktionale Problemlösungsmechanismus der Korrektur von Kompetenz - und
Ressourcenstrukturen zugunsten einer Zentralisierung auf(trat)",[300] und damit das
Subsidiaritätsprinzip zwischen den Gebietskörperschaften ausgehöhlt wurde. Zen-

---

[299]   Georg C. v. Unruh, Gemeinderecht, in: Ingo v. Münch (Hrsg.), Besonderes
        Verwaltungsrecht, Frankfurt/M., 1972 (3. Auflage), S. 94.
[300]   Joachim J. Hesse (Hrsg.), Politikverflechtung im föderativen Staat, a.a.O., S.
        200.

tralstaatliches Regulierungsinteresse zielte nicht darauf ab, nur die Aufgaben zu übernehmen, "die die untergeordnete gemeinschaftliche Instanz nicht erfüllen kann" und hat es unterlassen, "daß die untergeordnete Instanz in der Lage bleibt oder in die Lage versetzt wird, wesensgleiche Funktionen zu erfüllen".[301] Der kommunalen Selbstverwaltung als Leitbild autonomer Kommunalpolitik, die auf den politischen Bürger, die politische Verwaltung und den Rat der Gemeinde gleichermaßen setzt, bietet sich neuerdings eine Chance, dem säkularen Trend der staatlichen Föderalisierung den einer kommunalen Föderalisierung entgegenzusetzen.

10. Als zu Beginn der 1970er Jahre der politikwissenschaftliche Zweig der Kommunalwissenschaften die lokale Politikforschung aus dem Getto rechtlich definierter kommunaler Selbstverwaltung herauslöste und die Analyse "lokaler politischer Ereignisse im gesellschaftlichen Gesamtsystem"[302] vorangetrieben wurde, ging damit auch - ohne daß sie beabsichtigt war - eine **Vernachlässigung der kommunalen Selbstverwaltung** als politischem Leitbild einher. Die darauf folgende wissenschaftliche Schwerpunktsetzung - mit starker Anwendungsorientierung zum institutionellem System hin - war ein Abbild der wachsenden Interessenhomogenität gebietskörperschaftlicher Akteure. "Der Einbezug der Gemeinden in den Mehrebenen-Verbund, ihre Funktionalisierung für gesamtstaatliche Politiken war dabei sicher Ausdruck eines Bedeutungsverlustes dezentraler Politik, andererseits auch aber Chance zur Herausbildung einer eigenen Identität, zumal die Gebietsreform die Zahl der Gemeinden auf ca. 8 500 verringerte, sie damit aber auch politisch artikulationsfähiger machte".[303] Diese Chance zur Neubestimmung kommunalpolitischer Identität ist durch den Druck des politischen Bürgers (in Form von vielfältigen gesellschaftlichen Initiativen) zu Ende der achtziger und beginnenden neunziger Jahre noch vergrößert worden; in entscheidendem Maße begünstigend für einen weiteren Initiationsschub könnten schließlich die aktuellen Überlegungen zur Umstrukturierung des gesamten Staatswesens sein. Für die kommunale Praxis ebenso wie für die Kommunalwissenschaften könnte eine solche Perspektive außerordentlich fruchtbar sein - gerade weil die Aussichten für die kommunalpolitische Praxis angesichts des ökonomischen und sozialen Problemdrucks dazu eher in Widerspruch stehen.

---

[301] H.E. Hengstenberg, Philosophische Begründung des Subsidiaritätsprinzips, in: A.F. Utz (Hrsg.), Das Subsidiaritätsprinzip, Heidelberg 1953, S. 19 f.

[302] Rolf-Richard Grauhan, Einführung, in: Ders. (Hrsg.), Lokale Politikforschung Band 1, a.a.O., S. 12.

[303] Thomas Ellwein/Joachim J. Hesse, Das Regierungssystem der Bundesrepublik Deutschland, a.a.O., S. 64.

7.2   Perspektiven

Die Frage nach Perspektiven kommunaler Wissenschaft und Praxis steht im Kontext
der Entwicklung insbesondere der letzten zehn Jahre. Antworten zur Gemeindeentwicklung sind insofern nicht völlig neu zu finden, wie die Bestandsaufnahme
der "Kommunalwissenschaften in der Bundesrepublik Deutschland" Ende der achtziger Jahre zeigt.[304] Und doch sind Antworten auf wissenschaftliche und praktische
Fragen heute im Unterschied zu den achtziger Jahren, als sich bereits "das Verhältnis von Stadt und Staat, von zentralstaatlichen und dezentralen Gebietskörperschaften in veränderter Form"[305] im Zuge der Aufwertung der dezentralen Politikebene
stellte, und doch sind also Antworten mit größerem Nachdruck erforderlich, da die
Probleme der kommunalpolitischen Praxis in gewohntem Muster nicht mehr zu
lösen sind.

Das kommunalwissenschaftliche Interesse mit politikwissenschaftlicher Prägung
wird folgende Themen zu beachten haben.
Im Mittelpunkt einer Theorie zur Gemeindeentwicklung steht die Dialektik von
Kommune und Staat. Begriffliche Klammer zur Bestimmung des Gemeinde-Staat-
Verhältnisses bildet die Kategorie vom gesellschaftlichen Interesse, die Frage nach
der Strukturierung von Macht also, was theoretisch voraussetzt, öffentliche Gebietskörperschaften als Bestandteile der Gesellschaft zu definieren. Nur unter Zugrundelegung der die Selbstverwaltung materiell füllenden Grundbegriffe von Interesse
und Macht kann die Arbeitsteilung zwischen den auf wesentlich gleiche Ziele verpflichteten Kommunen und Staat angemessen erklärt werden. Hierfür bietet die
Aufgabenentwicklung der Gebietskörperschaften seit Beginn des vorigen Jhs. noch
nicht ausgeschöpfte Anknüpfungspunkte; die Analyse aktuell beobachtbarer Trends
der Entkommunalisierung, Reprivatisierung oder anderweitiger Vergesellschaftung
von Aufgaben sowie entsprechende historische Vergleiche helfen, Bewegungs- und
Strukturelemente gebietskörperschaftlicher Politik zu identifizieren. Besonders
aufschlußreich für die Zukunft von Kommune und Staat - insbesondere unter dem
Aspekt der Demokratisierungsfähigkeit - dürfte die weitere Beachtung widersprüchlicher mainstreams sein, wie der der ökonomisch determinierten Globalisierung

---

[304]   Joachim J. Hesse (Hrsg.), Kommunalwissenschaften in der Bundesrepublik
Deutschland, a.a.O.
[305]   Joachim J. Hesse, Erneuerung der Politik "von unten"? in: Ders. (Hrsg.),
Stadtpolitik und kommunale Selbstverwaltung im Umbruch, Opladen 1986, S.
25.

einerseits und die aus der Regulierungsschwäche des Zentralstaats erwachsende Anforderungen an Dezentralisierung, Deregulierung und Dekonzentration im Aufgabenbereich andererseits.

Kommunale Praxis und Kommunalwissenschaften haben auf den Veränderungsdruck der letzten Jahre reagiert, das politisch-administrative System in Kommunen wird in bezug auf Binnenstruktur und externes Umfeld neu geordnet. In den Wissenschaften wird mittlerweile sogar eine Re-Regulierung des kommunalpolitischen Komplexes gefordert. Der überwiegende Teil der Reformstrategien, wie z.B. das Neue Steuerungsmodell für Kommunen, blendet allerdings die politische Dimension der Modernisierung aus.[306] Der Therapielastigkeit entspricht eine Theorielosigkeit, die bestenfalls durch praxeologische Begriffe wie die der Effizienz oder Produktivität kaschiert wird, einer Entpolitisierung lokaler Politik aber enorm Vorschub leistet.

Die im Zusammenhang mit der Reformdiskussion des öffentlichen Sektors stehenden Trends vermitteln den Eindruck, daß Veränderungsimpulse zur Theorie und Praxis demokratischer Entwicklungen in erster Linie von der Kommune in Gang gesetzt werden. Die Frage, ob sich materialistischer und liberaler Demokratiebegriff in der Praxis einander annähern, wird entscheidend anhand der Entwicklung auf kommunaler Ebene beantwortet werden. Trotz des mehrfach erwähnten, stark gewachsenen Problemdruckes in Gemeinden und damit auch verbundenen Strategien einer Reduzierung öffentlicher Verantwortung ist die lokale Demokratie in den letzten Jahren auch vitalisiert worden. Zunehmende Bereitschaft der Bürgerinnen und Bürger zur Mitwirkung und neue Formen partizipativer Entscheidungsfindung haben dazu geführt, die Inhalte dezentraler Politik stärker mit Hilfe ortsnaher Kompetenz zu bestimmen. Die Kommune ist offenbar am ehesten in der Lage, Anforderungen an Innovation und Partizipation in praktischen Politikfeldern miteinander zu verbinden. Die lokale Ebene bildet den Ort, in dem die Doppelstruktur von repräsentativer und partizipativer Demokratie durch neue intergovernmentale Strukturen aufgelöst werden kann.

Kommunale Selbstverwaltung als ein ohnehin langlebiger Begriff politischer Theorie und Praxis könnte als Folge eines politisch definierten Modernisierungsprozesses erneut belebt werden. Als politikwissenschaftlicher Begriff beinhaltet die Selbstver-

---

[306] Vgl. dazu Frieder Naschold, Ergebnissteuerung, Wettbewerb, Qualitätspolitik, Berlin 1995.

waltung jenes hohe Maß an Komplexität, welches für das Ineinanderwachsen von Gebietskörperschaften und Gesellschaft konstitutiv ist. Innovative kommunale Selbstverwaltung im Sinne eines Leitbildes autonomer Kommunalpolitik bezieht sich auf die Lokalisierung der Gemeinde im Staat ebenso wie auf die politisch-administrative Binnenstruktur der dezentralen Ebene. Eine besonders wichtige Rolle wird bei der Diskussion über die Selbstverwaltung die Frage nach ihrer teilbaren Verantwortung spielen. Selbstverwaltung wird sich - will sie denn Innovationskraft entfalten - in zunehmendem Maß noch stärker als bisher schon den negativen Folgen schwindenden Wirtschaftswachstums, hoher Arbeitslosigkeit, hoher Ausländeranteile, der räumlichen Zersiedlung und sinkender Sozialleistungen gegenüber gestellt gesehen. Auch in dieser Hinsicht bieten sich systematisch Anknüpfungspunkte zur Entstehungsgeschichte der Selbstverwaltung seit Anfang des 19. Jhs. an.

Die Funktion der kommunalen Selbstverwaltung wird auch weiterhin daran zu messen sein, ob

- sie als demokratisches Element grundlegender Bestandteil des Staates ist,
- die Kommunalverwaltung das Zentrum eigener Entscheidungen bildet und
- die Eigenverantwortung mit der Zuweisung eines erweiterten eigenen Entscheidungsbereiches kombiniert wird.

Eine politisch sinnvolle Stärkung der Selbstverwaltung wird nur in einer neu zu bestimmenden Arbeitsteilung zwischen Staat und Gemeinden realisierbar sein, die durch eine Übernahme von Führungsaufgaben auf staatlicher Ebene und von Leistungsaufgaben auf kommunaler Ebene charakterisiert sein könnte, also eine ähnliche Strukturierung aufweisen könnte, wie sie auch im Binnenverhältnis von kommunalem Rat und kommunaler Verwaltung sinnvoll erscheint.

Der Prozeß einer weiteren systemaren Verschränkung der Gebietskörperschaften mit der Gesellschaft steht gegenwärtig still. Entstaatlichung und Entkommunalisierung sind die Forderungen der Zeit. Wird sich eine damit verknüpfte Tendenz zur Privatisierung öffentlicher Aufgaben fortsetzen und eine neudefinierte Liberalisierung Platz greifen, müßte das Verhältnis von Kommune und Gesellschaft reformuliert werden. Besonders aufmerksam sind dabei unterschiedliche, auf den ersten Blick widersprüchliche Prozesse zu beobachten: im Aufgabenbereich breitet sich eine zunehmende Entkommunalisierung und Privatisierung aus, während im Bereich der politischen Mitwirkung die Tendenz zur Vergesellschaftung an Kraft gewinnt. Hält diese ambivalente Entwicklung einer materiellen Entdemokratisierung und formellen Demokratisierung an, würde an die frühe Form bürgerlicher Selbstverwaltung vor Entfaltung des modernen Sozialstaates angeknüpft.

Der anhaltende Druck auf die kommunalpolitische Praxis von 'oben' und von 'unten' bietet auf der institutionellen Ebene allerdings auch die Chance, das Verhältnis von Bürgern, Verwaltung und Repräsentativorganen neu zu bestimmen. Die formale, lange Zeit gepflegte Arbeitsteilung auf der Akteurs-Ebene ist mittlerweile obsolet, die Praxis erprobt neue Formen der Kooperation zur Überwindung der vertikalen Macht-Teilung. Die gerade auf kommunaler Ebene sich abzeichnenden neuen Formen der Zusammenarbeit im Sinne einer sozietalen Demokratie haben vielerlei Konsequenzen, von denen eine wesentliche das Verhältnis von Professionalität und Ehrenamtlichkeit in der Kommunalpolitik betrifft, Professionalität und Ehrenamtlichkeit in Politik und Verwaltung werden auch theoretisch neu strukturiert. Dabei werden auch korporatistische Modellvorstellungen einzubeziehen sein (vgl. auch Kapitel 1 in diesem Band).

Weitaus stärker als bisher sollte kommunalwissenschaftliche Forschung die europäische Dimension zu integrieren. Zwar ist in den letzten Jahren die regionale Ebene wissenschaftlich stark aufgewertet worden, sinnvoll erscheint aber nunmehr auch, die kommunal- und regionalpolitischen Prozesse und Strukturen analytisch miteinander zu verknüpfen, selbst wenn dies angesichts der großen Unterschiede im europäischen Vergleich hoch problematisch ist. Gerade der Vergleich differierender Strukturen eröffnet auch Chancen wissenschaftlicher Weiterentwicklung, die insbesondere Probleme einer neuen föderalen Balance im Sinne eines "zweigleisigen Föderalismus"[307] und eines "transnationalen Konzeptes der Staatsbürgerschaft"[308] zu thematisieren haben.

Wissenschaftstheoretische ebenso wie anwendungsorientierte Erörterungen - damit sind wir bei den Perspektiven für die Praxis - über Umstrukturierungen auf dezentraler Ebene haben enge Bezugspunkte zur Problematik der Mehr-Ebenen-Politik. Hierbei wird nicht mehr nur eine Rolle spielen, welche Aufgaben zwischen den

---

[307] Fritz W. Scharpf, Optionen des Föderalismus in Deutschland und Europa, a.a.O., S. 125.

[308] Heinz Kleger, Transnationale Staaatsbürgerschaft: Zur Arbeit an einem europäischen Bürgerstatus, in: Roland Erne/Andreas Gross u.a. (Hrsg.), Transnationale Demokratie, a.a.O., S. 37.

Ebenen in verschiedene Richtungen wandern, sondern es sollte auch gefragt werden,
ob die eine oder andere Politikebene überflüssig ist. Diese unter einem weitgefaßten
Effizienz-Begriff öffentlicher Leistungen - der die Ziele von tradiertem Gemeinwohl
und neuer Kundenorientierung beinhaltet - stehende Diskussion berührt in einem
grundsätzlichen Sinne das Weiterbestehen am wenigsten der Bundesebene, erstreckt
sich vielmehr in starkem Maße auf die Ebene der Länder, Regionen, Re-
gierungsbezirke und Kreise; die Kommune als unterste Politikeinheit steht institutionell nicht in Frage. Insbesondere mittlere Ebenen zwischen Land und
Kommune sind auf ihre Legitimation hin so zu prüfen: insbesondere die Aufgaben
von Regionen, Regierungsbezirken und Kreisen sollten neu definiert werden. Daß
dies wiederum Folgen für die Aufgabenwahrnehmung in Gemeinden einerseits und
staatliche Ebenen andererseits hätte, liegt auf der Hand.

Praktische Veränderungen im System der vertikalen Politikverflechtung werden in
den nächsten Jahren wesentlich mit bestimmt durch die Politik auf europäischer
Ebene. Entscheidend wird sein, wie sich angesichts der ökonomischen Globalisie-
rungstendenz regionale und lokale Raumeinheiten herausbilden können, die auch
neue Formen politischer und kultureller Identitätsbildung mit einschließen müßten.
Wir stehen vor einer Neuordnung der nach Zweckmäßigkeitsgesichtspunkten und
nach pluralistisch strukturierten Interessenkonstellationen abgegrenzten Gebietskörperschaften, die sich auf die Ebene oberhalb der kommunalen Selbstverwaltung
konzentrieren wird. Auf diese Weise könnte auch an die verfassungsrechtliche
Diskussionen zur Organisation des Weimarer Staates in den zwanziger Jahren angeknüpft werden.[309]

Angesichts des enormen Aufgaben-Druckes rückt für die Kommunen die Frage in
den Mittelpunkt, ob sie als dynamisches Element bei der Reformulierung der gebietskörperschaftlichen Struktur wirken kann. Sie sollte es jedenfalls tun, denn nur
dann scheint die Möglichkeit zu bestehen, den Reformprozeß auch als Demokrati-
sierungsprozeß zu betreiben. Andernfalls ist die Gefahr angesichts der kommunalen
Finanzmisere groß, daß eine auf verkürztem Politikverständnis beruhende Modernisierung durchgesetzt wird, die allein fiskalischen und betriebswirtschaftlichen
Zwängen folgt. Die Verwirklichung eines weitergehenden demokratischen An-

---

[309] Vgl. dazu auch: Michael Glotz-Richter/Thomas Krämer-Badoni/Werner
Petrowsky (Hrsg.): Lokale Demokratie auf dem Prüfstand, Bremen 1994, v.a. S.
17 ff; Roland Erne/Andreas Gross/u.a. (Hrsg.), Transnationale Demokratie,
a.a.O.

spruchs hingegen würde sich auf die materielle und formelle Seite beziehen und für die Legitimation des politischen Systems insgesamt erhebliche Auswirkungen haben.

Der Legitimationsdruck auf das politisch-institutionelle System hat nicht nur wegen der notwendigen Antworten auf die Fragen des Überlebens in einer Risikogesellschaft und der Neustrukturierung öffentlicher Aufgaben zugenommen, er ist vielmehr auch eine Folge des Wandels in den ehemaligen sozialistischen Staaten Osteuropas, Ostmitteleuropas und der Sowjetunion. In unserem Zusammenhang spielt vor allem der nicht mehr wirksame Ost-West-Gegensatz und damit auch die im Inneren obsolet gewordene Systemkonkurrenz zwischen Kapitalismus und Sozialismus eine zentrale Rolle. Dadurch konzentriert sich das Problem der Legitimation von Politik auf die Frage des Auseinanderklaffens zwischen Anspruch und Wirklichkeit der parlamentarischen Demokratie selbst. Praktische Diskrepanzen stehen vor allem dort - im räumlichen und strukturellen Sinne - auf dem Prüfstand, wo Entscheidungen des politisch-institutionellem Systems die Bürger am deutlichsten treffen: in der Gemeinde. Wenn der Vergleich zwischen normativer und realer Politik wieder stärker in den Blickpunkt rückt, wird auch die Frage nach den Akteuren erfolgreicher oder erfolgloser Politik an Bedeutung gewinnen.

Die Überzeugungskraft der parlamentarischen Demokratie wird in Zukunft wesentlich stärker bestimmt von politisch gesetzten Zielen auf lokaler Ebene. An erster Stelle wird es auf die kommunale Rats-Versammlung ankommen, die sich ihrer Rolle als Ideengeber und Formulierungsinstanz politischen Willens wieder bewußt werden sollte. Weiterhin wird die inhaltliche Ausgestaltung politischen Willens - soll der Rechtfertigungsdruck ventiliert werden - von Verwaltung und Bürger stärker als bisher abhängig sein, wobei der Verwaltung eine aktivere Rolle zufällt. Der Modernisierungsprozeß der Kommunalverwaltungen bietet als konkretes Problemfeld gute Chancen, beide Akteursebenen - Verwaltung und Bürger - enger zusammenzuführen.

Eine Beschreibung zukünftig im Mittelpunkt stehenden Problemfelder ist schwierig. Jahrzehntelang ging es in der Kommunalpolitik vorrangig um den Ausbau infrastruktureller Einrichtungen (Schulen, Sportstätten, Straßen, Kulturhallen). Eine darauf aufbauende Politik dürfte wenig Perspektive haben, wobei dringender Bedarf - bei starker regionaler Differenzierung - nach solchen Einrichtungen gleichwohl nicht zu leugnen ist. Doch aktuelle Finanzprobleme und die nunmehr bekannten hohen Folgekosten belegen, wie schwierig selbst in großen Mittelstädten der Bau einer einzigen Sporthalle geworden ist. Das Szenario der Zukunftsaufgaben wird vom Ausgleich der Defizite nicht mehr in öffentlicher Regie befindlicher Aufgaben bestimmt. Gerade unter diesem Aspekt wird die Zusammenarbeit zwischen Praxis und Wissenschaft noch enger, die J.J. Hesse bereits Ende der achtziger Jahre als erfreulich bilanziert hat.[310]

Bei den schwierigen Zukunftsaufgaben für die Kommunen dürfte auch in der Praxis die Frage nach der politischen Macht nicht ausgeklammert bleiben, eine notwendige Option angesichts der Tatsache, daß politische Macht in der modernen Demokratie in der Form ihrer Ausübung zur öffentlichen Angelegenheit geworden ist. Angesichts der hohen Komplexität und des nach wie vor großen Umfangs an Aufgaben ist die Gefahr groß und die Chance verlockend zugleich, daß Problemlösungen primär unter Machbarkeitsgesichtspunkten, unter eher ökonomischen und technischen Fragestellungen gesehen werden. Tatsächlich wird es aber in der realen Kommunalpolitik nach wie vor um das Problem gehen, welche gesellschaftlichen Interessen vorrangig und welche nachrangig durchgesetzt werden. Dabei werden bisher beobachtbare Grenzen politisch-institutioneller Art (z.B. zwischen Bürger, Verwaltung und Rat) nicht mehr die gewohnte Rolle spielen. Dennoch wird der spezifische Druck für die Kommunalpolitik weiterbestehen, der aus der Stellung als autonomes politisch-administratives Subjekt und als dem Bürger verpflichteter Politikinstanz resultiert. Die Interdependenzen horizontaler und vertikaler Art, die für das kommunale Politiksystem im Gesamtsystem charakteristisch sind, schaffen für verantwortungsethisches Handeln einen besonderen Schwierigkeitsgrad. Und dennoch spricht vieles dafür, daß der hohe Grad gesamtgesellschaftlicher Komplexität - wenn überhaupt - durch eine Reduktion auf lokaler Systemebene am ehesten zu realisieren erscheint.

Ob nun aus wissenschaftlicher oder praktischer Sicht, eines scheint für die Perspektive der Kommunen in der Bundesrepublik Deutschland sicher zu sein: der Prozeß der Aufwertung von Problemen und der Zunahme von Konflikten auf der Ebene lokaler Politik und Verwaltung wird sich fortsetzen, auch wenn es zu einer Neustrukturierung im Verhältnis von Kommune und Gesellschaft kommt. Die Ende der achtziger Jahre von Hesse vorgenommene Einschätzung hat sich als im Kern zutreffend erwiesen und wird an Bedeutung gewinnen: "Es spricht vieles dafür, daß in Zei-

---

[310] Joachim J. Hesse, Kommunalwissenschaften in der Bundesrepublik Deutschland, in: Ders.: (Hrsg.), Kommunalwissenschaften in der Bundesrepublik Deutschland, a.a.O.

ten wachsender horizontaler wie insbesondere vertikaler 'Verteilungskämpfe' die
Kommunen eher noch verstärkt zum Ort wie Gegenstandsbereich der gesellschaftlichen und politischen Auseinandersetzung werden. Dies bezieht sich sowohl auf
Fragen der föderalstaatlichen Entwicklung als auch auf Konflikte zwischen gesellschaftlichen Groß- und sich formierenden Kleingruppen".[311]

Daran gedanklich anknüpfend hat Ellwein[312] mit weitergehender Perspektive festge-
stellt: "Der Staat des ausgehenden 20. Jahrhunderts steht vor der Frage, wie er seine
Identität trotz des Verlustes an inhaltlicher und formaler Einheit bewahrt. Die kommunale Selbstverwaltung und ein Föderalismus, der nicht wegen der Machtnutzung
nur durch eine Partei im landesinternen Zentralismus umschlägt, weisen dazu Wege.
In der Hauptsache wird es aber darum gehen, neue Formen der Zusammenarbeit
von Bürger und öffentlicher Hand zu legitimieren, wo es sie schon gibt, oder zu
entwickeln, wo sie noch fehlen. Damit wird die grundlegende Abkehr vom Staatsmodell des 19. Jahrhunderts erfolgen. Sie vollzieht sich seit geraumer Zeit. Wie haben nur Mühe, es zu bemerken." Deshalb ist die Analyse von Kontinuitäten und
Brüchen der Gemeindeentwicklung im 19. und 20. Jahrhundert, die "Beherrschung
der Kenntnis des historisch-genetischen Prozesses zum Verständnis der gegenwärtigen Lage der kommunalen Selbstverwaltung"[313] eminent hilfreich.

---

[311] Joachim J. Hesse, Politik und Verwaltung als Gegenstand der Kommunalwissenschaften, in: Ders. (Hrsg.), Kommunalwissenschaften in der Bundesrepublik Deutschland, a.a.O., S. 131.

[312] Thomas Ellwein, Staatlichkeit im Wandel, in: Beate Kohler-Koch (Hrsg.): Staat
und Demokratie in Europa (18. Wissenschaftlicher Kongreß der Deutschen
Vereinigung für Politische Wissenschaft), Opladen 1992, S. 81.

[313] Georg C. v. Unruh, Ursprung und Entwicklung der kommunalen Selbstverwaltung im frühkonstitutionellen Zeitalter, in: Günter Püttner (Hrsg.), HdKWP,
Bd. 1, a.a.O., S. 59.

Abkürzungsverzeichnis

a.a.O.	am angegebenen Ort
AfK	Archiv für Kommunalwissenschaften
Allgem.	Allgemein
Aufl.	Auflage
Ausg.	Ausgabe
Bd./Bde.	Band/Bände
BSHG	Bundessozialhilfegesetz
bzw.	beziehungsweise
ca.	circa
CDU	Christdemokratische Union
Ders.	Derselbe
DÖV	Die Öffentliche Verwaltung
DVPW	Deutsche Vereinigung für Politische Wissenschaft
etc.	et cetera
f.	folgende
Gem.	Gemeinde
HdKWP	Handbuch der Kommunalen Wissenschaft und Praxis
Hrsg.	Herausgeber
Jh./Jhs.	Jahrhundert/Jahrhunderts
KGSt	Kommunale Gemeinschaftsstelle für Verwaltungsvereinfachung
M.	Mark
Mill.	Million
Mrd.	Milliarde
o.J.	ohne Jahresangabe
o.O.	ohne Ortsangabe
o.V.	ohne Vorname
PVS	Politische Vierteljahresschrift
rd.	rund
resp.	respektive
S.	Seite
SPD	Sozialdemokratische Partei Deutschlands
Tab.	Tabelle
u.a.	unter anderem
usw.	und so weiter

v.a.	vor allem
Verf.	Verfasser
Vgl.	Vergleiche
v. H.	vom Hundert
z.B.	zum Beispiel

Tabellenverzeichnis

Ausgewählte Literatur

Alemann, Ulrich von: Grundlagen der Politikwissenschaft. Ein Wegweiser, Opladen 1994.

Andersen, Uwe: "Gemeinden", in: Ders./Woyke, Wichard (Hrsg.), Handwörterbuch des politischen Systems der Bundesrepublik Deutschland, Bonn 1992.

Arzberger, Klaus: Bürger und Eliten in der Kommunalpolitik, Stuttgart u.a. 1980.

Bajohr, Frank: Vom Honoratiorentum zur Technokratie. Ambivalenzen städtischer Daseinsvorsorge und Leistungsverwaltung im Kaiserreich und in der Weimarer Republik, in: Ders. (Hrsg.), Zivilisation und Barbarei, Hamburg 1991.

Becker, Erich: Entwicklung der deutschen Gemeinden und Gemeindeverbände im Hinblick auf die Gegenwart, in: Peters, Hans (Hrsg.), HdKWP, Bd. 1, a.a.O.

Becker, Erich: Gemeindliche Selbstverwaltung, Bd. 1, Berlin 1941.

Berger, Rainer: SPD und Grüne. Eine vergleichende Studie zu ihrer kommunalen Politik, Opladen 1995.

Beseler, Georg: System des gemeinen Deutschen Rechts. Bd. 2, Berlin 1873 (3. Aufl.)

Beyme, Klaus von (Hrsg.): Politikwissenschaft in der Bundesrepublik Deutschland (Sonderheft 17/1986 der DVPW), Opladen 1986.

Beyme, Klaus von: Die politischen Theorien der Gegenwart. Eine Einführung, Opladen 1992 (7. Aufl.).

Blanke, Bernhard (Hrsg.): Staat und Stadt. Systematische, vergleichende und problemorientierte Analysen "dezentraler" Politik, PVS-Sonderheft 22, Opladen 1991.

Blanke, Bernhard/**Evers**, Adalbert, Wollmann, Hellmut (Hrsg.): Die Zweite Stadt. Neue Formen lokaler Arbeits- und Sozialpolitik, Leviathan Sonderheft 7/1986, Opladen.

Blanke, Hans Joachim: Verwaltung und Verwaltungswissenschaft, in: Gisela Kress/Dieter Senghaas (Hrsg.), Politikwissenschaft. Eine Einführung in ihre Probleme, Frankfurt 1969

Blessing, Karlheinz: Die Zukunft des Sozialstaats. Grundlagen und Vorschläge für eine lokale Sozialpolitik, Opladen 1987.

Blümel, Willi/**Hill**, Hermann (Hrsg.): Die Zukunft der kommunalen Selbstverwaltung (58. Staatswissenschaftliche Fortbildungstagung 1990), Berlin 1991.

Böhme, Ernst: Staat und Selbstverwaltung, in: Wandersleb, Hermann (Hrsg.), Recht, Staat, Wirtschaft, Bd. I, o.O., 1949.

Böhret, Carl/**Wewer,** Göttrik (Hrsg.): Regieren im 21. Jahrhundert. Zwischen Globalisierung und Regionalisierung, Opladen 1994.

Böhret, Carl/**Frey,** Rainer: Staatspolitik und Kommunalpolitik, in: Püttner, Günter (Hrsg.), HdKWP, Bd. 2 (2. Aufl.) Berlin 1982.

Boldt, Hans (Hrsg.): Reich und Länder (Texte zur deutschen Verfassungsgeschichte im 19. und 20. Jahrhundert), München 1987.

Botzenhardt, Erich/**Ipsen,** Gunther (Hrsg.): Freiherr vom Stein. Ausgewählte politische Briefe und Denkschriften, Stuttgart 1955.

Brohm, Winfried: Die Eigenständigkeit der Gemeinden, in: DÖV, Heft 10/1986

Brügelmann, Hermann: Kommunale Versorgungswirtschaft, in: Peters, Hans (Hrsg.), HdKWP, Bd. 2, Berlin 1959.

Brühl, Hasso/**Kodolitsch,** Paul von: Die Verantwortung des Bürgers für seine Stadt, in: Archiv für Kommunalwissenschaften, Heft II/1995.

Bullmann, Udo (Hrsg.): Die Politik der dritten Ebene. Regionen im Europa der Union, Baden-Baden 1994

Bullmann, Udo/**Gitschmann,** Peter (Hrsg.): Kommune als Gegenmacht, Hamburg 1985.

Burmeister, Joachim: Verfassungstheoretische Neukonzeption der kommunalen Selbstverwaltungsgarantie, München 1977.

Clark, Terry N. (Hrsg.): Comparative Politics, New York 1974.

Damaschke, Adolph: Aufgaben der Gemeindepolitik, Jena 1901 (4. Aufl.)

Deutscher Werkbund (Hrsg.): Beispiel - Experimente - Modelle. Neue Ansätze im Wohnungsbau und Konzepte zur Wohnraumerhaltung, Darmstadt 1981.

Drogmann, Joachim: Grundlagen und Anfänge sozialdemokratischer Kommunalpolitik vor und nach dem Sozialistengesetz, in: Die demokratische Gemeinde, Bd. 15 (1963).

Duwe, Kurt (Hrsg.): Regionalismus in Europa. Beiträge über kulturelle und sozioökonomische Hintergünde des politischen Regionalismus (Demokratie, Ökologie, Föderalismus, Bd. 4) Frankfurt/M. u.a. 1987

Eibach, Joachim: Der Staat vor Ort, Frankfurt/M./New York 1994.

Eissel, Dieter: Eigentum (Reihe "Grundwerte", Bd. 2), Baden-Baden 1978.

Eissel, Dieter: Kommune, in: Sandkühler, Hans-Jürgen (Hrsg.), Enzyklopädisches Wörterbuch zur Philosophie und Wissenschaften, Bd. H-K, Hamburg 1990.

Ellwein, Thomas: Der Staat als Zufall und als Notwendigkeit, Bd. 1, Opladen 1993

Ellwein, Thomas: Das Allgemeine und das Besondere. Über Veränderungen der Politik, in: Carl Böhret/Göttrik Wewer (Hrsg.), Regionen im 21. Jahrhundert - zwischen Globalisierung und Regionalisierung, Opladen 1994

Ellwein, Thomas/**Zoll**, Ralf: Wertheim. Politik und Machtstruktur einer deutschen Stadt, München 1982

Ellwein, Thomas/**Hesse**, Joachim J.: Das Regierungssystem der Bundesrepublik Deutschland (6. neu bearbeitete und erweiterte Aufl.), Opladen 1987.

Ellwein, Thomas: Staatlichkeit im Wandel, in: Kohler-Koch, Beate (Hrsg.), Staat und Demokratie in Europa (18. Wissenschaftlicher Kongreß der Deutschen Vereinigung für Politische Wissenschaft), Opladen 1992.

Emenlauer, Rainer/**Grymer**, Herbert/**Krämer-Badoni**, Thomas/**Rodenstein**, Marianne: Die Kommune in der Staatsorganisation, Frankfurt 1974.

Engel, Evamaria: Die deutsche Stadt des Mittelalters, München 1994

Engeler, Heiko/**Wendt**, Peter-Ulrich: Regionen und Kommunen als Schnittstelle zwischen Staat und Gesellschaft, in: Kreuder, Thomas (Hrsg.), Der orientierungslose Leviathan, Marburg 1992.

Engeli, Christian/**Haus**, Wolfgang: Quellen zum modernen Gemeindeverfassungsrecht in Deutschland, Stuttgart u.a. 1975.

Ennen, Edith: "Stadt" (III), in: Handwörterbuch für Sozialwissenschaften, Bd. 9, Göttingen 1956.

Erne, Roland/**Gross**, Andreas u.a. (Hrsg.), Transnationale Demokratie. Impulse für ein demokratisch verfaßtes Europa, Zürich 1995.

Etzioni, Amitai: Die Entdeckung des Gemeinwesens. Ansprüche, Verantwortlichkeiten und das Programm des Kommunitarismus, Stuttgart 1995

Evers, Adalbert: Kritische Ansätze in der lokalen Politikforschung der Bundesrepublik Deutschland - Thesen zur Frage ihres Gebrauchswertes, in: Kevenhörster, Paul/Wollmann, Hellmut (Hrsg.), Kommunalpolitische Praxis und lokale Politikforschung, a.a.O.

Evers, Adalbert: Agglomerationsprozeß und Staatsfunktionen, in: Grauhan, Rolf-Richard (Hrsg.), Lokale Politikforschung, Bd. 1, a.a.O.

Evers, Adalbert: Das politische Defizit der Wohlfahrtsgesellschaft, in: Universitas, Heft 8/1995

Evers, Adalbert/**Selle**, Klaus (Hrsg.): Wohnungsnöte. Anregungen zu Initiativen an Ort und Stelle: Alternativen kommunaler Wohnungspolitik, Frankfurt/M. 1982.

Fetscher, Iring: Rousseaus politische Philosophie. Zur Geschichte des demokratischen Freiheitsbegriffs, Frankfurt/M. 1993 (7. Aufl.)

Forsthoff, Ernst: Stadt und Bürger in der modernen Industriegesellschaft, Göttingen 1965.

Forsthoff, Ernst: Lehrbuch des Verwaltungsrechts, München 1973 (10. Aufl.).

Frankfurter Allgemeine Zeitung: Kommunen in der Krise, 2.11.-29.12.93, 255, 258, 262, 264, 271, 276, 279, 282, 291, 293, 296, 298, 302.

Frenz, Walter: Gemeindliche Selbstverwaltungsgarantie und Verhältnismäßigkeit, in: Die Verwaltung, Nr. 1/1995.

Frey, Rainer (Hrsg.): Kommunale Demokratie, Bonn-Bad Godesberg 1976.

Frey, Rainer/**Kühr,** Wolfgang (Hrsg.): Politik und Selbstverwaltung in Westfalen-Lippe (Festschrift für Herbert Neseker), Münster/Hamburg 1994.

Fritzsche, Klaus/**Freiling,** Gerhard (Hrsg.): Konflikte um Ordnung und Freiheit, Pfungstadt/Bensheim 1995.

Gabriel, Oscar W. (Hrsg.): Kommunalpolitik im Wandel der Gesellschaft (Sozialwissenschaftliche Studien zur Stadt- und Regionalpolitik, Bd. 5), Meisenheim 1979.

Gabriel, Oscar W. (Hrsg.): Kommunale Demokratie zwischen Politik und Verwaltung, München 1989.

Gabriel, Oscar W./**Voigt,** Rüdiger (Hrsg.): Kommunalwissenschaftliche Analysen (Mobilität und Normenwandel Bd. 13), Bochum 1994

Gall, Lothar (Hrsg.): Stadt und Bürgertum im Übergang von der traditionalen zur modernen Gesellschaft, München 1993.

Gierke, Otto von: Rechtsgeschichte der deutschen Genossenschaft, o.O., 1868.

Gierke, Otto von: Das deutsche Genossenschaftsrecht, Bd. I: Rechtsgeschichte der deutschen Genossenschaft, o.O., 1869.

Gierke, Otto von: Das deutsche Genossenschaftsrecht, Bd. II, Geschichte des deutschen Körperschaftsbegriffs, Darmstadt 1954 (Nachdruck der ersten Ausgabe von 1873).

Glotz-Richter, Michael/**Krämer-Badoni,** Thomas/**Petrowsky,** Werner: Lokale Demokratie auf dem Prüfstand. Stadtstaaten und Stadtteilvertretungen im europäischen Vergleich, Bremen 1994.

Gneist, Rudolf von: Die nationale Rechtsidee von den Ständen und das preußische Dreiklassenwahlsystem, Darmstadt 1962 (Nachdruck der Ausgabe von 1894).

Gneist, Rudolf von: Die heutige englische Kommunalverfassung und Kommunalverwaltung oder das System des Selfgovernment, o.O., 1861.

Göhler, Gerhard/**Zeuner,** Bodo (Hrsg.), Kontinuität und Brüche in der deutschen Politikwissenschaft, Baden-Baden 1991

Görtemaker, Manfred: Deutschland im 19. Jahrhundert (Bundeszentrale für politische Bildung), Bonn 1994 (4. durchgesehene und ergänzte Aufl.).

Grauhan, Rolf-Richard (Hrsg.): Lokale Politikforschung, Bd. 1 und Bd. 2, Frankfurt/New York 1975.

Grauhan, Rolf-Richard/**Linder**, Wolf: Politik der Verstädterung, Frankfurt 1974.

Grauhan, Rolf-Richard/**Hickel**, Rudolf (Hrsg.): Krise des Steuerstaats?, Leviathan-Sonderheft 1/1978.

Gröttrup, Hendrik: Die kommunale Leistungsverwaltung, Stuttgart 1973.

Gronemeyer, Reimer/**Bahr**, Hans-Eckehard (Hrsg.), Nachbarschaft im Neubaublock, Weinheim und Basel 1977

Grote, Ludwig (Hrsg.): Die deutsche Stadt im 19. Jahrhundert, München 1974.

Grzywatz, Berthold: Staat und Gemeinde im 19. Jahrhundert. Zum Verhältnis von kommunaler Selbstverwaltung und staatlichen Gemeindeaufgaben in Preußen, in: AfK, I/1995

Gude, Sigmar: Der Bedeutungswandel der Stadt als politischer Einheit, in: Grauhan, Rolf-Richard (Hrsg.), Großstadtpolitik, Eschwege 1972.

Guggenberger, Bernd/**Stein**, Thomas (Hrsg.): Die Verfassungsdiskussion im Jahr der deutschen Einheit. Analysen; Hintergründe, Materialien, München/Wien 1991

Gunlicks, Arthur B.: Local Government in the German Federal System, Durham 1986.

Hansmeyer, Karl-Heinrich (Hrsg.): Kommunale Finanzpolitik in der Weimarer Republik, Stuttgart u.a. 1973.

Hansmeyer, Karl-Heinrich: Die Entwicklung des kommunalen Einnahmensystems in Deutschland, in: Püttner, Günter (Hrsg.), HdKWP, Bd. 6 (2. völlig neu bearbeitete Aufl.), Berlin u.a. 1985.

Hartwich, Hans-Hermann (Hrsg.), Policy-Forschung in der Bundesrepublik Deutschland. Ihr Selbstverständnis und ihr Verhältnis zu den Grundlagen der Politikwissenschaft, Opladen 1985.

Hartwich, Hans-Hermann (Hrsg.): Macht und Ohnmacht politischer Institutionen (17. Wissenschaftlicher Kongreß der DVPW), Opladen 1989.

Häussermann, Hartmut/**Siebel**, Walter: Zukünfte der Städte, in: Blanke, Bernhard/Evers, Adalbert/Wollmann, Hellmut (Hrsg.), Die Zweite Stadt, a.a.O.

Häussermann, Hartmut/**Ipsen**, Detlev u.a. (Hrsg.): Stadt, Raum und Gesellschaft, Pfaffenweiler 1992.

Heffter, Heinrich: Die deutsche Selbstverwaltung im 19. Jahrhundert, Stuttgart 1950.

Heil, o.V.: Die deutschen Städte und Bürger im Mittelalter, Leipzig 1912.

Heiligenthal, o.V.: Baupolizeirecht (Preußen), in: Brix, Jürgen u.a. (Hrsg.), Handwörterbuch der Kommunalwissenschaften, Ergänzungsband A-G, Jena 1927.

Heineberg, Heinz (Hrsg.): Innerstädtische Differenzierung und Prozesse im 19. und 20. Jahrhundert (Städteforschung A/25), Köln 1987.

Heinelt, Huber/**Mayer,** Margit: Politik in europäischen Städten, in: Beate Kohler-Koch (Hrsg.), Staat und Demokratie in Europa (18. Wiss. Kongreß der DVPW), Opladen 1992

Hellstern, Gerd-Michael: Können Institutionen lernen? Wissensstrukturen, Informationsprozesse und Transfermechanismen in der Kommunalverwaltung. Forschungsfelder, Institutionen und Aktoren, 2 Bde., Frankfurt/M. u.a. 1988

Hellstern, Gerd-Michael/**Wollmann,** Hellmut (Hrsg.): Evaluierung und Erfolgskontrolle in Kommunalpolitik und -verwaltung, Basel 1984

Hendler, Reinhard: Selbstverwaltung als Ordnungsprinzip, Köln u.a. 1984.

Henning, Friedrich-Wilhelm: Die Industrialisierung in Deutschland 1800 bis 1914, Paderborn 1976 (3. Aufl.).

Herzfeld, Hans: Demokratie und Selbstverwaltung in der Weimarer Epoche, Stuttgart 1957.

Hesse, Joachim J./**Ganseforth,** Heinrich (Hrsg.): Staat und Gemeinden zwischen Konflikt und Kooperation, Baden-Baden 1983.

Hesse, Joachim Jens (Hrsg.): Zur Situation der kommunalen Selbstverwaltung heute. Stadtpolitik und kommunale Selbstverwaltung im Umbruch, Baden-Baden 1987.

Hesse, Joachim Jens: Kommunalwissenschaften in der Bundesrepublik Deutschland, Baden-Baden 1989.

Hesse, Joachim Jens: Politik und Verwaltung als Gegenstand der Kommunalwissenschaften, in: Ders. (Hrsg.), Kommunalwissenschaften in der Bundesrepublik Deutschland, a.a.O.

Hesse, Joachim Jens/**Benz,** Arthur: Die Modernisierung der Staatsorganisation, Baden-Baden 1990.

Hill, Hermann: Die politisch-demokratische Funktion der kommunalen Selbstverwaltung nach der Reform, Baden-Baden 1987.

Hoffmann, Josef: Kommunales Sparkassenwesen, in: Peters, Hans (Hrsg.), HdKWP, Bd. 3, Berlin u.a. 1959.

Hoffmeister, Burkhard: Wilhelminischer Ring und Villenkoloniegründung, in: Heineberg, Heinz (Hrsg.): Innerstädtische Differenzierung und Prozesse im 19. und 20. Jahrhundert, Köln 1987.

Hofmann, Wolfgang: Zwischen Rathaus und Reichskanzlei,Stuttgart u.a. 1974.

Hofmann, Wolfgang: Die Entwicklung der kommunalen Selbstverwaltung von 1848 bis 1918, in: Püttner, Günter (Hrsg.), HdKWP, Bd. 1, a.a.O.

Horatz, Jürgen: Kommunalfinanzen gestern und heute, Essen 1930.

Huber, Ernst Rudolf: Vorsorge für das Dasein. Ein Grundbegriff der Staatslehre Hegels und Lorenz von Steins, in: Ders.: Bewahrung und Wandlung. Studien zur deutschen Staatstheorie und Verfassungsgeschichte, Berlin 1975

Humboldt, Wilhelm von: Ideen zu einem Versuch die Grenzen der Wirksamkeit des Staates zu bestimmen, Stuttgart 1967
(Nachdruck der Ausgabe von 1798).

Huster, Ernst-Ulrich: Ethik des Staates. Zur Gründung politischer Herrschaft in Deutschland, Frankfurt/New York 1989.

Jäger, Thomas/**Hoffmann**, Dieter (Hrsg.): Demokratie in der Krise? Zukunft der Demokratie, Opladen 1994.

Keim, Karl-Dieter: Macht, Gewalt, Verstädterung. Vorstudien zur Theoriebildung, München 1985.

Kevenhörster, Paul/**Wollmann**, Hellmut (Hrsg.): Kommunalpolitische Praxis und lokale Politikforschung, Berlin 1978.

Kevenhörster, Paul (Hrsg.): Lokale Politik unter exekutiver Führerschaft, Meisenheim 1977.

Kirchheimer, Otto: Politische Herrschaft. Fünf Beiträge zur Lehre vom Staat, Frankfurt/M. 1967.

Kitzel, Karlheinz: Die Herrfurthsche Landgemeindeordnung, Stuttgart 1957.

Kleeis, Friedrich: Die Aufgaben der Gemeindeverwaltungen in der Sozialgesetzgebung (Kommunalpolitische Abhandlungen), Berlin 1912.

Knemeyer, Franz-Ludwig: Kommunale Selbstverwaltung im Wandel, in: Achterberg, Norbert/Krawietz, Werner/Wyduckel, Dieter (Hrsg.), Recht und Staat im sozialen Wandel, Festschrift für Hans Ulrich Scupin zum 80. Geburtstag, 1983.

König, René: Grundformen der Gesellschaft: Die Gemeinde, Hamburg 1958.

Köser, Helmut (Hrsg.): Die Bürger der Gemeinde, Hamburg 1975.

Köttgen, Arnold: Die Gemeinde als Gegenstand wissenschaftlicher Forschung, in: AfK, Bd. 1/1962.

Köttgen, Arnold: Kommunale Selbstverwaltung zwischen Krise und Reform, Stuttgart u.a. 1968.

Kohler-Koch, Beate (Hrsg.): Staat und Demokratie in Europa (18. Wissenschaftlicher Kongreß der DVPW), Opladen 1992.

Koselleck, Reinhart: Preußen zwischen Reform und Revolution, Stuttgart 1967

Krabbe, Wolfgang: Die deutsche Stadt im 19. und 20. Jahrhundert, Göttingen 1989

Krabbe, Wolfgang: Kommunalpolitik und Industrialisierung, Stuttgart u.a. 1985.

Krabbe, Wolfgang: Munizipalsozialismus und Interventionsstaat, in: Geschichte in Wissenschaft und Unterricht, Jg. 30, 1979.

Krämer, Peter H.: Die bürgerschaftliche Selbstverwaltung unter der Notwendigkeit des egalitären Sozialstaates, Berlin 1970.

Krätke, Stefan/**Hirsch**-Borst, Renate/**Schmoll,** Fritz: Zwischen Selbsthilfe und Staatsbürokratie. Neue Wege für die kommunale Wohnungspolitik, Hamburg 1984.

Krebsbach, August (Hrsg.): Die preußische Städteordnung von 1808 (Neue Schriften des Deutschen Städtetages, Bd. 1), Stuttgart 1957.

Kress, Gisela/**Senghaas,** Dieter (Hrsg.): Politikwissenschaft. Eine Einführung in ihre Probleme, Frankfurt 1969

Kühn, Dietrich: Kommunale Sozialplanung, Stuttgart u.a. 1975.

Labisch, Alfons: Gemeinde und Gesundheit. Zur historischen Soziologie des kommunalen Gesundheitswesens, in: Blanke, Bernhard/Evers, Adalbert/Wollmann, Helmut (Hrsg.), Die Zweite Stadt, a.a.O.

Lauffenberg, Heinz: Geschichte der Arbeiterbewegung in Hamburg und Umgebung, Bd. 1, Hamburg 1911.

Laux, Eberhard (Hrsg.): Kommunale Selbstverwaltung. Überprüfung einer politischen Idee. Ein Cappenberger Gespräch, Köln 1983.

Lee, Andrew: Cities perceived. Urban Society in European and American Thought 1820-1940, Columbia University Press, 1985.

Lee, W.R./**Rosenhaft,** E. (Hrsg.): The State and Social Change in Germany 1880-1980, New York u.a. 1989.

Lenger, Friedrich: Bürgertum, Staat und Gemeinde zwischen Frühneuzeit und Moderne, in: Neue Politische Literatur, Heft 1/1995

Lepsius, Rainer M.: Demokratie in Deutschland (Kritische Studien zur Geschichtswissenschaft, Bd. 100), Göttingen 1993.

Lindemann, Hugo: Die deutsche Städteverwaltung. Ihre Aufgaben auf den Gebieten der Volkshygiene, des Städtebaus und des Wohnungswesens, Stuttgart 1901.

Lindner, Rolf (Hrsg.): Die Wiederkehr des Regionalen, Frankfurt/New York 1994.

Loock, Hans-D./**Schulze,** Hagen (Hrsg.): Parlamentarismus und Demokratie im Europa des 19. Jahrhunderts, München 1982.

Marschalck, Peter: Zur Rolle der Stadt für den Industrialisierungsprozeß in Deutschland in der zweiten Hälfte des 19. Jahrhunderts, in: Reulecke, Jürgen (Hrsg.), Die deutsche Stadt im Industriezeitalter, Wuppertal 1978.

Matzerath, Horst: Urbanisierung in Preußen 1815-1914, Stuttgart u.a. 1985.

Matzerath, Horst (Hrsg.): Städtewachstum und innerstädtische Strukturveränderungen. Probleme des Urbanisierungsprozesses im 19. und 20. Jahrhundert (Geschichte und Theorie der Politik A 8), Stuttgart 1984.

Matzerath, Horst: Stand und Leistung der modernen Stadtgeschichtsforschung, in: Hesse, Joachim-Jens (Hrsg.), Kommunalwissenschaften in der Bundesrepublik Deutschland, a.a.O.

Meier, Henning: Regionalplanung und kommunale Selbstverwaltung, Köln 1984.

Mohr, Arno (Hrsg.): Grundzüge der Politikwissenschaft, München/Wien 1995

Mols, Manfred/**Lauth,** Hans-Joachim/**Wagner,** Christian (Hrsg.): Politikwissenschaft: Eine Einführung, Paderborn 1994.

Most, Otto: Gemeindefinanzen, Bd. 2: Die Gemeindefinanzstatistik in Deutschland, Leipzig 1910.

Most, Otto (Hrsg.): Die deutsche Stadt und ihre Verwaltung, Bd. 1, Berlin/Leipzig 1912.

Müthling, o.V.: Die Geschichte der deutschen Selbstverwaltung, o.O., 1966.

Mutius, Albert von (Hrsg.): Selbstverwaltung im Staat der Industriegesellschaft (Festgabe zum 70. Geburtstag von Georg von Unruh), Heidelberg 1983.

Naschold, Frieder: Ergebnissteuerung, Wettbewerb, Qualitätspolitik. Entwicklungspfade des öffentlichen Sektors in Europa, Berlin 1995

Naßmacher, Hiltrud/Naßmacher, Karl-Heinz: Kommunalpolitik in der Bundesrepublik Deutschland, Opladen 1979.

Naßmacher, Hiltrud: Politikwissenschaft, München 1995 (2. unwesentlich veränderte Aufl.)

Neefe, E. (Hrsg.): Statistisches Jahrbuch deutscher Städte, Breslau 1914.

Neumann, Franz (Hrsg.): Politische Theorien und Ideologien (Ein Handbuch), Bd. I, Opladen 1995.

Nolte, Paul: Gemeindebürgertum und Liberalismus in Baden 1800-1850. Tradition - Radikalismus - Republik, Göttingen 1994

Offe, Claus: Der Tunnel am Ende des Lichts. Erkundungen der politischen Transformation im Neuen Osten, Frankfurt/New York 1994.

Pagenstecher, Wilhelm: Die deutsche Gemeindeverfassung, Darmstadt 1818.

Pehnt, Wolfgang (Hrsg.): Die Stadt in der Bundesrepublik Deutschland, Stuttgart 1974.

Peters, Hans (Hrsg.): Die Grenzen der kommunalen Selbstverwaltung in Preußen, Berlin 1926.

Peters, Hans (Hrsg.); Handbuch der kommunalen Wissenschaft und Praxis, Bd. 1 1956, Bd. 2 1957, Bd. 3 1959, Berlin/Göttingen, Heidelberg.

Peters, Hans: Einleitung zum Handbuch der kommunalen Wissenschaft und Praxis, in: Ders. (Hrsg.), Bd. 1, Berlin 1956.

Pfitzner, Johannes: Die Entwicklung der kommunalen Schulden in Deutschland, Leipzig 1911.

Pieper, Richard: Soziologie im Städtebau, Stuttgart 1979.

Pohl, Wolfgang u.a. (Hrsg.): Handbuch für alternative Kommunalpolitik, Bielefeld 1985.

Popitz, Johannes: Gemeindefinanzen und Wirtschaft, Düsseldorf 1932.

Preuss, Hugo: Die Entwicklung der kommunalen Selbstverwaltung in Deutschland, in: Anschütz, G./Berolzheimer F. u.a. (Hrsg.), Handbuch der Politik, Bd. 1, Berlin/Leipzig 1920.

Preuss, Hugo: Gemeinde, Staat, Reich als Gebietskörperschaften, Aalen 1964 (Nachdruck der Ausgabe von 1889).

Püttner, Günter (Hrsg.): Handbuch der kommunalen Wissenschaft und Praxis (HdKWP), Bd. 1-6 (2. völlig neu bearbeitete Aufl.), Berlin u.a., 1985 ff.

Püttner, Günter: Zum Verhältnis von Demokratie und Selbstverwaltung, in: Ders. (Hrsg.), HdKWP, Bd. 2, a.a.O.

Putnam, Robert D.: Making Democracy Work. Civic Traditions in Modern Italy, Princeton 1994.

Rauh, Manfred: Föderalismus und Parlamentarismus im Wilhelminischen Reich, Düsseldorf 1973.

Rausch, Wilhelm (Hrsg.): Die Städte Mitteleuropas im 20. Jahrhundert, Linz 1984.

Recktenwald, Horst C. (Hrsg.): Adam Smith. Der Wohlstand der Nationen (Würdigung), München 1988 (4. Aufl.).

Reulecke, Jürgen: Geschichte der Urbanisierung in Deutschland, Frankfurt/M. 1985.

Ritter, Gerhard A.: Arbeiterbewegung, Parteien und Parlamentarismus, Göttingen 1976.

Roemheld, Lutz: Integraler Föderalismus. Modell für Europa, Bd. 2: Philosophie, Staat, Wirtschaft, Gesellschaft, München 1978.

Reomheld, Regine/Zielinski, Heinz (Hrsg.): Kommunen im Aufbruch. Analysen zum Spannungsverhältnis zwischen kommunaler Identität und Verwaltung, Frankfurt u.a. 1983.

Roth, Roland/Wollmann, Hellmut (Hrsg.): Kommunalpolitik. Politisches Handeln in den Gemeinden, Bonn 1993.

Rudzio, Wolfgang: Das politische System der Bundesrepublik Deutschland (3. Aufl.), Opladen 1991.

Sachse, Christoph/**Tennstedt,** Florian: Geschichte der Armenfürsorge in Deutschland. Vom Spätmittelalter bis zum 1. Weltkrieg, Stuttgart 1982.

Saldern, Adelheid von: Sozialdemokratische Kommunalpolitik in Wilhelminischer Zeit, in: Naßmacher, Karl-Heinz (Hrsg.), Kommunalpolitik und Sozialdemokratie, Bonn-Bad Godesberg 1977.

Saldern, Adelheid von: Geschichte der kommunalen Selbstverwaltung in Deutschland, in: Roth, Roland/Wollmann, Hellmut (Hrsg.): Kommunalpolitik, Bonn 1993.

Scarpa, Ludovica: Das Übergewicht des niedrigen Bürgerstandes, in: AfK, Heft II/1993.

Scharpf, Fritz W.: Optionen des Föderalismus in Deutschland und Europa, Frankfurt/New York 1994.

Scharpf, Fritz W.: Die Handlungsfähigkeit des Staates am Ende des Zwanzigsten Jahrhunderts, in: Kohler-Koch, Beate (Hrsg.), Staat und Demokratie in Europa, a.a.O.

Scheuner, Ulrich: Grundbegriffe der Selbstverwaltung, in: Püttner, Günter (Hrsg.): HdKWP, Bd. 1, Berlin u.a. 1981.

Schmidt-Jortzig, Edzard: Gemeindliche Selbstverwaltung in der Bewährung, Stuttgart u.a. 1982.

Schmölders, Günter: Kommunale Finanzpolitik, in: Peters, Hans (Hrsg.), HdKWP, Bd. 3, Berlin u.a. 1959.

Schneider, Herbert: Kreispolitik im ländlichen Raum (Studies in Local Government and Politics, Bd. 20), München 1985.

Scholler, Heinrich: Grundzüge des Kommunalrechts in der Bundesrepublik Deutschland (4. Aufl.), Heidelberg 1990.

Schefold, Dian: Der Stadtstaat als demokratische Zukunftsperspektive, in: Glotz-Richter, Michael/Krämer-Badoni, Thomas/ Petrowsky, Werner (Hrsg.), Lokale Demokratie auf dem Prüfstand, a.a.O.

Silbergleit, Heinrich: Preußens Städte, Berlin 1908.

Silbergleit, Heinrich: Finanzstatistik der Armenverwaltungen in 108 deutschen Städten, Leipzig 1902.

Spiegel, Erika: Die Kommunalwissenschaften und ihre Pflege, in: Püttner, Günter (Hrsg.), HdKWP, Bd. 1, Berlin u.a. 1981.

Staak, Magnus: Kommunale Selbstverwaltung oder Staatliche Vormundschaft?, in: Der Gemeindehaushalt, 1988.

Stein, Lorenz von: Handbuch der Verwaltungslehre, 3 Bde., Stuttgart 1887/1888

Stein, Freiherr vom: Ausgewählte politische Briefe und Denkschriften, hrsg. von Botzenhart, Erich/Ipsen, Gunther, Stuttgart u.a. 1986²

Streckfuss, Karl: Über die preußische Städteordnung. Beleuchtung der Schrift des Herrn Prof. v. Rammer unter gleichem Titel, Berlin 1828.

Sturm, Eckart: Die Entwicklung des öffentlichen Dienstes in Deutschland, in: Ule, Carl C. (Hrsg.), Die Entwicklung des öffentlichen Dienstes, Köln 1961.

Tennstedt, Florian: Vom Proleten zum Industriearbeiter. Arbeiter und Sozialpolitik in Deutschland 1800 bis 1914, Köln 1983.

Teuteberg, Hans Jürgen (Hrsg.): Urbanisierung im 19. und 20. Jahrhundert, Köln/Wien 1983.

Thienel, Ingrid: Städtewachstum im Industrialisierungsprozess des 19. Jhs., Berlin/New York 1973.

Tohidipur, Mehdi (Hrsg.): Der bürgerliche Rechtsstaat, 2 Bde., Frankfurt/M. 1978.

Unruh, Georg Christoph von: Ursprung und Entwicklung der kommunalen Selbstverwaltung im frühkonstitutionellen Zeitalter, in: Püttner, Günter (Hrsg.), HdKWP, Bd. 1, Berlin u.a. 1981.

Unruh, Georg Christoph von: Demokratie und kommunale Selbstverwaltung, in: DÖV, Heft 6/1986.

Vilmar, Fritz: Rüstung und Abrüstung im Spätkapitalismus, Frankfurt/M. 1965.

Voigt, Rüdiger (Hrsg.): Handwörterbuch zur Kommunalpolitik, Opladen 1984.

Voigt, Rüdiger (Hrsg.): Abschied vom Recht, Frankfurt/M. 1983.

Voigt, Rüdiger: Abschied vom Staat - Rückkehr zum Staat?, Baden-Baden 1993.

Voyenne, Bernard: Der Föderalismus Pierre-Joseph Proudhous (übersetzt von Lutz Roemheld), Frankfurt/M. 1982.

Wagner, Adolph: Die finanzielle Mitbeteiligung der Gemeinden an kulturellen Staatseinrichtungen und die Entwicklung der Gemeindeeinnahmen, Jena 1904.

Wallerath, Maximilian: Strukturprobleme kommunaler Selbstverwaltung - Rat und Verwaltung im gemeindlichen Willensbildungsprozeß, in: DÖV, 1986.

Weber, Max: Die Stadt, in: Archiv für Sozialwissenschaften und Sozialpolitik, Nr. 4/1921.

Wehler, Hans-Ulrich: Das deutsche Kaiserreich 1871-1918 (4. Aufl.), Göttingen 1980.

Wehler, Hans-Ulrich: Deutsche Gesellschaftsgeschichte, Dritter Bd.: Von der "Deutschen Doppelrevolution" bis zum Beginn des Ersten Weltkrieges 1849-1914, München 1995.

Wehling, Hans-Georg (Hrsg.): Dorfpolitik, Opladen 1978.

Wehling, Hans-Georg: Kommunalpolitik in der Bundesrepublik Deutschland, Berlin 1986.

Wollmann, Hellmut: Städtebaurecht und privates Grundeigentum. Zur politischen Ökonomie der Gemeinde, in: Wehling, Hans G. (Hrsg.), Kommunalpolitik, a.a.O.

Wollmann, Hellmut: Stadtpolitik - Erosion oder Erneuerung des Sozialstaats "von unten"?, in: Blanke, Bernhard/Evers, Adalbert/Ders. (Hrsg.), a.a.O.

Wollmann, Hellmut/Hellstern, Gerd-Michael: Erfolgskontrolle und Wirkungsanalyse auf der kommunalen Ebene, Basel u.a. 1983.

Wunder, Heide: Die bäuerliche Gemeinde in Deutschland, Göttingen 1986.

Zeiss, Friedrich: Kommunales Wirtschaftsrecht und Wirtschaftspolitik, in: Peters, Hans (Hrsg.), HdKWP, Bd. 3, Berlin u.a. 1959.

Ziebill, Otto: Politische Parteien und Kommunale Selbstverwaltung, Stuttgart u.a. 1971.

Zielinski, Heinz: Regional development and urban policy in the Federal Republic of Germany, in: International Journal of Urban and Regional Research, Nummer 1/1983.

Zielinski, Heinz: Kommunale Selbstverwaltung und ihre Grenzen, Frankfurt/New York 1977.

Zielinski, Heinz (Hrsg.): Lokale Politik zwischen Eigenständigkeit und staatlicher Abhängigkeit, Meisenheim 1980.

Zielinski, Heinz: Politik und Verwaltung in Kommunen. Divergenzen und Interdependenzen, in: Die Verwaltung, Heft 2/1982.

Zielinski, Heinz: Kommunale Selbstverwaltung als Leitbild einer Anti-Krisenpolitik durch Gemeinden, in: Bullmann, Udo/Gitschmann, Peter (Hrsg.): Kommune als Gegenmacht, Hamburg 1985.

MIX
Papier aus verantwortungsvollen Quellen
Paper from responsible sources
FSC® C105338

FSC
www.fsc.org

If you have any concerns about our products,
you can contact us on
ProductSafety@springernature.com

In case Publisher is established outside the EU,
the EU authorized representative is:
**Springer Nature Customer Service Center GmbH
Europaplatz 3, 69115 Heidelberg, Germany**

Printed by Libri Plureos GmbH
in Hamburg, Germany